확증편향

The Cheat Code of Justice

확증편향

저자 안천식

The Cheat Code of Justice

왜 사법개혁인가?
누가 재판독립 침해자인가?
판결문은 왜 전면 공개되어야 하는가?

어떻게 하면
공정하고 정의로울 뿐만 아니라,
국민으로부터 신뢰도 받을 수 있을까?

도서출판 옹두리

책을 내면서

—

　변호사법 제1조는 "변호사는 기본적 인권을 옹호하고 사회정의를 실현함을 사명으로 하고, 그 사명에 따라 성실히 직무를 수행하고 사회질서 유지와 법률제도 개선에 노력해야 한다"고 규정하고 있습니다. 그래서 변호사라는 직업은, 참으로 어려운 직업입니다.

　변호사가 만일 '의뢰인으로부터 수임료를 받은 만큼만 성실히 직무를 수행하고, 판결의 결과나 오류는 법관(판사)의 몫으로 돌려버리면 된다'라고 생각한다면, 변호사도 어렵지 않은 직업이라고 할 수 있을지 모르겠습니다. 법관은 원칙적으로 재판 및 판결에 대하여 책임을 지지 않으니, 변호사가 그러한 법관에게 책임을 미뤄버리면 한결 쉬울 것입니다.

　그런데 판결의 오류로 인해 일반 국민이 피해를 입었다면 그 피해는 어떻게 구제받을까요? 판사에게도, 변호사에게도 그 책임을 물을 수 없으니, 당사자가 그 피해를 고스란히 감수해야만 할까요?

2019년 경제협력기구(OECD)가 회원국 37개국을 대상으로 각국의 사법신뢰도(검찰 포함)를 조사한 결과, 우리나라는 꼴찌인 37위를 기록했다고 합니다. 2015년에는 42개국(34개 회원국, 8개 비회원국)을 대상으로 조사했는데, 대한민국은 39위를 차지했습니다. 이 조사에서 우리 국민은 약 27%만이 사법부를 신뢰한다고 대답했다고 합니다. OECD 전체 평균이 약 54%라고 하니, 우리 사회의 사법불신이 얼마나 심각한지를 짐작할 수 있습니다.

우리는 왜 이렇게 사법부를 못 믿는 걸까요? 우리나라 판·검사들은 이러한 결과를 그대로 인정하고 있을까요? 어떻게 해야 이러한 불신을 극복할 수 있을까요?

도대체 사법불신의 실체는 무엇일까요?

어쩌면 사법불신의 근본적인 원인은 저를 포함한 변호사들에게 있을지도 모르겠습니다. 누구보다 판결의 오류를 쉽게 알 수 있는 변호사들이 침묵하기 때문에, 일반 국민의 사법불신은 켜켜이 쌓여가면서 이처럼 회복하기 어려운 정도에 이른 걸지도 모릅니다.

한때 세상을 떠들썩하게 한 법조브로커들이 있었습니다. 이들은 법률문제를 겪으면서도 법원을 신뢰하지 못해 불안에 떨 수밖에 없는 사람들을 먹잇감으로 삼았습니다. 이른바 전관변호사 비리 문제도 그 뿌리에는 바로 이 사법불신이 자리하고 있습니다.

사법절차는 처음부터 끝까지 공정해야 합니다. 만일 공정하지 못한 재판으로 판결에 오류가 있었다면, 처음부터 다시 공정하게 사법절차를 진행해야 합니다. 사법절차에 존재하는 모든 잘못된 관행은 당연히 개선되어야 하고, 그렇게 해서 국민의 기본적 인권을 보장하고 사회정의를 실현해야 합니다. 법치주의는 우리 헌법의 소중한 가치이며, 법관이나 판결을 포함한 그 어떤 것도 법치주의의 예외가 될 수는 없습니다.

앞서 언급했던 변호사법 제1조는, 바로 이러한 직무를 성실히 수행하는 것이 변호사의 사명이라고 규정합니다. 변호사가 이러한 사명을 성실히 수행할 때 우리 사법절차는 신뢰를 회복할 것입니다. 하지만 변호사가 이러한 사명에는 눈을 감으면서 모든 잘못을 법원과 검찰 탓으로 돌려버린다면, 사법불신의 불길은 날이 갈수록 거세져서 우리 사회를 뒤덮게 될 것입니다.

변호사가 이러한 사명을 다하기 위해서는 많은 용기가 필요합니다. 기성 법률가들의 미움을 받을 수도 있다는 불안에 휩싸일 수 있기 때문입니다. 불안을 떨쳐내지 못한다면 변화는 없을 것입니다. 가장 경계해야 할 것은 아무것도 하지 않고 그냥 이대로 있는 일입니다.

'나는 과연 그동안 변호사로서의 사명에 충실하였는가'를 돌아보며, 다시 한번 용기를 내어 펜을 들었습니다. 이 책을 읽는 독자들이 법치주의 가치의 중요성에 공감하고, 사법 신뢰를 회복하는 일에 조금이라고 관심을 갖는 계기가 된다면 더 바랄 것이 없겠습니다.

2021. 2.

• CONTENTS

Part I

법치주의와 재판공개의 원칙

1. 민주주의와 법치주의

법치주의(法治主義)라는 말이 있습니다.

법치주의는 무엇일까요?

법이란 일종의 생활 규범입니다. 한 무리가 공동체 생활을 함에 있어서는 어떤 형식으로든 반드시 존재할 수밖에 없는 것이 법입니다. 아마 원시 부족사회에서는 족장 등 권력자의 말이 곧 법이었을 것입니다. 이처럼 법은, 인간이 무리를 이루며 살아가기 시작한 고대부터 존재했습니다.

우리 역사상 최초의 성문법이라고 알려진 고조선 시대의 팔조법금(八條法禁)은, "①사람을 죽인 자는 사형에 처한다. ②남에게 상해를 입힌 자는 곡물로써 배상한다. ③남의 물건을 훔친 자는 데려다 노비로 삼으며, 속죄하고자 하는 자는 1인당 50만 전(錢)을 내야 한다." 등의 내용으로 구성되어 있습니다. 타인의 **생명**과 **신체**와 **재산**을 함부로 침해하지 말라는 내용이 주를 이루고 있습니다. 서양의 함무라비 법전의 내용 역시 대동소이합니다.

법은 이와 같이 공동체 사회를 안정시키기 위한 매개체로서, 권력자와 공동체 구성원이 타협의 산물로 고안한 개념이자 규범이라고 할 수 있습니다. 그런데 민주국가 이전 시대의 법에는 한 가지 결정적인 단점이 있습니다. 바로 권력자 자신은 이 법의 적용을 받지 않는다는 점입니다. 즉 이 시대의 법은, 통치대상인 백성에게만 일방적으로 강요되고 백성들만 지켜야 할 규범을 의미했을 뿐입니다.

다시 말해 주로 권력자가 자신의 권력을 유지하기 위한 수단적인 의미를 가진 것이 이 시대의 법이며, 통치를 받는 사람들은 그러한 법을 준수한 결과로서 안정된 생활을 보장받는 반사적 이익을 누렸을 뿐입니다.

권력자란 쉽게 말해 통치 영역과 그 주변 상황을 마음대로 좌지우지(左之右之)할 수 있는 사람을 가리킵니다. 하지만 '권력자'라고 해서 반드시 나쁜 것만은 아닙니다. 일부 포악하고 나쁜 권력자가 있을 뿐입니다. 오히려 대부분의 권력자는 자신의 권력을 안정적으로 유지하기 위해 자신의 통치 하에 있는 부족이나 국가의 질서를 바로잡고, 교화하는 데 힘쓰려고 할 것입니다. 주변이 혼란스러우면 권력자 자신도 불안할 수밖에 없으며, 역사적으로도 대부분의 포악한 권력자는 얼마 가지 못해 곧 축출되었다는 사실을 모르지 않을 것이기 때문입니다. 그러니 현명한 권력자는 가급적이면 사회를 안정시키기 위해 자신의 권력을 최대한 자제하면서, 아울러 민생을 챙기고 교화하면서 공동체를 안정시키는 방법을 택하게 됩니다.

근대 왕권 국가로 넘어와서도 일반 민중은 통치를 받는 백성에 불과했고, 국가 및 권력의 주체는 왕(군주)이었습니다. 1999년 8월 17일 선포된 대한국국제(大韓國國際) 제3조에는 "대황제께서는 무한한 황권을 행사하실 수 있으시니, 폐하께서 곧 국가이심을 여기에 밝힌다"라고 선언한 것도 이러한 의미로 이해할 수 있습니다.

오늘날에 와서야 법은 민주주의(民主主義)와 밀접한 관계를 맺습니다.

그렇다면 민주주의란 무엇일까요? 말 그대로 국민이 주인이 되는 정치체제를 말합니다. 따라서 민주주의 국가에서 권력자 혹은 통치자는 바로 국민입니다. 자연스럽게 법은 국민에 의한, 국민의 기본권 보장을 위한, 국민의 법이 되었습니다.

역사적으로 일반 민중을 국가의 주인이라는 의미의 시민(市民) 혹은 국민(國民)이라는 개념으로 자리잡게 된 시기는 1789년 프랑스 대혁명의 격변기라고 봅니다. 대혁명에 의해 왕권은 무너졌고 공화정(共和政), 즉 다수의 일반 민중들이 선출한 정치지도자가 헌법에 따라 통치를 하는 법치주의 시대가 열립니다. 국민은 주권자로서 대표를 선출한 후 스스로 선출한 대표자의 지배를 받는, '국민주권주의(國民主權主義)' 시대가 도래한 것입니다.

이때의 법은 선출된 정치지도자를 위한 것이 아니라, 주권자인 일반 국민의 자유와 안전, 재산을 보장하기 위한 개념으로 자리를 잡습니다. 따라서 더이상 정치지도자를 가리켜 통치자라 하지 않고, 국민을 섬기는 종이라는 의미에서 공복(公僕)이라고 부르기도

하였습니다.

법치주의의 진정한 의미도 여기에서 찾을 수 있습니다. 민주주의가 정립되기 이전 시대에도 법은 분명히 존재했지만, 당시의 법은 왕이나 황제 같은 통치자의 권력을 견제하는 역할은 하지 못했고, 일반 백성에게만 준법이 강요되는 수준에 머물렀습니다. 이 때문에 통치자(권력자)는 법이라는 이름으로 일반 백성의 생명, 신체, 재산을 얼마든지 침해 또는 제한할 수도 있었습니다. 그러나 민주주의가 정착된 공화제(共和制) 국가에서는 정치지도자도 일반 국민과 똑같이 법의 지배를 받을 뿐만 아니라, 더 나아가서 법은 일반 국민의 기본적 인권을 더 잘 보장하기 위하여 정치지도자나 권력자의 권한 남용을 억제하고 제한하는 기능을 수행하는 방향으로 발전합니다.

지금까지 민주주의와 법치주의의 관계에 대해 알아보았습니다.
요약하면, 민주주의 사상의 바탕 위에서 정립되어 민주주의를 더욱 성숙시키고 발전시키기 위한 제도적 장치로 기능하는 법치주의는, 권력자의 자의에 의한 통치가 아닌 법에 의한 통치를 통해 국민의 기본권을 최대한 보장하고자 하는 개념입니다. 즉, 민주주의와 법치주의는 모두 일반 국민의 자유와 안전, 재산권을 최대한 보장하여 보다 많은 사람들이 행복한 삶을 영위할 수 있도록 하기 위해 고안된 제도적 장치인 것입니다.

그런데 좀 이상하지 않은가요? 민주주의와 법치주의의 의미가 이렇다면, 민주주의와 법치주의의 역사가 깊어질수록 국민은 보다 나은 삶을 살고 보다 많은 자유와 행복을 누려야 하지 않을까요?

여러분들은 어떻게 생각하시나요? 오늘날 여러분은 일상생활에서 충분한 자유를 누리시나요? 여러분의 생활과 삶은 더 안전하고 행복해졌나요? 여러분의 재산은 최대한 보장되고 있나요? 여러분은 권력자의 자의적인 지배로부터 완전히 해방되었다고 생각하시나요?

혹 그렇지 못하다면, 우리가 무언가를 착각하거나 속고 있는 건 아닐까요? 우리 사회의 어떤 보이지 않는 자의적인 권력이 법치주의와 민주주의를 거스르고 있기 때문은 아닐까요?

2. 사법 독립과 공정한 재판제도

법치주의란 민주주의의 토대 위에서 '주권자인 국민의 자유와 안전, 재산을 최대한 보장하여 민주주의를 더욱 성숙시키기 위한 제도적 장치'라는 것을 보았습니다. 법치주의가 정착된 사회의 국민은 무엇이 법·정의·공정인지, 또한 무엇이 불법·부정의·불공정인지를 미리 예측할 수 있고, 따라서 행복한 삶을 가능하게 하는 여러 선택을 할 수 있게 됩니다.

그런데 법치주의의 실현은 그리 간단치가 않습니다. 무엇이 법·정의·공정이고, 무엇이 불법·부정의·불공정인지를 최종적으로 누가 판단하는가에 대한 '판단자' 혹은 '심판자'의 문제가 남아 있기 때문입니다. 세상 만물을 모두 꿰뚫어 보는 절대적인 신(神)이 일일이 판단을 해 준다면 아무 문제가 없을 것입니다. 그러나 신을 심판자의 자리에 앉히는 일은 난망하기만 합니다.

자유의지와 자아의식을 가진 사람들이 모여 이룩한 인간사회는, 각종 이해관계가 실타래처럼 얽혀 있어 상당히 복잡합니다. 특히 현대에는 그 복잡다기함이 더욱 증대되어 두세 사람만 통하여도 어떤 식으로든 연결되는 초연결사회로 접어들었습니다. 이를 감안하면, 심판자의 지위를 누가 갖느냐의 문제는 매우 민감한 사안일 수밖에 없습니다.

18세기 프랑스 계몽사상가이자 법률가인 몽테스키외(Montesquieu, 1689~1755)도 이런 고민을 하였던 것 같습니다. 그는 1748년 출간한 『법의 정신』에서 국가의 권력을 행정권·입법권·사법권 3가지로 나누고 각 기관이 독립적으로 행사하게 함으로써 상호 견제와 균형을 이루게 하는 삼권분립(三權分立) 이론을 주장합니다. 특히 사법권(혹은 재판권)은 입법권이나 행정권으로부터 반드시 독립되어야 한다고 강조했습니다. 몽테스키외 이전 시대에도 왕이 갖는 행정권과 의회·원로원이 갖는 입법권은 이미 존재하였다는 점에서, 몽테스키외의 삼권분립 이론의 핵심은 '사법권을 행정권과 입법권으로부터 분리하여 독립'시키는 데 있다고 보아도 될 것입니다.

그런데 여기서 한 가지 의문이 제기됩니다. "과연 사법권을 분리하여 독립시켜 놓기만 하면 저절로 공정한 재판이 이루어지는 것일까?"란 문제입니다. 즉, 기껏 사법권을 분리하여 독립시켜 놓았더니, 독립된 재판관이 심판을 공정하게 하기보다 오히려 그 독립성을 이용해 재판 권한을 남용하는 문제가 대두될 수 있는 것입니다. 참 어려운 문제가 아닐 수 없습니다.

현재 중국과 같은 국가들은 사실상 사법의 독립을 부정하고 있습니다. 이들 나라가 이렇게 하는 중요한 이유 중 하나는, 독립성을 빙자한 '재판권 남용'의 문제를 어떻게 해결할 것인지에 대하여 마땅한 방법을 찾지 못했기 때문이라고 볼 수 있습니다. 이는 곧 법관의 재판권 남용에 대하여 아무런 대책도 없이 무방비 상태로 두는 것은 곧 법관의 재판독립을 부정하는 것만큼이나 위험할 수 있다는 것을 의미한다고도 할 수 있습니다.

몽테스키외는 이 문제를 어떻게 풀어가려 했을까요?
몽테스키외는 '재판권의 공정한 행사' 문제를 '재판권의 무권력화(無權力化)'라는 방법으로 해결하려고 한 것 같습니다. 행정권이나 입법권과는 달리, 사법권을 담당하는 재판관은 사안을 중립적으로 해석 또는 파악하여 법을 적용하고 선언하는 역할만 할 뿐, 절대로 자의적인 해석과 적용을 해선 안 된다고 못 박은 것입니다.

재판관 스스로 권력자가 되지 못하도록 해야 한다는 몽테스키외의 이러한 인식은 '종이호랑이(Paper Tiger)' 비유에서 잘 나타납니다. 몽테스키외는 "호랑이와 같은 무서운 역할을 담당하지만, 아무도 무서워하지는 않는 종이호랑이와 같은 존재가 바로 재판관이어야 한다"라고 말했습니다. 이를 현대식으로 이야기하자면, 재판관은 중립적인 입장에서 무엇이 법인지를 말해주는 '고성능의 만능인공지능'과 같아야 한다는 주장으로 풀이할 수 있습니다.

몽테스키외는 '사법의 무권력화'를 이루기 위한 구체적 방안으로서, "재판관을 특정 직업과 연결시키지 말아야 하고, 임기는 2~3년 정도로 하여 일반 시민들 중에서 선출해서 임명해야 한다"라고 주장했습니다. 이렇게 할 때 일반 시민들은 재판 자체는 두려워하면서도 재판관은 무서워하지 않게 되며, 이로써 재판권의 남용을 막을 수 있다고 생각을 한 것 같습니다.

법치주의의 제도적 실현은 이처럼 민감하고 복잡한 문제입니다. 법치주의 개념의 핵심에는 '공정한 심판자'의 문제 및 '심판권의 비권력화' 문제가 큰 비중을 차지하고 있습니다. 즉, "**누구에게 재판을 담당하게 할 것인가**", "재판관을 어떻게 선발할 것인가", "재판관의 임기는 얼마로 하여야 할 것인가"의 문제는 재판권 독립에서 가장 원초적이면서 근본적인 문제로 논의되어야 할 사항입니다.

오늘날 삼권분립 제도를 받아들이고 있는 대부분의 국가는 이 문제에 대해 나름대로 깊은 고민과 논의를 거쳤습니다. 예컨대 영국은 왕정시대인 1215년에 귀족들은 권력의 상징인 국왕이 파견한 법관이 직접 국민을 재판하는 것을 거부하고, 일반 시민 중에서 추첨으로 선발한 배심원에게 재판을 맡기도록 하는 규정을 마그나카르타(대헌장) 제39조에 공식화하였고, 이는 1628년 권리청원(Petition of Right)과 1689년 권리장전(Bill of Right)에 더욱 발전 계승됩니다. 미국 역시 18세기 영국으로부터 독립하는 과정에서 영국 국왕이 파견한 직업 법관에 의한 재판을 거부하는 전통이 확립됨에 따라 1776년 미국독립선언과 1791년 수정헌법 제5조에서 '배심원에게 재판받을 권리'를 명문화합니다.[†] 즉 미국과 영국은 모두 법관이 일률적으로 재판권을 행사하는 것을 거부하면서, 시민들 사이에서 선출된 '배심원단'에 의해 재판받을 권리를 공식화했습니다. 재

[†] 시민배심원제 그리고 양형기준(박승옥 저, 2018, 한올) 제26면 이하 참조.

판권 남용 문제를 사전에 예방할 수 있는 장치를 마련한 것입니다.

그 외 덴마크, 스웨덴, 노르웨이 등 북유럽 국가를 비롯하여 독일, 프랑스, 일본 등, 대부분의 사법 선진국은 배심제와 참심제를 적절히 혼용한 국민의 재판참여제도를 활성화함으로써, 직업 법관의 재판권 남용 문제를 사전에 차단할 수 있는 제도적 장치를 두고 있습니다.

우리나라는 아쉽게도 1945년, 일제 강점기로부터의 해방과 더불어 정부수립에만 급급했던 나머지 '법관의 재판권 남용 문제'에 대한 깊은 고민이 부족했던 것 같습니다. 한반도에 근대 사법제도가 도입된 것은 일제 강점기 시대 통감부 재판소를 설치하면서부터인데,[†] 이는 일제가 한반도에 거주하는 우리 국민을 효율적으로 통치하기 위한 하나의 방편에 불과했습니다.

이 때문에 애초 우리 국민의 사법기본권 보장 문제는 충분히 숙의되지도 못하였고, 일본 본토의 지시를 받는 통감부(이후 총독부)의 지도를 얼마나 효율적으로 수행하는지에만 중점을 두는 사법제도가 우리의 출발점이 되었습니다. 이 시대 법관은 통감부의 지침만 따르면 어떠한 견제도 받지 않은 상태에서 무소불위의 재판 권한을

[†] 한반도의 사법과 행정의 분리는, 갑오개혁을 기반하여 1895년 3월 25일(양력 4월 19일) 법률 제1호로 '재판소구성법'이 공포됨으로써 선언되었습니다. 그러나 일본 제국주의의 침략으로 조선의 근대사법제도의 발전은 좌절되었고, 1909년 7월 12일 '한국의 사법 및 감옥 사무를 일본에 위탁하는 건에 관한 각서'에 따라 한국재판소를 폐지하고 그 대신 일본재판소를 설치하여 일본 법령을 적용하여 재판사무를 취급하면서 일제는 한국의 사법권을 장악하고 통감부재판소를 설치하게 되었다고 합니다(대법원 - 사법부소개 -사법제도의 변천 참조).

22 　ㅣ확증편향ㅣ

행사할 수 있었습니다. 일제는 이들 직업 법관에게 재판을 담당시키면서도, 다른 견제 장치를 둘 필요를 느끼지 못했을 것입니다.

이 과정에서 토지 수탈 등 우리 국민에 대한 수많은 재산 약탈이 이뤄진 것은 물론, 소위 '불령선인(독립군)' 색출 등의 명목으로 심각한 인권 침해가 자행되었지만, 당시 우리 국민들은 사법제도에 기대기는커녕 오히려 숨을 죽이면서 법 자체를 공포의 대상으로 여길 수밖에 없었습니다. 이때 형성된 권위주의적 사법체계는 광복 후 정부수립을 거치면서 그대로 이어져와 권위주의적인 정부에 이용되기도 하면서 오늘날까지 유지되고 있습니다.

우리 사법제도의 발전을 이처럼 지체시켜 놓은 일본은 1928년에 이미 일본 본토에 완화된 배심제도를 도입했고, 1945년 이후에는 참심제 및 대배심제도 요소까지 가미하는 등 부분적으로나마 법관의 재판권 남용을 견제하는 사법체계를 갖추어갔습니다.

결론적으로 우리의 사법권은 일체 치하에서는 통감부의 권력, 정부수립 이후에는 권위주의 정부에 협력하면서, 오늘날까지 별다른 견제 없이 재판권을 남용할 수 있는 구조를 유지해 오고 있다고 할 것입니다. 민주화 이후에도 뚜렷한 변화를 모색하지 못한 탓에, 현재는 국민들로부터 가장 극심한 불신을 받는 공권력이 되었습니다. 지금 이 시간에도 공정한 재판을 위한 사명감을 가지고 불철주야로 성실하게 노력하는 수많은 법관들이 버티고 있다고 하더라도 문제가 달라지지 않습니다.

대한민국 헌법은 단순히 법관의 재판독립만을 선언할 뿐, 독립된 법관이 중립적인 지위에서 주권자인 국민의 자유와 재산을 어떻게 보호하고, 또 어떻게 민주주의와 법치주의를 더욱 성숙시켜 정의를 수호할 수 있을까라는 근본적인 문제에 대한 답을 제시하지 못하고 있습니다. 그로 인해 법관의 재판권 남용으로 인한 국민의 기본권 침해 사례는 속출하고 있습니다. 해방 이후 무려 70여 년 동안이나 이 같은 문제점을 그대로 누적시킨 결과, 오늘날 사법부를 향한 국민의 불신은 최고조에 달하여 OECD 국가 중 최하위 사법신뢰도를 기록한 '사법 후진국'으로 전락한 것인지 모릅니다. 우리는 이와 같은 사실을 엄중하게 받아들여야 합니다.

외관상으로는 삼권분립 및 사법독립 제도가 잘 정착된 대한민국 사회가 이처럼 극심한 사법불신의 늪에서 허우적거리고 있는 이면에는, 그동안 법관의 재판권 남용을 견제할 만한 별다른 대책이 없었다는 사실에 기인한 바가 크다고 봅니다. 그렇다면 우리 사회는 왜 이러한 제도를 지금까지 유지해 오고 있는 걸까요?

법관에게 모든 재판권을 독점시키는 지금의 사법제도는, 주권자인 일반 국민에게는 독(毒)이 되었지만, 가진 자와 힘 있는 자(기득권자)에게는 여러 측면에서 유용하게 작동해 왔습니다. 기득권자들은 공정한 사법제도를 도입하면 여러 특권을 내려놓아야 하는 불편을 감수해야 하기에, 굳이 나서서 이러한 변화를 모색할 필요를 느끼지 못했을 것입니다. 일반 국민들 또한 주로 정치·경제 영역에

/ 확증편향 /

만 관심을 가질 뿐, 사법제도 개선에까지는 관심을 가질 여력이 부족했습니다.

그러나 공정한 사법제도는 우리 사회의 안정과 신뢰를 정착시키는 데 있어 매우 중요한 요소임은 두말할 필요도 없습니다. 일반 국민은 물론이고 사회 기득권층에게도 장기적으로는 반드시 필요한 가치라는 점은 조금만 깊이 생각해 보면 알 수 있는 분명한 사실입니다. 13세기 영국 귀족들은 무슨 이유로 세계 최초로 배심제도를 마그나카르타(대헌장)에 명문화하도록 요구하였었는지는 우리 사회가 깊이 음미해 보아야 할 대목입니다.

3. 공정한 재판과 공개재판의 원리

지금까지 사법독립 문제의 핵심은 '공정한 재판의 실현'에 있고, 이를 위하여는 '재판권의 무권력화'가 필요하며, 그 구체적인 실천 방안으로서 누구에게 재판을 담당하게 할 것인지, 법관은 어떻게 선발할 것인지, 법관의 임기는 얼마로 해야 할 것인지의 문제가 논의되어야 한다는 점을 보았습니다. 또한 현재의 대한민국 사법제도는 법관에게 모든 재판권을 독점시키는 권위주의적 방식을 유지함으로써 '법관의 재판권 남용' 문제에 대비하지 못하고 있으며, 그 결과 세계 최하위의 사법신뢰도를 기록하는 등 사법 후진국의 오명을 쓰고 있다는 사실도 살펴보았습니다.

그러나 대한민국 헌법이 법관의 재판권 남용을 마냥 방치하고만 있는 것은 아닙니다. 다소 부족할지언정 대한민국 헌법은 법관의 재판권 남용을 대비하기 위한 최소한의 장치를 마련해 두고 있습니다. 대표적인 것이 바로 헌법 제109조에서 규정하고 있는 '재판공개의 원칙'[+]입니다.

[+] 제109조 : 재판의 심리와 판결은 공개한다. 다만, 심리는 국가의 안전보장 또는 안녕질서를 방해하거나 선량한 풍속을 해할 염려가 있을 때에는 법원의 결정으로 공개하지 아니할 수 있다.

확증편향

즉 모든 재판의 심리와 판결은 공개되어야 하고, 특히 판결의 결과는 어떠한 이유에서도 그 공개를 제한할 수 없다는 선언입니다. 재판의 심리와 판결의 결과가 모든 국민에게 공개되어야 하는 이유는 명확합니다. 바로 재판권을 독점한 법관이 혹여 불공정한 재판을 하는 것은 아닌지, 사전적 혹은 사후적으로 감시할 수 있게 하기 위한 것입니다. 또한 모든 판결을 공개함으로써 재판 전반에 대한 국민의 신뢰를 확보하고 사회를 안정시키며, 아울러 민주주의와 법치주의를 성숙하게 실현하기 위한 것이라고도 할 수 있습니다.

　특별히 법관이 재판권 전반을 독점하고 있는 우리 사법시스템 하에서 '재판공개의 원칙'은 더더욱 중요한 의미를 가질 수밖에 없습니다. 배심원단 혹은 참심원에 의한 재판의 경우, 국민의 대표로 선출된 배심원들(참심원)이 재판 및 심리 과정에 참여함으로써 자연스럽게 재판의 심리와 판결의 결과가 일반 국민에게 공개되는 효과를 달성할 수 있습니다. 그러나 법관이 재판권을 독점하고 있는 경우, 대부분의 법정은 사실상 당사자와 소송 관련자에게만 심리가 공개될 뿐입니다. 판결의 결과 역시 마찬가지입니다. 이러한 상태에서 판결문마저 일반에 공개되지 않는다면, 이는 곧 재판의 심리 및 판결의 결과를 당사자에게만 공개하는 것과 마찬가지입니다.

　즉 '재판공개'의 의미는 크게 훼손될 수밖에 없고, 이러한 상태에서는 법관이 재판권을 남용하여 불공정한 판결을 하여도 주권자인 일반 국민의 재판권 견제는 거의 불가능합니다. 불공정한 판결에 대하여 상급심 법원에 호소할 수 있을 것이지만, 상급심 법관 역시 동료인 하급심 법관의 불공정한 재판을 제3자의 위치에서 공정하게 처리할 것이라고 기대하기는 어렵습니다.

특히 우리나라의 경우 90% 이상의 법관은 퇴직 후 변호사로 개업하여 이른바 전관 변호사 그룹을 형성합니다. 따라서 현직 법관들은 퇴직 후 변호사로 활동하면서 언젠가는 다시 후배 법관을 법정에서 만나게 된다는 인식이 자연스럽게 자리 잡고 있습니다. 이러한 현실을 감안하면, 상급심 법관이 하급심 법관의 재판권 남용 및 불공정한 재판을 모두 지적해 내리라고 기대하기는 어렵습니다.

이와 같은 사법현실에서 그나마 불공정한 재판을 견제할 수 있는 수단이 될 수 있도록, 모든 판결을 일반에 공개함으로써 사후적으로나마 주권자인 국민이 법관의 재판권 남용 여부를 논의할 수 있는 기회를 제공하는 재판공개의 의미는 과소평가할 수 없습니다.

재판공개의 헌법정신이 이처럼 중요한 의미를 가지는 데 비하여 현실은 참담하기만 합니다. 현재 대법원은 대부분의 판결을 일반에 공개하지 않고 있습니다. 간혹 개별적으로 사건번호를 특정하여 판결문 열람을 허용하더라도, 지나친 익명화 처리로 인해 도저히 판결 이유의 의미와 내용을 알아보기 힘든 실정입니다. 비공개의 명목상 이유는 개인정보보호라고 하지만, 미국 등 사법선진국들이 원칙적으로 판결문뿐만 아니라 소장, 답변서 등 모든 소송자료를 일반에 전면공개하고 있는 점에 비추어 볼 때[+], 전혀 진정성이 느껴지지 않습니다.

법원이 판결문의 전면공개를 거부하고 있는 실질적인 이유는, 그동안 행해진 수많은 불공정한 판결 등 재판권 남용 사례들이 드러나는 것을 두려워한 나머지, 그 책임을 모면할 방편으로 개인정보보호 등 다른 이유를 제시하는 거라는 의심을 지우기가 어렵습니다.

결국 우리는 '법관의 재판권 남용'에 대비한 사전적인 대책(배심제도, 참심제도 등)을 마련하지도 못하였을 뿐만 아니라, 판결문의 비공개 및 익명화 처리로 인해 헌법이 선언하고 있는 '재판공개 원칙'까지 유명무실하게 함으로써 사후적 견제도 하지 못하고 있습니다. 사실상 법관의 불공정한 판결 등 재판 전횡을 방치하거나 독려하고 있는 셈입니다.

아마도 법원은 "판결에는 흠이 있을 수 없다"는 권위주의적인 태도를 계속 유지하면서, 과거에 있었던 일부 불공정한 판결들에 대한 책임을 회피하고 싶을 것입니다. 그러나 모든 판결에 흠결이 없다는 것은 불가능한 일이고, 명백히 존재하는 재판의 흠결을 판결의 비공개 방식으로 회피하는 것은 사법신뢰만 저해할 뿐입니다. 무엇보다도 흠결이 있는 불공정한 판결을 비공개 상태로 두는 것

[+] 미국의 경우 공공기관의 기록은 사전에 비밀로 분류하지 않는 한 공개한다는 'public records 공개원칙'이 확립되어 있고, 법정 기록 역시 통상적으로 공개되고 있다. 여기서 법정이란 연방법원과 각 주 법원 및 항소법원을 포함하며, 법정기록이란 원고의 소장, 피고의 답변서, 각종 법원에 제출되는 신청서, 증거물, 판사의 판결문을 포함한 모든 소송서류를 포함한다(2019. 6. 20. 법률신문 '판결문과 개인정보보호', 이숙연 서울고법 판사 참조)

은, 민주주의와 법치주의 정신에도 크게 어긋나는 일입니다.

　법치주의란 비록 흠결이 있는 판결일지라도 법이 정한 적법한 절차에 따라 흠결을 제거 혹은 보정함으로써 국민의 기본권을 최대한 실현해 나가는 과정이어야 합니다. 법관 개개인 역시 판결에 오류가 있을 수밖에 없음을 인정하고, 오류가 확인되면 언제든지 잘못된 판결을 바로잡을 의지를 가져야 합니다. 이렇게 국민의 기본권을 최종적으로 실현해 나가는 과정을 밟을 때, 법관의 재판독립과 신분보장은 더욱 강조되고 보호될 것입니다.

　이렇듯 헌법 제109조의 재판공개 원칙은 매우 중요한 의미를 담고 있습니다.

"Sunlight is said to be the best disinfectants, electric light is said to be the most efficient policeman."
(햇빛은 최고의 살균제이며, 전등은 가장 유능한 경찰이다.)

　　　　　　　　　- 루이스 브랜다이스(Louis D. Brandeis) 미국 연방 대법관

4. 공개재판 원리의 실천 방안은?

　우리 사법현실에서 헌법 제109조의 '재판공개 원칙'이 가지는 의미와 중요성에 대해 살펴보았습니다. 또한 대법원은 사실상 대부분의 판결을 일반에 공개하지 않고 있다는 현실도 보았습니다.

　사법절차의 투명화를 위하여 판결문을 일반에 전면공개해야 한다는 목소리는 오래전부터 있어 왔습니다. 최근 국회에서 이 같은 논의가 다시 이뤄져 입법안이 발의되기도 하였지만 결국은 유야무야 되었습니다.[†] 사법부 내에서도 판결문의 투명한 공개를 통해 사법신뢰를 회복하자는 목소리가 최근 들어 높아지고는 있으나, 여전히 현직 법관의 약 70%는 판결문 전면공개에 대해 부정적인 인식을 가지고 있다고 합니다.

　판결의 전면공개 문제는 헌법 제109조로부터 도출되는 사안으로, 이를 통해 사법절차의 투명성과 공정성을 제고하고, 사법에 대한 신뢰를 확보하자는 취지를 담고 있습니다. 모든 판결을 일반에 공개하여 어떤 법관이 어떻게 판결했는지를 확인할 수 있게 함으로

[†] 예컨대, 금태섭 전 의원은 20대 국회에서 미확정 판결문을 공개하고 개인정보 보호조치를 삭제하는 내용의 민사소송법·형사소송법 개정안을 대표 발의하였으나 국회 임기만료로 폐기된 바 있습니다(2020. 11. 7. 경향신문, "나쁜 판사가 좋은 재판을 할 수 없다"…'순수한 자발적 성매매 없다' ―판결 박주영 판사, 김민아 선임기자).

써, 좋은 판결은 향후 다른 판결의 지침이 되고, 반대로 나쁜 판결 혹은 불공정한 판결은 사후적 절차에 따라 구제가능성을 열어 놓는 것입니다. 즉 법관이 독점하고 있는 재판권 남용의 폐해를 견제하여 명실상부하게 국민주권을 실현시키자는 취지도 함께 담겨있다고 볼 수 있습니다.

재판공개의 주체는 각급 법원이겠지만, 판결공개의 주체는 원칙적으로 대법원일 수밖에 없습니다. 왜냐하면 대부분의 판결문 등은 모두 대법원(법원행정처)이 보관 및 관리하고 있기 때문입니다. 따라서 현실적으로 판결문 공개 여부를 결정하는 것도 대법원의 의지에 달려 있다고 보아도 될 것입니다. 헌법 제109조가 재판공개주의를 선언하고 있다고 하지만, 공개 주체인 대법원이 이를 이행하지 않으면 현실적으로 일반 국민으로서는 어쩔 수 없습니다.

대법원이 수많은 불량 판결이 공개될 것을 두려워하여 머뭇거리고 있다는 비판도 많습니다. 어느 정도는 사실에 부합하는 측면이 있을 것입니다. 대법원이 언제쯤에야 판결문을 일반에 전면공개할지는 기약할 수 없습니다. 국회의 문턱도 넘어야 한다고 주장할 것입니다. 하나의 문턱을 넘으면 또 다른 장애물이 나타날 것입니다. 마치 고르디우스의 매듭(Gordian Knot)처럼 복잡하게 얽혀있습니다. 이 문제를 가지고 대법원이 헌법 제109조를 위반하였다고 소송을 할 수도 없는 노릇입니다.

그런데 판결문을 공개하는 방법이 있습니다.

그것은 판결 당사자가 직접 판결문을 개별적으로 공개하는 방법입니다. 물론 이를 통해 공개되는 판결문의 범위는 지극히 협소할 것입니다. 그러나 국민의 적극적인 참여와 호응이 이루어진다면 그 효과를 과소평가할 수만은 없을 것입니다. 최근 발달된 IT기술과 접목될 경우, 한 개인의 판결문 공개라는 작은 날갯짓은 대법원의 판결문 전면공개를 앞당기는데 지대한 기여를 할지도 모릅니다. 나비의 작은 날갯짓이 때론 큰 폭풍을 몰고 오는 것처럼 말입니다.

이 책에서 여러 개의 판결을 모두 공개하려고 합니다.

법관, 검사, 소송대리인, 사선변호인은 실명은 그대로 공개하는 것이 원칙이며, 당사자의 실명은 당사자의 동의 하에, 프라이버시를 상정하기 어려운 법인의 실명은 동의에 관계없이 공개하여도 무방할 것입니다. 가장 중요한 점은 비실명화를 최소화하여 판결 이유를 정확히 이해할 수 있도록 공개하는 것입니다. 판결문을 공개하는 이유가 "대상 판결에 어떠한 흠결이 있었는지를 검증하고, 위법·불공정·불합리한 점은 없는지를 사후적으로 논의해 보고자 함"에 있기 때문입니다. 공개재판주의를 통해 확보하려는 재판절차의 공정성은, 어느 법관이 어떻게 재판했냐는 물론, 누가 그 재판을 받았는가를 빼놓고는 판단할 수 없을 것입니다.[+]

성실하고 훌륭하며 지혜로운 수많은 법관과 검사들이 있다는 사실을 인정합니다. 그럼에도 불구하고 무려 16년 동안이나 너무도 명백하게 보이는 불공정한 판결·처분·결정이 계속해서 발생했다면

[+] 판결문과 개인정보보호, 법률신문 2019. 6. 20. 이숙연.

이는 곧 우리의 사법 현실에 무언가 큰 문제점이 노정(露呈)되어 있다고 보아야 합니다.

공개되는 판결 및 이에 대한 해설을 통하여, 그동안 우리 사법현실에서 제대로 알려지지 않은 잘못된 관행들이 직시되기를 원합니다. 이로써 재판제도에 대한 시각이 올바른 방향으로 교정되고, 아울러 우리 사법의 미래와 신뢰를 위한 의미있는 논의가 이루어지기를 바라는 마음입니다.

확증편향

Part II

판결문 공개와 해설

1. 제1심 판결

[표1. 제1심 판결서]

서울중앙지방법원
제 6 8 민 사 부
판   결

사 건	2005가합 99041 소유권이전등기등
원 고	현대건설 주식회사
	서울
	대표이사 이0송
	소송대리인 변호사 이두환
피 고	기의호
	김포시
	소송대리인 변호사 안천식
변 론 종 결	2006. 11. 28.
판 결 선 고	2006. 12. 12.

주   문

1. 피고는 원고에게 별지 토지 목록 기재 각 토지에 관하여 2000. 9. 일자 미상 매매를 원인으로 한 소유권이전등기절차를 이행하고, 위 각 토지를 인도하고, 별지 건물 목록 기재 각 건물을 철거하라.

2. 소송비용은 피고가 부담한다.

3. 제1항 중 인도 및 철거청구 부분은 가집행할 수 있다.

청 구 취 지

주위적 청구취지 : 주문 제1항과 같다.

예비적 청구취지 : 피고는 파산자 동아건설산업 주식회사의 파산관재인 정0인에게 별지 토지 목록 기재 각 토지에 관하여 1997. 9. 1. 매매를 원인으로 한 소유권이전등기 절차를 이행하고, 위 각 토지를 인도하고, 별지 건물 목록 기재 각 건물을 철거하라.

이　　유

1. 기초사실

가. 망 기노걸은 1997. 9. 1. 김포시 고촌면 향산리 일대 토지를 매수하여 아파트를 건설하려던 동아건설산업 주식회사(2001. 5. 11. 이 법원으로부터 파산선고를 받았다. 이하 '동아건설'이라고만 한다)와 사이에, 별지 토지 목록 기재 각 토지(이하 '이 사건 토지'라 한다) 면적 합계 3,251㎡(983.4평)를 1,966,000,000원에 매도하되, 2차 중도금 지급 전까지 토지의 지상물을 철거하기로 약정하였고(갑3-1, 2), 그 후 위 계약에 따라 계약금과 1, 2차 중도금 합계 983,000,000원을 지급 받았다.

나. 그 후 위 계약상 잔금 983,000,000원이 미지급된 상태에서 동아건설이 위 아파트건축 사업을 포기하자, 원고는 유진종합건설 주식회사(이하 '유진종합건설'이라고만 한다)와의 매매용역계약 및 위 회사와 주식회사 하우공영(이하 '하우공영'이라고만 한다)간의 업무대행계약 등을 통해 1999. 11. 5.경 동아건설과 사이에 사업권 및 이 사건 토지 등 향산리 일대 토지에 대한 매입권을 36억 원에 양수하기로 하는 계약을 체결하였고(갑8의 1~3, 갑9), 1999. 11. 24. 유진종합건설에 위 양수대금을 지급하였다(갑4-1, 2).

다. 유동성 위기를 겪던 원고는 2002. 12.경 엠지코리아 주식회사(이하 '엠지코리아'라고만 한다) 및 다른 건설사와 사이에 엠지코리아를 시행사로 하여 사업을 추진하는 내용의 계약을 하였고(증인 최0철의 증언), 엠지코리아는 2003. 3. 7.경 기노걸로부터 이 사건 토지 외에 추가로 김포시 고촌면 향산리 65-3 외 6필지 합계 면적 29평을 66,700,000원에 매수하였다(을8-1).

라. 다른 건설사가 사업을 포기하자 원고는 2003. 7. 7. 엠지코리아와 사이에, 원고가 김포시 고촌면 향산리 일대 토지소유자들과 기계약한 토지 등 개발사업과 관련한 모든 권리를 510억 원에 매도하되, 계약금 70억 원은 계약 당일, 중도금 230억 원은 2003. 9. 5, 잔금 210억 원은 2003. 10 .7. 각 지급받기로 약정하였고, 엠지코리아로부터 계약금을 지급받았다(갑12-1, 2).

마. 그 후 원고는 엠지코리아가 중도금을 지급하지 못하자 <u>2003.</u>

9. 6.경 최고를 거쳐 2003. 11. 11. 엠지코리아와의 위 양도계약을 해제하였다(갑14-1, 2).

바. 한편, 이 사건 토지 위에는 별지 건물 목록 기재 각 건물이 있고, 기노걸은 2004. 8. 20. 사망하였으며, 피고는 2005. 2. 1. 이 사건 토지에 관하여 협의분할에 의한 상속을 원인으로 피고 앞으로 소유권이전등기를 마쳤다.

사. 원고는 2006. 8. 22. 인천지방법원 부천지원 2006년 금제2303호로 피고를 피공탁자로 하여 이 사건 토지에 관한 소유권이전등기에 관한 서류 교부, 이 사건 토지의 인도, 별지 건물 목록 각 건물의 철거와 동시이행 조건으로 잔금 943,000,000원을 공탁하였다.

2. 주위적 청구에 관한 판단

가. 당사자들의 주장

원고는, 원고를 대리한 이지학이 2000. 9. 일자 미상경 기노걸의 진정한 의사를 확인한 뒤 기노걸을 대신하여 서명, 날인하는 방식으로 원고와 기노걸 사이에 갑3-3(부동산매매계약서, 이하 '이 사건 계약서'라 한다)과 같은 내용의 부동산 매매계약이 체결되었으므로, 기노걸로부터 이 사건 토지의 소유권 및 매도인의 지위를 상속한 피고는 원고에게 이 사건 토지에 관한 소유권이전등기 및 인도, 이 사건 토지 위의 건물을 철거 할 의무가 있다고 주장하고, 이에 대하여 피고는 이 사건 계약서 및 을4(영수증)에 있는 기노걸의 서명 및 인영은 유진종합건설의 대표이사인 김00 등에 의하여 위조된 것이므로 원고의 청구에 응할 수 없다고 다툰다.

/ 확증편향 /

나. 판단

(1) 이 사건 계약서 및 을4(영수증)의 진정성립 여부

다음과 같은 사정을 종합하면, 이 사건 계약서 및 을4는 기노걸의 진정한 의사에 의하여 작성된 것으로 인정된다.

① 이 사건 증인 A는 피고와 친구 관계인 이지학이 2000. 9.경 기노걸과 사이에 부동산 매매에 관한 합의를 하고, 기노걸을 대신하여 이 사건 계약서에 기노걸의 이름, 주소, 주민등록번호를 기재하고, 기노걸로부터 막도장을 건네받아 날인을 하고, 기노걸이 가르쳐준 농협 계좌번호를 적었다고 증언하였고, 증인 B는 이지학 등으로부터 위와 같이 작성된 계약서를 받아 원고가 유진종합건설에게 대금을 지급한 날짜로 맞추어 이 사건 계약서의 작성일자란에 1999. 11. 24.로 기재하였다고 증언하였다.

② 갑6-1~6, 갑22-1~5, 증인 최O철의 증언에 변론 전체의 취지를 종합하면, 피고는 기노걸이 2004. 8. 20. 사망하기 전부터 기노걸을 대신하여 원고에게 잔급지급을 요청하였고, 원고가 엠지코리아에게 이 사건 토지와 관련한 모든 권리를 양도한 사실을 알려주면서 위 회사와 상의해보라고 하자, 엠지코리아에게 대금지급을 요구하여 엠지코리아로부터 2003. 7. 25. 500만 원, 2003. 8. 22. 500만 원, 2003. 12. 15. 1,000만 원, 2004. 2. 26. 500만 원, 2004. 5. 24. 1,000만 원, 2004. 7. 5. 500만 원 합계 4,000만 원을 지급받았다(이에 대하여 피고는 위 돈은 매매대금이 아니라 엠지코리아 대표이사인 최O철로부터 개인적으로 빌린 돈에 불과하다는 취지로 주장하나, 제출된 증거들에 변론 전체의 취지를 종합하면, 피고와 최O철은

위 아파트 건설사업을 하는 과정에서 처음 만나 알게 된 사이이고, 위 돈을 입금한 명의인은 최0철이 아닌 엠지코리아인 사실을 알 수 있고, 여기에 피고는 차용증서도 제출하지 못하고 있는 점에 비추어 보면, 피고의 위 주장은 믿기 어렵다.)

한편, 피고는 위조 주장을 뒷받침하는 사정으로서 ③ 기노걸과 동아건설 사이에 작성된 계약서(갑3-1, 2)에 기재된 기노걸의 서명 및 인영은 한자로 되어 있지만 이 사건 계약서(갑3-3)에 기재된 기노걸의 이름은 한글로 적혀 있고, 인영도 소위 막도장에 의한 것으로서 그 안의 이름도 한글로 되어 있으며, 입회인인 유진종합건설의 날인이 없는 점, ④ 이 사건 계약서에 매매대금의 입금계좌로 기재된 농협 241084-56-002254 계좌는 1997. 9. 1. 동아건설로부터 계약금 및 1차 중도금 294,000,000원이 송금된 뒤 1997. 9. 24. 해지되어 폐쇄된 계좌이고, 기노걸은 같은 날 농협 241084-56-002402 계좌를 개설하여 1997. 11. 5. 동아건설로부터 2차 중도금 688,100,000원을 송금받은 점(을11-1, 2, 을12-1, 2), ⑤ 이 사건 계약서를 작성한 이지학이 경영하는 하우공영과 유진종합건설 사이의 토지매매계약에 관한 용역대행계약서의 작성시기는 2000. 2. 무렵으로 이 사건 계약서의 작성일자로 기재되어 있는 1999. 11. 24. 이후인 점(갑10), ⑥ 유진종합건설은 2000. 7. 28.경 기노걸에게 '동아건설로부터 승계받은 부동산 양도권리를 인정하지 않음에 따라 개발이 지연되고 있고, 토지수용권을 부여받아 사업을 시행하고자 한다'는 취지가 담긴 내용증명우편을 보낸 점(을1)을 주장하고 있으나,

⑦ 유진종합건설 등이 다른 지주와 체결한 원고 명의의 매매계약서

로서 위조되지 않은 것으로 보이는 계약서 중에도 매도인의 도장이 막도장으로 되어 있거나, 입회인의 날인이 없는 계약서가 존재하는 점(갑16-1, 6), ⑧ 피고는 현재까지도 위 폐쇄된 농협 계좌의 통장을 소지하고 있어 기노걸도 위 계약서 작성 당시 위 2개의 통장을 모두 소지하고 있었을 것으로 보이고, 계좌번호는 통장의 첫 장을 넘기면 바로 알 수 있지만 계좌의 폐쇄 여부는 통장의 마지막 면을 보아야 알 수 있는 관계로, 이 사건 계약 당시 75세의 고령으로서 병석에 누워있던 기노걸이 착오로 폐쇄된 계좌번호를 불러줄 가능성도 존재하는 점, ⑨ 만약 원고, 유진종합건설이나 이지학이 동아건설로부터 받았거나 매매계약 대행과정에서 이미 알고 있던 기노걸의 계좌번호를 이용하여 이 사건 매매계약서를 위조하였다면 위와 같이 폐쇄된 계좌가 아니라 2차 중도금이 지급된 계좌번호를 적었을 것으로 보이는 점, ⑩ 이 사건 계약서의 실제 작성시기는 2000. 9. 일자 미상경으로서 계약서상 작성일자는 소급하여 기재된 점 등을 종합하면, ③④⑤⑥과 같은 사정 및 기타 제출된 증거들만으로는 증인 A의 증언 등을 뒤집고 이 사건 계약서(갑3-3)와 을4가 위조되었다고 인정하기 부족하다.

(2) 이 사건 계약서(갑3-3)의 기재에 의하면, 원고는 2000. 9.경 기노걸과 사이에, 위 동아건설과의 1997. 9. 1.자 매매계약을 승계하되, 승계계약 후 6개월 이내에 잔금 983,000,000원을 지급하고, 기노걸은 잔금 수령시 소유권이전등기서류를 교부하고, 토지를 인도하고, 잔금 지불기일 전까지 지상물 일체(미등기 건축물 포함)를 책임지고 철거하기로 하는 내용의 계약을 체결한 사실을 인정할 수 있

으므로, 기노걸로부터 이 사건 토지의 소유권 및 매도인의 지위를 상속한 피고는 매수인인 원고에게 이 사건 토지에 관하여 2000. 9. 일자 미상 매매를 원인으로 한 소유권이전등기절차를 이행하고, 위 각 토지를 인도하고, 별지 건물 목록 기재 각 건물을 철거할 의무가 있다.

3. 결론

원고의 주위적 청구는 정당하므로 받아들인다.

재판장	판사	안승국
	판사	최승원
	판사	문현호

토지 목록

1. 김포기 고촌면 향산리 62-2 대 255㎡
1. 김포기 고촌면 향산리 62-5 대 36㎡
1. 김포기 고촌면 향산리 65-8 대 539㎡ (163평)
1. 김포기 고촌면 향산리 65-12 전 284㎡ (86평)
1. 김포기 고촌면 향산리 65-20 대 322㎡
1. 김포기 고촌면 향산리 67-1 대 1,815㎡. 끝.

확증편향

건물 목록

1. 가. 김포기 고촌면 향산리 65-2 지상 목조 주택 34㎡

   나. 김포시 고촌면 향산리 65-2 외 1필지 지상 조적조 주택 85.59㎡

2. 김포시 고촌면 향산리 65-8 지상 목조 주택 36㎡, 목조 주택 17.52㎡

3. 가. 김포시 고촌면 향산리 67-1 지상 토담 주택 36.93㎡

   나. 김포시 고촌면 향산리 67-1 지상 목조 주택 44.63㎡ 목조 주택 45.36㎡

   다. 김포시 고촌면 향산리 67-1 지상 목조 주택 14.76㎡

   라. 김포시 고촌면 향산리 67-1 지상 목조 주택 35.58㎡, 목조 주택 18.75㎡. 끝.

[판결의 해설]

● 사건 경위 요약

망(亡) 기노걸은 2004년 8월경 노환으로 사망했고(향년 79세), 기의호는 기노걸의 장남으로서 현재 경기도 김포시 고촌면에 살고 있습니다.

2005년 11월 현대건설주식회사(이하 '현대건설')는 기의호를 상대로 소송을 걸어왔습니다. 소송의 취지는 기노걸이 2004년 8월경에 사망했으므로, 기노걸로부터 상속받은 김포시 고촌면 향산리 소재 6필지 합계 면적 3,251㎡ 토지(983.4평, 이하 '이 사건 토지'라함)의 소유권을 잔금 9억4,300만 원만 받고 현대건설에 넘겨 달라는 것이었습니다. 이 사건 토지 위에는 그때까지 상속등기가 안된 기노걸 소유의 가옥 1채와, 다른 5명의 토지 임차인들이 신축 및 등기까지 하여 살고 있는 건물 및 가옥 5채가 있었는데, 그것도 모두 철거해 달라고 하였습니다.

다른 사람을 상대로 토지를 넘겨 달라는 소송을 할 때에는 그에 합당한 이유가 있어야 합니다. 가령 현재 등기가 되어있는 땅 주인과 매매계약을 체결했다든가, 강제수용권을 발동했다든가 등등 무슨 명분이 있어야 합니다. 아무런 이유도, 명분도 없이 다른 사람 명의로 등기되어 있는 땅을 내어달라고 할 수는 없습니다. 이는 지극히 상식적인 일입니다. 현대건설은 공공기관도 아니므로 특별히 강제수용권을 발동하기는 어려울 것입니다. 그렇다고 기의호(혹은 기노걸)는 달리 현대건설과 매매계약을 체결한 사실도 없었습니다. 적어도 기의호가 알고 있는 한 이는 분명한 사실입니다.

　그런데 현대건설은 기의호에게 이 사건 토지의 소유권을 넘겨 달라는 소송을 제기했습니다. 2005년 당시 이 사건 토지의 주변 시세는 평당 약 450~500만 원에서 많게는 700만 원을 웃돌고 있었다고 합니다. 이렇게 볼 때 이 사건 토지의 시가는 약 45~70억 원이나 되는데, 이걸 고작 9억4,300만 원에 넘기라는 것입니다. 기의호로서는 너무도 뜬금이 없었습니다.

　그즈음 나는 기의호의 소송대리인으로 선임되었습니다.
　현대건설에서 제출한 소장을 살펴보았습니다. 현대건설은 소장에서, 1999년 11월 24일 망 기노걸과 이 사건 토지에 대한 부동산매매계약을 체결했다고 하였습니다. 그러면서 기노걸의 이름과 주소, 주민등록번호, 계좌번호가 기재되고 기노걸의 도장까지 날인되어 있는 이 사건 토지에 대한 1999년 11월 24일자 부동산매매계약서(이하 '이 사건 계약서'라 함)를 증거로 제출했습니다〈증거자료1-1 참조〉.

　현대건설의 주장과 제출된 증거에 따르면, 기노걸은 1999년 11월 24일 현대건설을 대신한 망 이지학(기의호의 친구, 2001년 5~6월 사망)과 사이에 이 사건 토지를 합계 19억6,600만 원에 매각하는 내용의 부동산매매계약을 체결했다고 합니다. 총 매매대금은 19억6,600만 원이었지만, 기노걸은 1997년경에 동아산업건설 주식회사(이하 '동아건설'이라고 함)와 같은 토지에 대한 부동산매매계약을 체결하면서 계약금 및 중도금으로 9억8,300만 원을 지급받았는데, 현대건설은 이를 승계하기로 하였기 때문에, 나머지 잔금 9억 8,300만 원을 계약체결일로부터 6개월 이내에 지급하기로 하였다고 합니다. 또한 현대건설은 2003년 경 엠지코리아 주식회사(이하 '엠지코리아'라고 함)라는 회사를 통하여 기의호의 통장으로 잔금 4,000만 원을 추가로 지급하였기 때문에, 기의호는 나머지 잔금 9억4,300만 원을 지급받고서 이 사건 토지의 소유권을 넘겨야 한다고 주장했습니다.

기의호 입장에서는 너무도 어이가 없었습니다.

왜냐하면 기의호는 2004년 8월에 작고하신 아버지(기노걸)가 그이전에 현대건설과 부동산매매계약을 체결하였다는 말은 금시초문이었기 때문입니다. 다만, 기의호는 아버지 기노걸이 1997년 8월경에 이 사건 토지를 동아건설에 매각한 사실은 알고 있었습니다. 당시 토지의 매매가격은 총 19억6,600만 원이었고, 기노걸은 3차례에 걸쳐서 계약금과 중도금으로 9억8,300만 원을 지급 받은 사실도 알고 있습니다. 당시 기의호는 기노걸의 장남으로서 동아건설을 대행한 친구 이지학과 매매계약의 주요 내용을 직접 조율하였습니다. 그런데 동아건설은 1997~8년 IMF를 견디지 못하고 부도 및 파산절차에 들어간 탓에, 이후 기노걸은 동아건설로부터 잔금을 받지 못한 상태로 이 사건 토지를 소유하고 있었습니다.

기노걸은 현대건설과는 어떠한 매매계약도 체결한 사실이 없었습니다. 만일 기노걸이 현대건설과 매매계약을 체결했다면 그러한 사실을 장남인 기의호와 사전에 상의하거나, 혹은 계약 이후에라도 그 사실을 알려주었을 것입니다. 이와 같은 중요한 일을 장남에게 알려주지도 않았을 리는 없습니다. 기의호는 아버지로부터 이와 관련한 말을 들어본 적이 없었습니다.

그런데 현대건설은 1997년 경 동아건설이 기노걸과 체결한 부동산매매계약을 1999년 11월에 현대건설로 승계하면서, 기노걸과 직접 부동산매매계약을 체결하였다고 주장합니다. 이 사건 계약서에 기노걸의 인적사항과 계좌번호가 적혀 있고 기노걸의 도장이 날인되어 있는 것이 증거라고 합니다.

기의호(혹은 대리인 안천식 변호사, 저자)는 이 사건 계약서를 자세히 살펴보았습니다. 그것은 사망한 아버지(기노걸)가 작성한 계약서가 아님이 분명했습니다. 왜냐하면 이 사건 계약서 인적사항란에 기재된 기노걸의 성명, 주소, 주민등록번호 등은 기노걸의 글씨가 아니었기 때문입니다. 날인된 인영도 한글 막도장이 찍혀 있었습니다. 이런 식의 계약서라면 기노걸의 인적 사항을 알고 있는 사람이라면 누구라도 금방 위조할 수 있습니다.

또한 기노걸은 현대건설로부터 매매계약 관련 돈(계약금, 중도금, 잔금 등)을 받은 사실도 없었습니다. 만약 현대건설이 정말로 기노걸과 매매계약을 체결했다면, 어떤 식으로라도 기노걸에게 돈을 주면서 그 근거를 남겼을 것입니다. 현대건설은 2003년 경 엠지코리아를 통해 기의호에게 잔금 4,000만 원을 지급하였다고 하나, 이건 너무도 터무니없는 주장이었습니다.

기의호는 2003년 내지 2004년 경 군 장교 전역을 앞두고 고향 김포에서 '들꽃풍경'이라는 야생화 농장을 일구고 있었습니다. 그런데 당시 군 임관 동기라고 하는 최O철(엠지코리아 대표)이 찾아와 이런저런 이야기를 나누게 됩니다. 당시 엠지코리아는 김포 일대의 토지를 매수하던 중이었습니다. 기의호는 최O철과 이야기를 하던 끝에 농장조성 비용이 부족하다는 말을 했는데, 최O철은 급한 대로 부족한 자금을 조금씩 도와주겠다고 합니다. 이렇게 해서 기의호는 2003년 7월경부터 이듬해 7월까지 약 1년에 걸쳐서 500만 원, 1,000만 원씩을 6차례에 걸쳐서 돈을 통장으로 지급받아 농장 조성 비용으로 사용했었고, 그 금액의 합계가 4,000만 원이었습니다.

그러나 이것은 기의호와 최O철(혹은 엠지코리아) 사이의 돈거래 문제일 뿐, 현대건설과는 아무런 상관이 없는 돈입니다. 당시 기의호는 아버지(기노걸)가 현대건설과 매매계약을 체결한 사실 자체를 인지하지도 못한 상황이었으므로 현대건설 관련 돈을 받을 수도 없었습니다. 또한 당시는 기노걸이 생존해 있을 때인데, 만일 이 돈이 현대건설과의 계약 관련 돈이었다면 당연히 계약 당사자인 기노걸의 통장으로 지급되어야 합니다. 백번 양보하여 혹여 위 돈이 현대건설(혹은 엠지코리아)과의 매매대금(혹은 잔금)이었다면, 현대건설(또는 엠지코리아)로소는 이와 관련한 돈이라는 취지의 영수증이라도 받아 두었어야 합니다.

엠지코리아는 이 사건 계약 당사자도 아니고, 계약의 당사자인 기노걸은 이 돈을 받은 사실도 없습니다. 그런데 현대건설은 최O철

(혹은 엠지코리아)이 기의호 통장으로 500만 원, 1,000만 원씩 찔끔찔끔 지급한 돈이 느닷없이 현대건설이 기노걸에게 지급할 9억 8,300만 원의 잔금 중 일부라고 주장합니다. 너무도 터무니 없는 주장이 아닐 수 없습니다.

● 사건의 쟁점과 입증 책임

사건의 쟁점은 기노걸이 정말로 1999년 11월 24일에 현대건설과 부동산매매계약을 체결하였는지 여부입니다. 좀 더 구체적으로 요약하면, 현대건설이 기노걸과의 매매계약을 체결했다는 사실을 증명하기 위해 증거로 제출한 '이 사건 계약서'가 정말로 기노걸의 의사에 따라 작성된 계약서가 맞는지 여부가 핵심 쟁점입니다.

현대건설은 기노걸의 의사를 확인하고 기노걸과 체결한 계약서라고 주장하고 있고, 기의호는 이 사건 계약서는 아버지(기노걸)가 작성한 것이 아니라고 부인하고 있습니다. 그렇다면 현대건설은 기노걸이 정말로 이 사건 계약서를 작성하였다는 사실을 증거 등을 통해 명확하게 증명해야 합니다. 즉 이 사건 계약서가 기노걸의 의사에 따라 진정하게 작성되었다(진정성립)는 사실에 대한 입증책임은 현대건설에게 있습니다(민사소송법 제357조[+]). 다시 말하면, 현대건설은 재판 과정을 통해 이 사건 계약서는 기노걸이 작성하지 않았을 수도 있다는 의심을 완전히 제거하거나, 그러한 의심에 침묵을 명할 수 있을 정도로 확실하게 증명하여야 하고, 만일 이와 같은 증명에 이르지 못하면 이 사건 계약서는 기노걸이 작성하지 않

+ 민사소송법 제357조(사문서의 진정의 증명) : 사문서는 그것이 진정한 것임을 증명하여야 한다.

은 것으로 취급되는 불이익(패소)을 감수해야 합니다. 이를 법학에서는 "입증책임의 원칙"이라고 합니다.

● 제1심 판결 및 비판

앞서 제시된 제1심 판결은 "A와 B의 증언에 의하면, 이 사건 계약서는 2000년 9월경 기노걸의 의사에 따라 작성한 것으로 볼 수 있다"고 하면서, 현대건설에게 승소 판결을 선고했습니다. 즉 제1심 법원은 현대건설은 이 사건 계약서가 기노걸이 작성하였다는 사실을 증명한 것으로 판시하였는데, 법리상으로나 사실적으로나 도저히 이해할 수 없는 판결이었습니다.

이하에서는 제1심 판결의 주요 이유와 그 부당함에 대해 살펴보겠습니다.

● 증인의 법정 진술의 신빙성, 이해관계

제1심 법원은, 현대건설 측 증인으로 나온 A가 "기의호와 친구 관계인 이지학이 2000년 9월경 기노걸과 사이에 부동산매매에 관한 합의를 하고, 기노걸을 대신하여 이 사건 계약서에 기노걸의 이름·주소·주민등록번호를 기재했으며, 기노걸로부터 막도장을 건네받아 날인을 하고, 기노걸이 가르쳐준 농협 계좌번호를 적었다"고 증언했기 때문에, 이 사건 계약서는 기노걸이 작성한 것으로 인정할 수 있다고 하였습니다.

또한 "증인 B도 이지학 등으로부터 (2000년 9월경) 위와 같이 작성된 계약서를 받아 유진종합건설에게 대금을 지급할 날짜에 맞추어 이 사건 계약서 작성일자란에 1999년 11월 24일로 기재하였다고 증언했다"면서 현대건설 측의 손을 들어줍니다.

그러니까 두 사람의 증언에 의하면, 이 사건 계약서는 2000년 9~10월경에 기노걸에 의해 작성되었고, 그 중 1부를 현대건설에게 교부했다는 사실이 충분히 입증되었다고 판시한 것입니다. 마치 "세 사람이 말을 맞추면 없던 호랑이도 만든다(三人成虎, 삼인성호)"는 옛 속담을 떠올리게 하는 판시입니다.

그런데 현대건설이 신청한 2명의 증인은 과연 믿을 수 있는 사람들일까요?

증인 A는 2000년 경 유진종합건설주식회사(이하 '유진종합건설')의 전무이사였는데, 당시 현대건설은 유진종합건설에게 이 사건 토지를 포함한 부동산 매매계약체결 용역을 맡긴 상태였고, 유진종합건설은 위 용역이 모두 수행되었다는 이유로 약 73억 5,000만 원의 용역대금(매매대금)을 지급받은 상태였습니다〈증거자료15 참조〉. 만일 A가 "이 사건 계약서를 기노걸이 작성했는지에 대해 모른다"고 말하면, 현대건설은 유진종합건설에게 2000년경에 지급한 용역대금 중 일부의 반환을 청구할 수 있는 관계입니다.

그렇다면 증인 A는, 2000년경 유진종합건설이 현대건설로부터 지급받은 용역대금이 정당하였다는 점을 인식시키기 위해서라도 기노걸이 이 사건 계약서를 작성했다고 말해야 하는 입장입니다.

다시 말해 A는 이 사건 계약서의 진정성립 여부와 밀접한 이해관계가 있는 사람으로서, 애초부터 중립적인 증인이라고 할 수 없는 자였습니다. 따라서 이런 증인의 진술을 너무 쉽게 믿어서는 안 됩니다. 왜냐하면 자신의 이해관계에 따라 얼마든지 허위로 진술을 할 수 있기 때문입니다. 이러한 이해관계인의 진술은 반드시 다른 객관적인 증거가 보강되어야만 신빙성을 인정받을 수 있습니다.

증인 B 역시 마찬가지입니다.

현대건설 직원인 B는 이 사건 토지를 비롯한 현대건설의 김포시 고촌면 일대 토지매수 담당자로서, 이 사건 소송의 승소를 위해 무슨 일이든 할 수 있는 자였습니다. 즉 애초부터 중립적인 증언을 기대하기 어려운 자라는 것입니다. 결국, 현대건설이 내세운 두 명의 증인은 모두 증인의 중립성을 담보하기 어려운 자들로서, 이들은 얼마든지 미리 말을 맞춘 다음 허위의 사실을 진술할 여지가 있었습니다.

판결의 근거가 되는 증언은 반드시 신빙성이 있어야 하고, 객관적인 증거가 뒷받침되지 않는 증인의 진술에 신빙성이 있는지 여부를 판단할 때에는 매우 신중해야 합니다. 판결의 근거가 될 증인 진술의 신빙성을 잘못 판단하면, 재판은 그야말로 엉망이 되어버리기 때문입니다.

그런데 제1심 법원은 다른 객관적인 증거의 뒷받침 없이 그냥 두 사람의 증언을 신빙성 있는 증거로 채택했고, 이들의 말에 따라 기노걸이 이 사건 계약서를 작성한 것이 맞는다고 판단합니다. 이 정도의 증언이라면 두 사람이 미리 짜고서 내용을 맞추었다고 의심할 수도 있었을 텐데, 제1심 법원은 마치 옛날 원님이 재판하듯이 아무런 의심도 없이 이들의 증언을 믿어줍니다. 대기업 현대건설로서는 이와 같은 법원의 판단에 감읍하여 연신 고맙다고 찬사를 보내겠지만, 패소한 기의호로서는 여간 낭패가 아닙니다. 이하에서는 이들의 증언이 얼마나 믿을 수 있는지를 좀더 구체적으로 보겠습니다.

● 다른 증거와의 관계

문제는 두 증인의 진술 내용을 조금이라도 뒷받침하는 다른 객관적인 증거가 있는지 여부입니다. 그런데 현대건설은 두 사람의 진술을 뒷받침하는 객관적인 증거를 단 한 건도 제시하지 못합니다. 뿐만 아닙니다. 재판이 진행될수록 두 사람의 진술과 반대되는 다른 증거들이 연이어 나타났고, 그때마다 이들은 마치 짜고 고스톱을 치듯이 진술을 번복했는데, 제1심 판결서 이유에는 이런 내용이 하나도 기재되어 있지 않았습니다.

이를 구체적으로 살펴보겠습니다. 당초 현대건설은 A의 2005년 11월 16일자 진술서를 증거로 제출했습니다. A는 위 진술서에서 "진술인(A)은 <u>1999년 11월 24일</u> 망 이지학이 망 기노걸의 자택을 방문하여 이 사건 계약서에 기노걸의 도장을 날인하는 것을 입회하여 보았다"라고 했습니다. 현대건설 직원 B도 2005년 10월 18일자 진술서를 증거로 제출했는데, 여기서 B도 "진술인(B)은 <u>1999년 11월 24일</u> 유진종합건설로부터 이 사건 계약서를 받으면서 동아건설에게 지급할 매매인수대금 36억 원을 지급하였다"라고 했습니다.

그러니까 A와 B가 직접 이 사건 계약을 체결한 것은 아니지만, A는 1999년 11월 24일에 이 사건 계약서가 작성되는 현장을 보았고(A), 현대건설은 같은 날 유진종합건설로부터 이 사건 계약서를 교부받으면서 동아건설에게 지급할 36억 원을 지급하였다는 것입니다(B). 두 사람의 진술은 정확하게 날짜 등 아귀가 맞았고, 실제로 B의 진술을 구체적으로 뒷받침하기 위하여 현대건설이 1999년 11월 24일자로 유진종합건설에게 지급한 36억 원의 영수증과 수표 사본까지 증거로 제출합니다.〈증거자료1-2 참조〉

그런데 그 뒤 문제가 발생합니다.

유진종합건설은 2000년 7월 28일에 기노걸에게 내용증명 우편으로 통고서[+]를 보낸 사실이 있었는데, 기의호가 위 통고서를 발견하여 증거로 제출한 것입니다. 위 통고서에는, "기노걸은 2000년 7월 28일까지 현대건설과의 매매계약 체결을 거부하며 더 높은 매매대금을 요구하는 등 욕심을 부리고 있다"고 기재되어 있었습니다. 이에 따르면 "A는 1999년 11월 24일 이 사건 계약서를 작성하는 현장에 입회하였고, B는 같은 날 유진종합건설에게 36억 원을 지급하면서 이 사건 계약서를 교부받았다"는 진술 내용과 맞지 않습니다. 2000년 7월 28일까지도 체결하지 않은 매매계약이, 1999년 11월 24일에 체결되었을 리는 없기 때문입니다〈증거자료4 참조〉.

[+] 마침 기의호는 그때까지 위 통고서를 집에 보관하고 있었습니다.

/ 확증편향 /

유진종합건설이 2000년 7월 28일자로 기노걸에게 보낸 통고서에는 내용증명 우편 소인이 찍혀 있습니다. 현대건설로서는 위 통고서의 내용을 인정하지 않을 수 없었을 것입니다. 결국 A와 B의 진술내용은 거짓으로 드러났습니다.

난처해진 현대건설은 약 8개월 뒤 두 사람을 증인으로 신청해서 법정으로 부릅니다. 2006년 7월 25일 두 사람은 서울중앙지방법원 357호 법정에 증인으로 출석하였고, 진실만을 말하겠으며 만일 거짓이 있으면 위증으로 처벌받겠다고 선서까지 한 다음 증언을 합니다. 여기서 A는 이전에 제출한 2005년 11월 16일자 진술서 내용은 "현대건설에서 보내준 문안을 검토도 하지 않고 사인한 것으로서 일부 내용에 잘못이 있다"고 인정합니다.

그러면서 "이 사건 계약서 작성 현장에 입회한 것은 1999년 11월 24일이 아니라, 2000년 9월 내지 10월경"이라고 말을 바꿉니다. 당시 기노걸은 "모기가 들어온다며 문을 닫으라"고 하였다고도 둘러댑니다. 이어서 A는 "당시 기노걸은 안방에서 도장과 통장을 가지고 나와 마루에 있는 이지학에게 통장번호를 불러주면서 계약서에 계좌번호를 적으라고 했고, 이지학은 그 자리에서 직접 계약서에 기노걸이 불러주는 통장 계좌번호를 기재했으며, 이어서 기노걸로부터 도장을 건네받아 계약서에 날인하는 것을 모두 보았다"라고 진술합니다.

A는 종전 진술서 내용 중 1999년 11월 24일에 작성하였다는 계약서의 작성일자를 2000년 7월 28일자 통고서 발송 이후인 '2000년 9~10월경'으로 번복하는 동시에, 번복된 일자에 계약서를 작성하는 과정에 있었던 구체적인 상황(모기, 통장번호 불러주고 이를 현장에서 받아 적는 모습)을 좀 더 자세하게 묘사한 것입니다. 아마도 당시 상황을 좀 더 구체적이고 상세하게 묘사해야만 재판부가 번복된 진술을 믿어줄 것이라고 생각했을 것입니다.

그런데 여기서 또 문제가 발생합니다.

두 사람의 증언 후 나는 기의호에게, 계약서에 기재된 계좌번호 관련 예금통장이 있는지 찾아보라고 했습니다. 마침 기의호는 기노걸의 유품으로서 관련 예금통장을 모두 보관하고 있었는데, 나는 통장을 받아본 후 깜짝 놀랐습니다. 왜냐하면 이 사건 계약서에 기재되어 있는 기노걸의 <u>농협 241084-56-002254 계좌는 기노걸이 1997년 9월 1일에 개설하여 1997년 9월 24일까지만 사용하고 곧바로 해지한 것</u>이었기 때문입니다. 심지어 기노걸은 예금계약을 해지하면서 통장 뒷면 마그네틱선 제거를 위해 뒷면 표지 절반을 찢어 놓은 상태였습니다〈증거자료5 참조〉.

결국 A의 법정 진술에 의하면, 기노걸은 2000년 9월 내지 10월경에 이지학과 이 사건 계약서를 작성하면서, <u>1997년 9월 24일 자로 예금계약이 해지된, 통장 뒷면 표지 절반이 찢어진 예금통장을 가지고 나와서 그 계좌번호를 불러주었다는 것</u>입니다. 그러나 이러한 일은 현실적으로 도저히 있을 수 없는 일입니다. 어떻게 매매계약을 체결하면서 이미 3년 전에 해지한 통장을 가지고 나와서 계좌번호를 불러줄 수 있단 말입니까? 그것도 매매대금이 무려 20억 원이나 되는 부동산매매계약서를 작성하면서 말입니다. 설사 기노걸이 통장을 잘못 가지고 나왔다고 하더라도, 현대건설을 대리한 이지학으로서는 뒷면이 다 찢어진 통장을 보고 계좌번호를 불러주는 것을 그대로 받아 적었을 리도 없을 것입니다.

A의 법정 진술은 일반 경험칙이나 상식에 비추어 좀처럼 믿기 어렵습니다. 누가 보아도 A가 거짓말을 하고 있다고 의심할 수밖에 없습니다. 즉 A는 이지학과 기노걸이 사망한 점을 이용하여 존재하지도 않은 사실을 허위로 만들어 증언하고 있다고 볼 수밖에 없습니다. 아마도 자발적으로 그러한 거짓말을 했다기 보다는, 현대건설 등의 부탁이나 강요를 받았을 가능성이 매우 크다고 할 것입니다.

기노걸은 1997년 9월 1일 동아건설과 이 사건 토지에 대한 매매계약을 체결하면서 앞서 본 농협 예금계좌(보통예금)를 당시 동아건설을 대리한 이지학에게 알려주었고, 그 뒤 동아건설로부터 1차 계약금과 중도금 합계 2억9,490만 원을 이 계좌로 송금받았습니다 〈증거자료5 참조〉. 그런데 그즈음 IMF 사태가 발생하여 은행 이자율이 하늘 높이 치솟았습니다. 이에 기노걸은 은행 직원의 권유로 종전 예금계좌를 폐쇄하고, 이자율이 높은 다른 저축은행 계좌를 개설해 2004년 8월 사망 시까지 사용합니다.

이 과정에서 동아건설과의 계약체결을 대행했던 이지학은 기노걸의 종전 계좌번호와 인적 사항에 관한 자료를 보관하고 있었을 것입니다. 이후 1999년~2000년경에 이지학은 현대건설과의 매매계약 체결을 대행하게 되었고, 기노걸이 계약체결을 강력하게 반대하자 그 이전에 받아 두었던 기노걸의 인적사항과 계좌번호를 이용하여 기노걸 몰래 이 사건 계약서를 작성했을 것으로 추정할 수 있습니다. 아마도 하루빨리 현대건설로부터 용역대금(토지대금)을 지급받기 위함이었을 것입니다. 실제로 유진종합건설은 2000년 1월, 현대건설로부터 약 73억5,000만 원의 용역대금(토지대금)을 모두 지급받았고, 하우공영(대표 이지학)도 그 즈음 유진종합건설로부터 약 10억 원의 용역대금을 지급받은 사실도 확인되었습니다.

아마도 이지학은 추후라도 기노걸과의 매매계약 문제를 매듭지으려고 했을 것입니다. 그래서 2000년 7월 28일 기노걸에게 내용증명 우편을 발송하였을 것입니다. 그러나 2000년 7월 이후 현대건설은 부도 등 재정위기 상태에 직면하면서 기노걸의 잔금을 지급할 수 없는 상태가 되었고, 게다가 이지학은 2001년 5~6월 갑자기 심장마비로 사망함으로써 결국 기노걸과의 매매계약은 영영 매듭짓지 못한 것으로 보입니다.

지금까지 나온 증거에 따르면, 이 사건 계약서는 기노걸의 의사와 무관하게 작성되었다는 사실을 충분히 추론할 수 있습니다. 적어도 이 사건 계약서가 기노걸에 의해 작성되지 않았을 수도 있다고 의심할 만한 사정은 충분합니다. 현대건설은 이러한 사실을 알고 있으면서도, 기노걸과 이지학이 모두 사망한 점을 이용하여 A와

B에게 부탁해 허위 진술서를 쓰게 하고, 이어서 법정에서 허위의 증언을 하도록 부탁한 것으로 보입니다.

결론적으로 현대건설은 기노걸이 이 사건 계약서를 작성했다는 사실을 충분히 증명하지 못했습니다. 왜냐하면, A와 B의 진술 및 증언에는 앞서 본 바와 같은 여러 의문점이 있고, 현대건설은 이러한 의문점들을 침묵하게 할 수 있는 어떠한 합리적인 증거도 제출하지 못했기 때문입니다.

● 계좌번호 관련 판결이유에 대하여-1

제1심 법원은, "이 사건 계약서에 매매대금 입금계좌로 기재된 농협 241084-56-002254 계좌는 1997년 9월 1일 동아건설로부터 계약금 및 1차 중도금 2억9,410만 원을 송금받은 뒤 예금계약이 해지되어 폐쇄된 계좌이고, 기노걸은 같은 날 농협의 다른 계좌를 개설하여 사용한 사실은 인정되지만, <u>한편 기노걸은 이 사건 계약서 작성 당시 위 2개의 통장을 모두 소지하고 있었을 것이고, 계좌번호는 통장의 첫 장을 넘기면 바로 알 수 있지만 계좌의 폐쇄여부는 통장의 마지막 면을 보아야 알 수 있는 관계로, 이 사건 계약 당시 75세의 고령으로서 병석에 누워있던 기노걸이 착오로 폐쇄된 계좌번호를 불러줄 가능성이 존재한다</u>"고 판시했습니다.

당시 75세 고령의 기노걸이 착오로 이미 폐쇄된 통장을 가지고 나와서 이지학에게 계좌번호를 잘못 불러주었을 가능성이 있다는 것입니다. <u>계약서에 기재사항을 정확하게 기재하지 않은 것을 사망</u>

한 기노걸의 탓으로 돌리면서, 75세 고령인 기노걸의 실수 가능성을 언급하고 있습니다. 참으로 기가 막힌 논리가 아닐 수 없습니다.

물론 지극히 희박하지만 개념적으로는 판결 이유와 같은 일이 발생하였을 가능성이 전혀 없다고는 할 수 없을 것입니다. 그런데 기노걸이 통장을 잘못 들고나왔을 가능성은 얼마나 될까요? 살고 있던 전답과 가옥 등 매매대금이 무려 20억 원이나 되는 부동산매매계약을 체결하면서, 이미 3년 동안이나 사용하지 않던 뒷면 표지 절반이 찢어진 통장을 잘못 가지고 나와 그 계좌번호를 불러줄 가능성은 과연 몇 %나 될까요?

기노걸이 실수를 할 수도 있다고 합시다. 그렇다면 당시 매매계약 체결 현장에 기노걸과 함께 있었다는 현대건설을 대행한 이지학과 입회인 A 등은 기노걸의 실수를 전혀 눈치 채지 못한 것일까요? 아마도 그들은 김포 향산리 일대 수백 건의 부동산매매계약을 체결한 베테랑들일 것입니다. 그런데 이들은 75세 고령의 기노걸이 통장 뒷면이 절반이나 찢어진 예금통장을 펼쳐보면서 계좌번호를 불러주는 것을 그대로 받아 적기만 하였다는 것일까요?

이 사건 계약서에는 기노걸의 필적이나 서명이 전혀 기재되어 있지 않습니다. 그런데도 이들은 기노걸로부터 달랑 막도장 하나만 건네받아서 날인을 받는 방식으로 매매계약을 체결하면서, 아무런 의심도 하지 않고, 대책도 강구하지도 않았다는 것이 과연 일반 상식에 맞는 것일까요? 왜 이들은 기노걸이 직접 매매계약을 체결했다는 흔적의 계약서와 관련 서류를 하나도 남기지 못했을까요? 현대건설이라는 대기업의 매매계약 체결 용역을 맡은 베테랑들이, 유독 기노걸과의 계약 체결만 이렇게 엉성하게 했다는 걸일까요?

아마도 0.0001%정도의 가능성은 있을 수도 있습니다. 그렇지만 이렇게 희박한 가능성만을 가지고 증인 A와 B의 증언을 둘러싼 여러 의혹들을 침묵시키기에는 턱없이 부족합니다. 무언가 다른 증거가 필요했습니다. 하지만 다른 객관적인 증거는 전혀 없었습니다.

제1심 법원은 "기노걸은 **당시 75세의 고령으로서 병석에 누워있었던 상태**"+였기 때문에 지극히 희박한 가능성에도 불구하고 충분히 일어날 수 있는 일이라고 판단한 것 같습니다. 그렇다면 "75세의 고령으로서 병석에 누워있었던 상태"이고 "통장 뒷면 절반이 찢어진 것도 모르고 그 계좌번호를 불러주는 상태"였던 기노걸을 찾아가 매매대금이 20억 원이나 되는 부동산매매계약을 체결하려 한 기업은 도대체 어떤 기업일까요?

제1심 판결에 대한 근본적인 의문점은, 법원은 현대건설이 내세운 증인 A와 B의 증언이 허위일 가능성에 대해서는 전혀 살피지 않았다는 점입니다. 물론 A와 B는 법정 증언에 앞서 "진실만을 말하겠다"고 선서까지 했습니다. 그렇다고 A와 B가 정말로 진실만을 말

+ 현대건설은 기노걸이 2000년 9~10월경에 병석에 누워 있었다는 사실을 증명하는 어떠한 증거도 제출하지 못했습니다. 다만, A의 증언이 있었을 뿐입니다. 또한 기노걸은 2000년 12월경에 뇌출혈로 경희대학교 한방병원에 입원한 사실은 있었으나, 이는 현대건설에서 주장하는 매매계약 체결 시기와는 상당한 차이가 있습니다(제2심 제출 증거 참조).

했다고 단정할 수는 없는 일입니다. 경우에 따라서는 현대건설 등의 부탁으로 허위증언을 할 개연성을 완전히 배제할 수 없습니다. 특히 A는 기노걸과 이지학이 모두 사망한 상황을 십분 활용했을 개연성이 충분합니다.

그도 그럴 것이, A는 사망한 이지학과 사망한 기노걸이 계약을 체결하는 것을 보았다고만 할 뿐, 구체적인 상황에 대한 진술은 새로운 증거가 나올 때마다 매번 달랐습니다. 아무리 생각해도 의도적으로 연출된 거짓말일 개연성이 충분합니다. 그런데도 제1심 법원은 A가 허위증언을 했을 개연성에 대해서는 침묵합니다. 도대체 당시 재판부는 무슨 생각에 빠졌던 걸까요?

● **계좌번호 관련 판결이유에 대하여-2**

제1심 법원은, "만일 현대건설이나 유진종합건설이, 이지학이 동아건설로부터 받았거나 매매계약 대행과정에서 이미 알고 있던 기노걸의 계좌번호를 이용하여 이 사건 계약서를 위조했다면, 위와 같은 폐쇄된 계좌가 아니라 2차 중도금이 지급된 계좌번호를 적었을 것"이라고 하였습니다. 그러면서 "기의호와 친구 관계인 이지학이 2000년 9월경 기노걸과 사이에 부동산매매에 관한 합의를 하고, 기노걸을 대신하여 이 사건 계약서에 기노걸의 이름·주소·주민등록번호를 기재하고, 기노걸로부터 막도장을 건네받아 날인하는 것을 보았다는 A의 증언은 믿을 수 있다"고 판시합니다.

즉, 만일 현대건설이나 유진종합건설 혹은 이지학이 이 사건 계약서를 위조할 마음이었다면, 좀 더 세련되고 표나지 않게 위조했을 거라고 단정해 버립니다. 1997년에 예금계약이 해지된 계좌번호를 이 사건 계약서에 기재해 넣으면 위조 사실이 금방 드러나는데, 현대건설 혹은 이지학이 일을 그 정도로 엉성하게 처리하지는 않았을 것이라는 의미입니다. 한 마디로 위조사실이 너무 쉽게 드러나는 점이 이상하므로 위조를 인정할 수 없다는 태도입니다.

이게 말이나 되는 소리일까요? 이지학 등이 이 사건 계약서를 좀 더 세련되게 위조했다면 오히려 위조 사실을 인정했을 거라는 말일까요? 당연히 법원이 진짜로 그러리라고 누구도 믿지 않습니다. 결국 법원은, 이래도 위조를 인정하지 않고, 저래도 위조를 인정하지 않겠다고 이야기한 것이나 다름이 없습니다.

판결서에 기재된 이유는 그 자체로 모순입니다. 왜 이런 모순된 이유를 판결서에 기재했을까요? 달리 둘러댈 말이 없기 때문일 것입니다. 모순된 이유를 끌어들여서라도 현대건설에 승소판결을 선고하겠다는 의지가 앞섰기 때문일 것입니다.

한편 제1심 판결이유는 이지학이 기노걸의 계좌번호 변경 사실을 당연히 알고 있다는 점을 전제하고 있는데, 이 또한 논리적으로 모순입니다. 망 이지학은 동아건설과 기노걸의 부동산매매계약을 체결할 때에 동아건설을 대행했을 뿐이어서, 동아건설이 기노걸에게 지급할 계약금 등이 입금될 계좌번호에 관한 자료만 받았을 뿐입니다. 이후 기노걸이 종전 예금계좌를 해지하고 다른 통장을 개설해서 이를 동아건설에게 알려주면서 중도금을 지급받았다는 사실까지는 당연히 알 수가 없습니다. 이는 동아건설과의 매매계약 체결 이후의 일이고, 따라서 동아건설과 기노걸만이 알 수 있는 내용입니다. 이지학이 기노걸의 변경된 계좌번호를 알 수 있는 방법은 없습니다.

그런데 제1심 법원은 전혀 증명되지 않는 이러한 사실을 전제하면서, 잘못된 전제를 바탕으로 다시 증명되지 않은 새로운 사실을 추정하고 창작해 나갑니다.

● 그 외 판단이유

제1심 법원은 A와 B의 증언 외에도, 기의호가 엠지코리아(대표 최00)로부터 2003년 7월 25일 500만 원, 2003년 8월 22일 500만 원, 2003년 12월 15일 1,000만 원, 2004년 2월 26일 500만 원, 2004년 5월 24일 1,000만 원, 2004년 7월 5일 500만 원, 합계 4,000만 원을 지급받았다는 사실을 함께 설시하고 있습니다.

이러한 판시는 그야말로 쟁점 흐리기에 불과합니다. 현대건설은 2000년 9~10월경에 기노걸과 이 사건 계약서를 작성하였다고 주장했고, 사건의 쟁점은 현대건설의 이러한 주장이 사실인지 여부입니다. 즉 쟁점이 되는 시기는 "2000년 9~10월경"의 일입니다. 기의호가 엠지코리아(혹은 최0철)로부터 위와 같이 돈을 받은 것은 2003년 7월~2004년 7월 사이 약 1년에 걸쳐 일어난 일이라 시기가 완전히 다릅니다.

/ 확증편향 /

더욱이 현대건설은 소송 내내 "기의호는 기노걸이 이 사건 계약을 체결한 사실 자체를 모르는 자"라고 주장했습니다. 이 사건 계약 체결의 존재도 모르는 기의호가 어떻게 2003년에 이 사건 계약 관련 잔금을 지급받을 수 있다는 말일까요? 또한 2003년경에 기노걸의 아들인 기의호가 위 돈을 받았다고 해서, 이를 근거로 2000년경에 위조된(기노걸이 작성한 것으로 증명이 되지 아니한) 이 사건 계약서가 갑자기 기노걸이 작성한 계약서로 바뀔 수가 있는 걸까요? 법정에서는 그런 요술도 통하는 것일까요?

기의호가 최0철 혹은 엠지코리아로부터 돈을 받은 상황은 앞서 '사건의 요약'에서 본 바와 같습니다. 이는 기노걸이 현대건설과 작성했다는 이 사건 계약과는 아무런 관련이 없습니다. 시점도 다르고, 당사자도 다르며, 돈의 액수나 성격도 완전히 다릅니다. 관련성이 입증된 사실도 없고, 입증이 될 수도 없습니다.[+] 이러한 단순한 사실의 나열이 2000년 9~10월경에 기노걸과 이 사건 계약서를 작성했다는 사실을 뒷받침할 수도 없습니다. 판결서에도 그냥 사실만을 나열한 뒤 논리의 비약으로 치달을 뿐, 그게 무슨 관련성이 있는지에 대해서는 구체적인 언급도 없습니다

이렇듯 제1심 법원은 기의호에게 유리한 객관적인 증거들은 대부분 무시하면서도, 관련성도 입증되지 않은 증거들을 마냥 열거하면서, 현대건설에게 유리하게 해석하여 결론을 맺습니다. 이른바

[+] 제1심 법원에 증인으로 출석한 최00도 "2003년 경 기노걸을 딱 한 번 봤는데, 당시 기노걸은 '동아건설에게 땅을 팔았는데 돈도 안 준다'는 말을 하였다"라고 증언하기도 했습니다. 이는 곧 기노걸도 생존시에 현대건설과의 매매계약 체결 사실을 부인하고 있었다는 의미입니다.

견강부회(牽强附會)란 말은 이런 경우에 딱 어울릴 듯합니다. 도저히 법치주의를 실현하는 판결이라고 믿기 어렵고, 공정하고 합리적인 법원의 판단이라고 보기 어렵습니다. 헌법이 법관에게 모든 재판권한을 위임하고 있지만, 이건 아닙니다.

● 증인 재신청의 문제

제1심 법원은 현대건설이 신청한 증인 A와 B에 대해 두 차례에 걸쳐서 증인신문기일을 열었습니다. 첫 번째는 2006년 7월 25일인데, 여기서 A는 종전 진술서에서 계약 체결 일자가 1999년 11월 24일이라고 하던 것을 "2000년 9~10월경"이라고 번복합니다. 그러면서 "당시 기노걸은 안방에서 통장과 도장을 가지고 나와 마루에 있는 이지학에게 계좌번호를 불러주었고, 이지학은 이를 현장에서 직접 계약서 계좌번호란에 기재한 다음 도장을 건네받아 날인하였다"고 합니다. 위 증인신문기일을 끝으로 변론은 종결되었고 판결 선고기일이 지정되었으며, 현대건설의 요청으로 선고기일 이전에 한차례 조정절차도 진행되었습니다.

그런데 위 증인신문 이후 이 사건 계약서에 기재된 기노걸의 계좌번호는 1997년 9월 24일자로 예금계약이 해지된 사실이 드러났고, 나는 기노걸의 예금통장 사본 등 관련 증거를 참고서면과 함께 재판부에 제출하면서 변론재개를 요청합니다. 그 사이 조정은 결렬되었고 제1심 법원은 변론을 재개했습니다. 담당 재판부는 이 사건 계약서에 기재된 계좌번호가 1997년 9월 24일자로 해지된 사실은 매우 이례적이라고 하면서, 이미 현대건설 측 증인으로 한차례 출석한 바 있는 A와 B를 다시 증인으로 신청하라고 합니다.

당시 나는 사법연수원을 수료한 2년 차 변호사로서 재판부의 이러한 진행을 별로 이상하게 생각하지 못했습니다. 그런데 변호사 생활 17년을 경험한 지금에 와서 돌이켜보면, 당시 재판부의 태도는 매우 이례적입니다. 즉 이미 변론기일에서 한차례 증언한 바 있는 A를 같은 심급의 다른 변론기일에서 또 다시 증인으로 부르는 경우는 이제껏 다시 경험하지 못했습니다. 다른 변호사의 경험을 들어도 마찬가지입니다. 물론 재판의 진행은 담당 재판장의 몫이고 이례적인 증거에 대한 의견을 물어보기 위해 같은 심급에서 증인을 재차 소환할 수도 있을 것입니다. 재판의 결론은 매우 중요하고 세심해야 하니까요.

그러나 보는 입장에 따라서는 현대건설에게 불리한 증거가 제출되자, 담당 재판부가 적극적으로 나서서 앞서 증언한 증인에게 종전 진술 내용을 번복할 기회를 제공한 것으로 오해할 소지도 있습니다. 즉 지금에 와서 돌아보면, 현대건설에게 최대한 유리하게 판단해주기 위해 재판부가 최대한 노력했구나 하는 인상을 지울 수가 없습니다.

A는 재소환된 증인신문절차에서, "2000년 9~10월경 기노걸이 통장을 보고 계좌번호를 불러주었고, 이지학이 직접 계약서에 기재해 넣은 것은 분명한 사실이다, 기자 출신으로 이 점은 분명하고 기억이 잘못된 것이 없다"고 여러 차례 강조합니다. B도 "2000년 가을

경에 이 사건 계약서를 교부받은 것은 분명한 사실"이라고 합니다. 결국 재판부는 두 사람에게 종전 법정 진술이 사실임을 더욱 강조하는 기회를 제공해 준 셈입니다.

● 증인신문조서의 문제

A는 2005년 11월 16일자 진술서에서 "진술인은 1999년 11월 24일 망 기노걸과 망 이지학이 이 사건 계약을 체결하는 현장에 있었다"라고 했습니다. 그런데 2000년 7월 28일 유진종합건설이 기노걸에게 보낸 통고서 내용에 의하면 A의 이러한 진술 내용은 거짓으로 드러납니다. 그러자 A는 2006년 7월 25일 증인으로 법정에 출석하여 "계약 체결 현장에 입회한 것은 1999년 11월 24일이 아니라 2000년 9~10월경"이라고 진술을 번복합니다.

A는 진술을 번복하는 이유 중 하나로, "유진종합건설은 1999년 11월 24일 동아건설 및 현대건설과 사업양수도계약을 체결한 이후부터 토지 작업을 시작했기 때문에 1999년 11월 24일에는 이 사건 계약서를 작성할 수가 없다"고 했습니다. A는 현대건설 측 소송대리인의 질문에 이렇게 대답했고, 뒤이어 나에게도 2~3차례 같은 대답을 했습니다.

당시 나는, 또 다른 증인 B가 다른 진술서에서 "1999년 11월 24일 사업양수도계약 체결 이전에 이미 동아건설과 계약한 24건의 매매계약 대부분을 현대건설로 승계하는 내용의 부동산매매계약서가 작성된 상태였다"고 진술한 사실을 이미 파악하고 있었기 때문에, A가 이와 다른 내용의 법정 진술을 함에 따라 반대신문을 통해 이 점을 거듭 확인하였습니다. 그때마다 A는 "분명히 1999년 11월 24일 이후부터 토지 작업에 착수했다, 그렇기 때문에 이 사건 계약서 작성일자가 1999년 11월 24일일 수가 없다"라고 대답했습니다.

A는 이 사건 계약서 작성 현장을 입회한 시기가 1999년 11월 24일이 아니라 2000년 9~10월일 수밖에 없는 이유 중 하나로, "1999년 11월 24일 이전에는 동아건설 관련 매매계약 체결 관련 용역에 착수하지 않았기 때문"이라고 했습니다. 그렇다면 만일 A의 이러한 진술이 허위로 드러나면, A의 번복된 진술 내용도 신빙성을 잃을 수밖에 없습니다. 나는 이어진 B에 대한 반대신문에서 이 점을 확인하고자 했습니다. B는 "동아건설 관련 24건의 계약서는 1999년 11월 24일 사업양도양수계약 체결 이전에 대부분 현대건설 명의로 승계된 상태였다"고 했습니다. A의 법정 진술과는 정반대의 진술 내용이었습니다. 즉, 두 사람 중 한 사람은 거짓말을 하고 있거나, 혹은 기억을 잘못하고 있는 것입니다.

그런데 나는 제1심 패소 후, A의 증인신문조서를 확인하고 깜짝 놀랐습니다. A의 증인신문조서에는 "1999년 11월 24일 이후부터 토지 작업에 착수하였기 때문에 이 사건 계약서 작성일자가 1999년 11월 24일일 수가 없다"는 A의 진술 내용이 감쪽같이 빠져 있었습니다. B의 증인신문조서에는 A와의 대질신문 내용으로 간략하게 기재되어 있었으나, A의 증인신문조서에는 그 내용이 아예 통째로 빠져 있었습니다.

제1심 법원은 증인신문조서를 정리하면서, 현대건설에게 불리한 A의 증언 내용을 삭제한 것으로 보입니다. A의 모순된 증언을 그대로 두고서는 신빙성 있는 증거로 채택할 수 없기 때문에, B의 진술과 모순되는 부분을 의도적으로 삭제했다고 볼 수밖에 없습니다. 재판부가 일방 당사자에게 불리한 증언 내용을 증인신문조서에서 삭제한다는 것은 좀처럼 있을 수 없고, 있어서도 안되는 일입니다. 제1심 법원은 무슨 이유로 A의 증언을 그토록 믿고 싶었던 걸까요?

● 청구취지 변경의 문제

애초 현대건설이 기의호를 상대로 제기한 소송의 청구취지는, "피고는 원고에게 별지 토지목록 기재 각 토지에 관하여 1999년 11월 24일자 매매를 원인으로 소유권이전등기절차를 이행하고, 위 각 토지를 인도하고, 별지 건물 목록 기재 각 건물을 철거하라"였습니다.

그런데 이 소송 진행 중에 유진종합건설이 2000년 7월 28일자로 기노걸에게 내용증명우편으로 발송했던 통고서가 증거로 제출됐습니다. 그러자 증인 A는 "이 사건 계약서 체결 현장에 입회한 것은 1999년 11월 24일이 아니라 2000년 9~10월경이다"라고 증언을 번복하고, 현대건설 역시 종전 청구취지 중 "1999년 11월 24일자 매매" 부분을 "2000년 9월 일자 미상 매매"로 정정합니다. 제1심 증인 A의 번복된 법정 진술 내용에 따라 청구취지를 정정할 만큼, A의 증언은 이 사건에서 매우 중요한 핵심 증거였습니다.

그 후 이 사건 계약서에 기재된 기노걸의 농협 계좌번호가 1997년 9월 24일자로 예금계약이 해지된 것이라는 사실이 드러납니다. 이로 인해 "2000년 9~10월경 이 사건 계약서에 계좌번호를 기재해 넣는 것을 보았다"는 A의 증언은 또다시 의심스러워졌습니다. A의 증언이 사실이 아닐 개연성이 짙어진 건데, '새로 제출된 증거에 따라 미리 짜맞춘 진술'이라고 충분히 의심할 수 있는 상황이 되었습니다.

이에 현대건설은 다시 다음과 같이 예비적 청구취지를 추가합니다. "피고는 동아건설(파산자 동아건설의 파산관재인 정00)에게 별지 토지 목록 기재 각 토지에 관하여 1997. 9. 1. 매매를 원인으로 한 소유권이전등기 절차를 이행하고, 위 각 토지를 인도하고, 별지 건물 목록 기재 각 건물을 철거하라."

이는 현대건설마저도 "2000년 9~10월경에 매매계약 체결하는 것을 보았다"는 A의 증언을 믿기 어렵다고 인정한 것이나 마찬가지라고 해석할 수 있습니다. 즉, 입증이 부족했다는 사실을 현대건설 스스로도 인정하면서, A의 증언이 못미더우니까 이 사건 토지를 현대건설이 아닌 파산 중인 동아건설(파산관재인 정00)에게 인도하라는 예비적 청구취지까지 추가한 것입니다. 그럼에도 제1심 법원은 굳건하게 A의 증언을 믿을 수 있다고 판단했습니다. 법원이 무슨 이유로 그렇게까지 믿을 수 있었는지는 아직까지도 의문입니다.

*** 물론 현대건설이 추가한 예비적 청구취지는 법리상으로 잘못된 것으

로 보입니다. 왜냐하면 현대건설로서는 자신에게 토지를 인도하라는 청구를 할 수 있을 뿐, 제3자에게 토지를 인도하라고 청구할 권한 자체가 없기 때문입니다.

● 단상(斷想)

2006년 12월 12일은 제1심 판결 선고일이었습니다. 나는 당연히 승소를 예상했고, 기의호에게 승소 소식을 어떻게 전해줄까 하는 행복한 고민에 빠져 있었습니다. 그도 그럴 것이, 현대건설은 이 사건 계약서를 기노걸이 작성했다는 사실을 증명할 만한 객관적인 증거를 전혀 제출하지 못했습니다. 현대건설이 약 1년 동안 증명한 것 중 그나마 의미 있는 것이라고는, A(현대건설 용역업체 전무이사)와 B(현대건설 담당 직원)를 증인으로 불러 증언을 하게 한 것뿐입니다.

그들의 증언은 참으로 해괴했습니다. A는 애초 "1999년 11월 24일에 기노걸, 이지학(현대건설 대행인)과 함께 계약체결 현장에 있었다"라고 했고, B는 "같은 날 유진종합건설로부터 이 사건 계약서를 건네받으면서 동아건설에게 지급할 36억 원의 인수대금을 지급하였다"고 했습니다. 그 증거로 1999년 11월 24일자로 된 36억 원의 영수증과 수표 사본도 함께 제출하면서 말입니다.

그런데 유진종합건설이 2000년 7월 28일에 보낸 통고서가 증거로 제출되자 두 사람의 말은 180도 바뀝니다. A는 기노걸과 이지학이 계약을 체결한 시기는 1999년 11월 24일이 아닌 2000년 9~10월이라고 합니다. 그 이유는 당시 늦가을이라 조금 추웠고, 기노걸은 모기가 들어온다며 문을 닫으라고 했기 때문이랍니다. 또한 기노걸이 안방에서 통장과 도장을 가지고 나와 거실에 있는 이지학에게 통장계좌번호를 불러주어서, 이지학이 현장에서 직접 계약서에 그 계좌번호를 적어 넣는 것도 보았으며, 이어서 막도장을 건네받아 계약서에 날인하는 것도 보았다고 합니다.

B의 진술도 갑자기 바뀝니다. 유진종합건설로부터 이 사건 계약서를 건네받은 것은 2000년 가을이었다는 겁니다. 그러면서도 동아건설 인수자금 36억 원을 유진종합건설에 지급한 날짜는 여전히 1999년 11월 24일이 맞는다고 합니다. 영수증에는 날짜가 기재되어 있으니 이것까지 번복하지는 못한 것입니다. 단지 이 사건 계약서는 영수증 날짜와 무관하게 2000년 가을 즈음에 받았다고 합니다.

두 사람의 바뀐 진술을 뒷받침하는 다른 증거가 나온 것은 없습니다. 그냥 이들이 말이 그렇게 바뀐 것입니다. 아무도 본 사람이 없으니, 그냥 자신들의 말이 맞다고 주장하는 것입니다.

누구나 때론 기억을 잘못할 수 있습니다. 만일 잘못된 기억이라면 언제든지 바로잡아야 할 것입니다. 문제는 '과거 기억에 대한 진술에 신빙성이 있는지'입니다. 기억이란 지극히 주관적이어서 그 자체가 잘못된 것일 수도 있고, 잘못된 기억임을 알고서 거짓말을 하는 수도 있습니다. 또한 옳다고 믿었던 기억도 때로는 상황적 필요에 의하여 부지불식간에 왜곡되는 경우도 얼마든지 있을 수 있습니다. 그러니 과거 기억이라고 하는 타인의 말을 무조건 믿을 수는 없으며, 제3자의 관점에서 봤을 때 어느 정도 상식과 경험칙에 근거하거나, 다른 객관적인 증거에 의해 뒷받침이 되어야 합니다.

법관이 증인의 왜곡된 기억을 판단의 근거로 삼으면 재판은 엉망이 되고 맙니다. 법정은 그야말로 '거짓말 경연장'으로 변할 것이며, 증거재판주의는 아무런 의미도 갖지 못할 것입니다. 왜냐하면 말로서야 얼마든지 '거짓 기억'을 만들어 낼 수 있기 때문입니다. 우리 사법현실이 이른바 '원님 재판', '카더라 재판'으로 흘러서는 아니될 것입니다

A의 기억은 기노걸의 계좌번호가 1997년 9월 24일자로 해지된 것이라는 사실이 드러난 이후 더더욱 믿을 수가 없게 되었습니다. 매매대금이 20억 원이나 되는 부동산매매계약을 체결하면서 이미 3년 전에 예금계약을 해지한 찢어진 통장을 꺼내와 계좌번호를 불러주는 일은 상상할 수가 없습니다.

약 1년 넘게 소송을 수행하며 여러 차례 새로운 객관적인 증거로서 A가 한 진술의 신빙성을 탄핵했던 저로서는, 기의호의 승소를 예상하는 것이 지극히 상식적이었습니다. 하지만 제가 들은 것은 패소 소식이었습니다. 도저히 믿을 수가 없었습니다. 귀를 의심하면서 멍한 상태로 있었습니다. "도대체 이게 뭘까??" 그저 아득하기만 했습니다.

/ 확증편향 /

사법연수원 시절, 동료 연수생들과 적지 않은 대화를 나누었습니다. 누구나 할 것 없이 '법리'와 '공정'을 강조하였습니다. 어느 분야보다 공정하다는 자부심이 있었기에, 성적에 따른 임용에 모두가 승복할 수 있었습니다. 이들이 세상에 나가 판사·검사가 되고 변호사가 되어 이성적이고 합리적인 사회를 구현할 것이라고 믿어 의심치 않았습니다.

한쪽으로 치우친 판결문을 읽으면서도. 한편으론 스스로의 부족함을 채찍질하기도 하였습니다. 제1심 법원이 오해한 부분은 제2심에서 얼마든지 해명하고 바로잡을 수 있을 것이라고 생각했습니다. 설마 제1심과 제2심이 모두 이런 비상식적이고 비이성적인 함정에서 허우적거리지는 않을 것이라 생각했습니다. 대한민국 사법부는 다른 어느 분야보다도 유능하고 우수한 인재들로 구성되어 있고, 그 어느 분야보다도 깨끗하고 청렴하며 공정할 것이라는 점을 조금도 의심하지 않았기 때문입니다.

2. 제2심 판결

[표2. 제2심 판결서]

서 울 고 등 법 원
제 8 민 사 부
판   결

사 건	2007나5221 소유권이전등기등
원고, 피항소인	현대건설 주식회사
	서울
	대표이사 이0송
	소송대리인 변호사 이두환
피고, 항소인	기의호
	김포시
	소송대리인 변호사 안천식
제1심판결	서울중앙지방법원 2006. 12. 12. 선고
	2005가합99041판결
변 론 종 결	2007. 8. 30.
판 결 선 고	2007. 10. 11.

주   문

1. 피고의 항소를 기각한다.
2. 항소비용은 피고가 부담한다.

청구취지 및 항소취지

1. 청구취지

주위적으로, 피고는 원고에게 별지 토지 목록 기재 각 토지에 관하여 2000. 9. 일자 미상 매매를 원인으로 한 소유권이전등기절차를 이행하고, 위 각 토지를 인도하며, 별지 건물 목록 기재 각 건물을 철거하라.

예비적으로, 피고는 파산자 동아건설산업 주식회사의 파산관재인 정O인에게 별지 토지 목록 기재 각 토지에 관하여 1997. 9. 1. 매매를 원인으로 한 소유권이전등기절차를 이행하고, 위 각 토지를 인도하며, 별지 건물 목록 기재 각 건물을 철거하라.

2. 항소취지

제1심 판결 중 피고 패소부분을 취소하고, 그 부분에 해당하는 원고의 청구를 기각한다.

이   유

1. 기초사실

다음의 각 사실은 당사자 사이에 다툼이 없거나 갑 제3, 4호증의 각 1, 2, 제8호증의 1, 2, 3, 제9호증, 제12, 14호증의 각 1, 2, 을 제8호증의 1의 각 기재, 증인 최0철의 증언에 변론 전체의 취지를 종합하여 인정할 수 있다.

가. 망 기노걸은 1997. 9. 1. 김포시 고촌면 향산리 일대 토지를 매수하여 아파트를 건설하려던 동아건설산업 주식회사(2001. 5. 11. 이 법원으로부터 파산선고를 받았다. 이하 '동아건설'이라고만 한다)와 사이에, 별지 토지 목록 기재 각 토지(이하 '이 사건 토지'라 한다) 면적 합계 3,251㎡(983.4평)를 1,966,600,000원에 매도하되, 2차 중도금 지급 전까지 토지의 지상물을 철거하기로 약정하였고, 그 후 위 계약에 따라 계약금과 1, 2차 중도금 합계 983,000,000원을 지급받았다.

나. 그 후 위 계약상 잔금 983,000,000원이 미지급된 상태에서 동아건설이 위 아파트건축 사업을 포기하자, 원고는 유진종합건설 주식회사(이하 '유진종합건설'이라고만 한다)와의 매매용역계약 및 위 회사와 주식회사 하우공영(이하 '하우공영'이라고만 한다)간의 업무대행계약 등을 통해 1999. 11. 5.경 동아건설과 사이에 사업권 및 이 사건 토지 등 향산리 일대 토지에 대한 매입권을 36억 원에 양수하기로 하는 계약을 체결하였고, 1999. 11. 24. 유진종합건설에 위 양수대금을 지급하였다.

다. 유동성 위기를 겪던 원고는 2002. 12.경 엠지코리아 주식회사(이하 '엠지코리아'라고만 한다) 및 다른 건설사와 사이에 엠지코리아를 시행사로 하여 사업을 추진하는 내용의 계약을 하였고, 엠지코

확증편향

리아는 2003. 3. 7.경 기노걸로부터 이 사건 토지 외에 추가로 김포시 고촌면 향산리 65-3 외 6필지 합계 면적 29평을 66,700,000원에 매수하였다.

라. 다른 건설사가 사업을 포기하자 원고는 2003. 7. 7. 엠지코리아와 사이에, 원고가 김포시 고촌면 향산리 일대 토지소유자들과 기 계약한 토지 등 개발사업과 관련한 모든 권리를 510억 원에 매도하되, 계약금 70억 원은 계약 당일, 중도금 230억 원은 2003. 9. 5. 잔금 210억 원은 2003. 10. 7. 각 지급받기로 약정하였고, 엠지코리아로부터 계약금을 지급받았다.

마. 그 후 원고는 엠지코리아가 중도금을 지급하지 못하자 2003. 9. 6.경 최고를 거쳐 2003. 11. 11. 엠지코리아와의 위 양도계약을 해제하였다.

바. 한편, 이 사건 토지 위에는 별지 건물 목록 기재 각 건물이 있고, 기노걸은 2004. 8. 20. 사망하였으며, 피고는 2005. 2. 1. 이 사건 토지에 관하여 협의분할에 의한 상속을 원인으로 피고 앞으로 소유권이전등기를 마쳤다.

사. 원고는 2006. 8. 22. 인천지방법원 부천지원 2006년금제2303호로 피고를 피공탁자로 하여 이 사건 토지에 관한 소유권이전등기에 관한 서류 교부, 이 사건 토지의 인도, 별지 건물 목록 각 건물의 철거와 동시이행 조건으로 잔금 943,000,000원을 공탁하였다.

2. 주위적 청구에 관한 판단

가. 원고의 주장

원고를 대리한 이지학이 2000. 9. 일자 미상경 기노걸의 진정한 의사를 확인한 뒤 기노걸을 대신하여 서명, 날인하는 방식으로 원고와 기노걸 사이에 이 사건 토지에 관한 부동산매매계약서가 작성됨으로써 위 계약서와 같은 내용의 매매계약이 체결되었으므로, 기노걸로부터 이 사건 토지의 소유권 및 매도인의 지위를 상속한 피고는 원고에게 이 사건 토지에 관한 소유권이전등기 및 인도, 이 사건 토지 위의 건물을 철거할 의무가 있다.

나. 판단

(1) 살피건대, 원고의 위 주장을 뒷받침하는 증거로는 이 사건 토지에 관한 매매계약서인 갑 제3호증의 3 및 기노걸이 원고로부터 토지의 매매대금으로 983,000,000원을 지급받았다는 취지가 기재된 영수증인 을 제4호증이 있으나, 피고가 위 각 서증에 있는 기노걸의 서명 및 인영이 이지학 등에 의하여 위조된 것이라고 다투므로, 먼저 위 각 서증의 진정성립 여부에 관하여 본다.

피고와 친구 관계인 이지학이 2000. 9.경 기노걸과 사이에 이 사건 토지의 매매에 관한 합의를 하고, 이지학의 사무실에서 작성하여 온 기노걸의 이름, 주소, 주민등록번호가 기재된 이 사건 계약서에 기노걸로부터 막도장을 건네받아 날인을 하고, 기노걸이 가르쳐준 농협 계좌번호를 적었다는 취지의 증인 A의 증언, 이지학 등으로부터 위와 같이 작성된 계약서를 받아 원고가 유진종합건설에게 대금

／ 확증편향 ／

을 지급한 날짜로 맞추어 이 사건 계약서의 작성일자란에 1999. 11. 24.로 기재하였다는 취지의 증인 B의 증언, 기노걸이 2004. 8. 20. 사망하기 전부터 피고가 기노걸을 대신하여 원고에게 잔금지급을 요청하였고, 이에 원고가 엠지코리아에게 이 사건 토지와 관련한 모든 권리를 양도한 사실을 알려주면서 위 회사와 상의해보라고 하자, 피고가 엠지코리아에게 대금지급을 요구하여 엠지코리아로부터 2003. 7. 25. 500만 원, 2003. 8. 22. 500만 원, 2003. 12. 15. 1,000만 원, 2004. 2. 26. 500만 원, 2004. 5. 24. 1,000만 원, 2004. 7. 5. 500만 원 합계 4,000만 원을 지급받은 사실을 인정할 수 있는 갑 제6호증의 1 내지 6, 제22호증의 1 내지 5의 각 기재, 증인 최0철의 증언(이에 대하여 피고는, 위 돈은 매매대금이 아니라 엠지코리아 대표이사인 최0철로부터 개인적으로 빌린 돈에 불과하다는 취지로 주장하나, 위에서 든 증거들에 변론 전체의 취지를 종합하면, 피고와 최00은 위 아파트 건설사업을 하는 과정에서 처음 만나 알게 된 사이이고, 위 돈을 입금한 명의인은 최0철이 아닌 엠지코리아인 사실을 알 수 있고, 여기에 피고는 차용증서도 제출하지 못하고 있는 점에 비추어 보면, 피고의 위 주장은 믿기 어렵다)에 변론 전체의 취지를 종합하면 위 각 서증이 기노걸의 진정한 의사에 의하여 작성된 것이라고 봄이 상당하므로, 결국 위 각 서증의 진정성립이 인정된다.

[비록 갑 제3호증의 1, 2, 3, 제10호증, 을 제1호증, 제11, 12호증의 각 1, 2, 제 16, 17, 19호증, 제20호증의 1 내지 7, 제21호증, 제25호증의 1, 2의 각 기재에 의하면, 기노걸과 동아건설 사이에 작성된 다른 계약서(갑 제3호증의 1, 2)에 기재된 기노걸의 서명 및 인

영은 한자로 되어 있지만 이 사건 계약서에 기재된 기노걸의 이름은 한글로 적혀 있고, 인영도 소위 막도장에 의한 것으로서 그 안의 이름도 한글로 되어 있으며, 입회인인 유진종합건설의 날인이 없는 점, 이 사건 계약서에 매매대금의 입금계좌로 기재된 농협 241084-56-002254 계좌는 1997. 9. 1. 동아건설로부터 계약금 및 1차 중도금 294,900,000원이 송금된 뒤 1997. 9. 24. 해지되어 폐쇄된 계좌이고, 기노걸은 같은 날 농협 241084-56-002402 계좌를 개설하여 1997. 11. 5. 동아건설로부터 2차 중도금 688,100,000원을 송금받은 점, 이 사건 계약서를 작성한 이지학이 경영하는 하우공영과 유진종합건설 사이의 토지매매계약에 관한 용역대행계약서의 작성시기는 2000. 2. 무렵으로 이 사건 계약서의 작성일자로 기재되어있는 1999. 11. 24. 이후인 점, 유진종합건설은 2000. 7. 28.경 기노걸에게 '동아건설로부터 승계받은 부동산 양도권리를 인정하지 않음에 따라 개발이 지연되고 있고, 토지수용권을 부여받아 사업을 시행하고자 한다'는 취지가 담긴 내용증명우편을 보낸 점, 원고가 2000. 12. 13. 기노걸의 옆집에 사는 허창 소유의 김포시 고촌면 향산리 00-2 전 394평 등 6필지 토지에 관하여 위 각 토지를 매수한 동아건설로부터 위 각 토지에 관한 매수인의 지위를 승계하였음을 이유로 이에 관한 계약서 및 영수증(이 사건 계약서 및 영수증과 형식이 동일하고, 매도인 및 영수인 허창 옆에 소위 한글 막도장이 찍혀 있으며 작성일자는 각 2000. 1. 7.로 되어 있다)을 첨부하여 부동산처분금지가처분신청을 하여 2000. 12. 20. 서울지방법원 2000카합 3535호로 위 각 토지에 관하여 부동산처분금지가처분결정이 내려졌으나, 허창이 2001. 4. 17.경 위와 같은 원고의 지위 승계를 승낙한 바 없고, 위 계약서 등은 위조된 것이라고 주장하면서 원고에게 소취하를 요구한 후 원고가 법원의 제소명령에도 불구하고 소를 제기하지 않아 2001. 8. 13. 서울지방법원 2001카합1537호로 위 부동산처분금지가처분결정이 취소된 점을 인정할 수 있다 하더라도,

유진종합건설 등이 다른 지주와 체결한 원고 명의의 매매계약서로서 위조되지 않은 것으로 보이는 계약서 중에도 매도인의 도장이 막도장으로 되어 있거나, 입회인의 날인이 없는 계약서가 존재하는 점(갑 제16호증의 1, 6), 피고는 현재까지도 위 폐쇄된 농협계좌의 통장을 소지하고 있어(다툼이 없는 사실) 기노걸도 위 계약서 작성 당시 위 2개의 통장을 모두 소지하고 있었을 것으로 보이고, 계좌번호는 통장의 첫 장을 넘기면 바로 알 수 있지만 계좌의 폐쇄 여부는 통장의 마지막 면을 보아야 알 수 있는 관계로, 이 사건 계약 당시 75세의 고령이던(갑 제2호증) 기노걸이 착오로 폐쇄된 계좌번호를 불러줄 가능성도 존재하는 점, 만약 원고, 유진종합건설이나 이지학이 동아건설로부터 받았거나 매매계약 대행과정에서 이미 알고 있던 기노걸의 계좌번호를 이용하여 이 사건 매매계약서를 위조하였다면 위와 같이 폐쇄된 계좌가 아니라 2차 중도금이 지급된 계좌번호를 적었을 것으로 보이는 점, 이 사건 계약서의 실제 작성시기는 2000. 9. 일자 미상경으로서 계약서상 작성일자는 소급하여 기재된 점(증인 A, B), 허창에 관한 위와 같은 사정만으로는 허창에 관한 위 계약서가 위조되었다고 단정하기 어려울 뿐만 아니라 가사 허창에 관한 위 계약서가 허창의 승낙을 받지 않고 작성되어 위조된 것이라 하더라도, 이지학은 2000.경 매매계약의 체결을 위해 허창 및 기노

걸의 집을 수 차례 방문하였는바(갑 제31호증, 을 제25호증의 1), 기노걸은 이 사건 계약서의 작성을 승낙하였을 수도 있는 점 등에 비추어, 그러한 사정만으로 이와 달리 보기 어렵다.)

(2) 위에서 본 바와 같이 진정성립이 인정되는 갑 제3호증의 3(이 사건 계약서)의 기재에 의하면, 원고는 2000. 9.경 기노걸과 사이에, 위 동아건설과의 1997. 9. 1.자 매매계약을 승계하되, 승계계약 후 6개월 이내에 잔금 983,000,000원을 지급하고, 기노걸은 잔금 수령 시 소유권이전등기서류를 교부하고, 토지를 인도하며, 잔금 지불기일 전까지 지상물 일체(미등기 건축물 포함)를 책임지고 철거하기로 하는 내용의 계약을 체결한 사실을 인정할 수 있으므로, 기노걸로부터 이 사건 토지의 소유권 및 매도인의 지위를 상속한 피고는 매수인인 원고에게 이 사건 토지에 관하여 2000. 9. 일자 미상 매매를 원인으로 한 소유권이전등기절차를 이행하고, 위 각 토지를 인도하며, 별지 건물 목록 기재 각 건물을 철거할 의무가 있다.

3. 결론

그렇다면 원고의 주위적 청구는 이유 있어 이를 인용할 것인바, 제1심 판결은 이와 결론을 같이하여 정당하므로, 이에 대한 피고의 항소는 이유 없어 이를 기각하기로 하여 주문과 같이 판결한다.

재판장	판사	김창석
	판사	강경구
	판사	박병태

/ 확증편향 /

토지 목록

1. 김포기 고촌면 향산리 62-2 대 255㎡
1. 김포기 고촌면 향산리 62-5 대 36㎡
1. 김포기 고촌면 향산리 65-8 대 539㎡ (163평)
1. 김포기 고촌면 향산리 65-12 전 284㎡ (86평)
1. 김포기 고촌면 향산리 65-20 대 322㎡
1. 김포기 고촌면 향산리 67-1 대 1,815㎡. 끝.

건물 목록

1. 가. 김포기 고촌면 향산리 65-2 지상 목조 주택 34㎡
   나. 김포시 고촌면 향산리 65-2 외 1필지 지상 조적조 주택 85.59㎡
2. 김포시 고촌면 향산리 65-8 지상 목조 주택 36㎡, 목조 주택 17.52㎡
3. 가. 김포시 고촌면 향산리 67-1 지상 토담 주택 36.93㎡
   나. 김포시 고촌면 향산리 67-1 지상 목조 주택 44.63㎡ 목조 주택 45.36㎡
   다. 김포시 고촌면 향산리 67-1 지상 목조 주택 14.76㎡
   라. 김포시 고촌면 향산리 67-1 지상 목조 주택 35.58㎡, 목조 주택 18.75㎡. 끝.

● 세 개의 새로운 증거

기의호(피고)는 아버지(기노걸)가 이 사건 계약서를 작성하지 않았다는 사실을 누구보다도 잘 알고 있었습니다. 2000년 경 아버지가 현대건설과 계약체결을 반대하시던 모습을 뚜렷하게 기억하고 있기 때문입니다. 기의호는 아버지가 돌아가실 때까지, 아버지로부터 현대건설과 매매계약을 체결했다는 말을 듣지도 못했습니다. 아버지는 기의호가 육군사관학교를 졸업하고 장교로 근무하는 것을 매우 자랑스러워하셨고, 집안 대소사 모든 일을 장남인 기의호와 상의해서 처리했습니다. 동아건설과의 매매계약 체결 때에도 기의호가 대부분의 계약사항을 조율했습니다.

그런데 살고 있던 가옥과 전답의 대부분을 차지하는 이 사건 계약을 체결하면서 장남에게 아무런 말도 하지 않았다는 현대건설의 주장을 기의호로서는 도저히 받아들일 수가 없었습니다. 하지만 아버지가 이 사건 계약서를 작성하지 않았다고 확신하면서도, 기의호로서는 아버지가 계약서를 작성하지 않았다는 어떤 증거를 내놓을 수는 없었습니다. 왜냐하면 이미 아버지가 사망하기도 하였거니와, 근본적으로 존재하지도 않는 일, 하지 않은 일을 증명하기란 쉽지가 않기 때문입니다.

설사 기노걸이 생존해 있다고 하더라도, 그는 "나(기노걸)는 이 사건 계약서를 작성한 사실이 없다"고 말할 수 있을 뿐, 그가 이 사건 계약서를 작성하지 않았다는 객관적인 증거를 내놓기란 무척 어렵습니다. 부존재를 적극적으로 증명하는 것은 원래 어려운 일입니다.

따라서 이런 경우에는 계약서를 작성했다고 주장하는 쪽, 그러니까 무슨 일이 있었다고 주장하는 쪽에서 그 존재를 증명해야 합니다. 예컨대, "이 사건 계약서를 기노걸이 작성했다"라고 주장하는 현대건설은, 직접 그 사실을 적극적으로 증명해야 합니다. 이를 증명할 방법은 여러 가지가 있고, 비교적 증명하기도 쉽습니다.

가령 계약서에 기노걸의 자필이 기재되어 있다거나, 혹은 인감도장이 날인되어 있다는 사실로서 이를 증명할 수 있을 것입니다. 또한 기노걸에게 매매대금을 지급하면서 받아 둔 영수증으로도 증명할 수가 있을 것입니다. 보통 매매계약을 체결할 때에는 계약서에 자필 서명을 기재하거나, 인감도장을 날인하거나, 혹은 계약금 등 계약관련 대금을 지급하고 이에 대한 영수증을 받아 둡니다. 매매계약을 체결하면서 이 정도의 서류도 준비하지 못했다면, 그로 인한 책임을 져야 하는 것은 너무도 당연합니다.

현대건설은 기노걸과 이 사건 계약서를 작성하면서 이러한 서류를 하나도 갖추지 않았다면, 당연히 그로 인한 불이익을 감수해야 합니다. 이것이 바로 법학에서 말하는 '입증책임(立證責任)'이고, '자기책임의 원칙'입니다. 이 사건 계약서에는 기노걸의 자필도 없고, 날인된 인영은 인감도장이 아닌 막도장이었습니다. 따라서 현대건설은 기노걸의 자필 매매계약서도 제출하지 못했고, 인감도장이 날인된 매매계약서도 제출하지 못했으며, 이 사건 계약과 관련하여 기노걸에게 어떠한 돈도 지급한 사실이 없기 때문에 매매대금 관련 영수증도 제출하지 못했습니다.

상식적으로 2000년 9~10월에 매매계약서를 작성하면서 3년 전에 예금계약을 해지한 계좌번호를 기재하는 일은 있을 수가 없습니다. 하지만 이 사건 계약서에는 기노걸이 1997년 9월 24일에 예금계약을 해지한 계좌번호가 기재되어 있습니다. 이러한 사실들을 종합하면, 현대건설은 기노걸이 이 사건 계약서를 작성하였다는 사실을 증명하지 못했다고 보아야 합니다.

그런데 제1심 법원은 반대로 판단했습니다. 단지 현대건설이 내세우는 A의 증언만을 근거로, 기노걸이 이 사건 계약서를 작성한 사실을 인정할 수 있다고 하면서, 오히려 기의호가 제출한 증거만으로는 기노걸이 이 사건 계약서를 작성하지 않았다는 사실을 증명하기에 부족하다는 취지로 판단했습니다.

답답한 일이 아닐 수 없습니다. 상대방이 대기업 현대건설이라는 사실이 장승처럼 다가왔습니다. 현대건설이 소송대리인으로 내세운 변호사가 전직 부장판사 출신이고, 향산리 지역의 부동산 사건을 여러 건 수행했었다는 사실도 내심 부담스러웠습니다. 그럼에도 불구하고 이때부터 나는, 기의호의 소송대리인으로서 직접 발로 뛰며 증거들을 추적해 나가기 시작했습니다. 김포 향산리 지역을 수

십 차례 오가면서 여러 증거들을 수집했습니다.[†] 그 중 결정적인 증거 3가지만 소개합니다. 바로 허창 명의로 된 부동산매매계약서와 이지학의 자필, 그리고 기노걸의 병원 입원 기록입니다.

● 허창의 매매계약서

허창은 기노걸과 담 하나를 사이에 둔 이웃사촌이었습니다. 허창 역시 1997년, 그 소유 가옥과 전답을 동아건설에게 매각하는 부동산매매계약을 체결하고 계약금과 중도금 일부를 지급받은 일이 있습니다. 이후 동아건설은 부도가 나면서 파산절차가 진행됐고, 허창도 기노걸처럼 잔금을 지급받지 못한 상태에서 그 토지를 소유하고 있었습니다.

1999년~2000년경에 현대건설을 대리한 이지학은 허창과도 매매계약을 체결하려고 했습니다. 현대건설은 유진종합건설에 매매계약을 체결하는 용역을 주었고, 유진종합건설은 다시 현지 주민 이지학(하우공영 대표)에게 매매계약 체결을 맡깁니다. 그러나 허창 역시 현대건설과의 매매계약 체결에는 완강히 반대합니다. 이에 유진종합건설은 2000년 7월 28일, 허창에게도 내용증명 우편으로 통고서를 발송했습니다. 앞서 본 기노걸에게 발송한 통고서와 동일한 내용이었습니다〈증거자료6,7,8,9 참조〉.

그 후 현대건설은 2000년 12월 20일 경 허창 소유의 토지에 처분금지가처분을 신청하고, 서울중앙지방법원은 이를 허락합니다. 기

---

† 자세한 내용은 『고백 그리고 고발』 제70면 이하 참조

노걸의 경우와 완전히 동일합니다. 현대건설은 기노걸의 토지에 대해서도 이 즈음 처분금지신청을 했고, 법원이 이 가처분결정을 인용했었습니다.

2001년 4월, 허창은 현대건설이 자신의 토지에 처분금지가처분을 했다는 사실을 알고 이웃에 사는 허룡에게 상의를 합니다. 허룡은 세무공무원으로 근무하던 허창의 사촌 형입니다. 허창은 허룡의 도움으로 법원에서 가처분 사건 기록을 열람해 보고는 깜짝 놀랐습니다. 왜냐면 현대건설이 허창과의 부동산매매계약서를 위조했고, 그 위조한 매매계약서를 근거로 허창의 토지에 처분금지가처분 신청을 한 것이었기 때문입니다.

2001년 4월 17일 허창은 현대건설에게, "본인은 현대건설과는 매매계약을 체결한 바가 없으니 가처분을 취하해 줄 것"을 요청하는 '소취하 요청서'를 발송합니다〈증거자료9 참조〉. 그러나 현대건설은 아무런 답을 하지 않았습니다. 이에 허창은 이웃에 사는 이택돈 변호사(허룡의 소송대리인)에게 부탁하여 현대건설을 상대로 제소명령을 신청합니다. 제소명령이란, 채무자(허창)가 그 가처분 결정을 내린 법원에 대하여 "채권자(현대건설)에게 2주 이상의 기간을 정하여 본안소송을 제기하라는 명령을 해달라"고 신청하는 것을 말합니다. 현대건설의 가처분 결정이 정당하다면, 당연히 법원이 정한 기간 내에 본안 소송을 제기할 것입니다. 하지만 그 기간 안에 채권자가 본안 소송을 제기하지 않으면, 가처분 결정에 무언가 흠결이 있다는 것을 의미하게 되고, 이때 허창은 법원에 가처분을 취소해

줄 것을 신청할 수 있습니다(민사집행법 제287조).

현대건설은 법원의 제소명령 통지를 받고도 아무런 반응을 하지 않습니다. 아마도 현대건설은 허창 명의의 부동산매매계약서가 위조되었다는 사실을 알고 있었기 때문일 것입니다. 결국 허창의 신청에 의해 법원은 현대건설의 처분금지가처분 결정을 취소합니다.

향산리 일대를 누비던 중 누군가가 나에게 허창과 현대건설과의 관계를 귀띔해 주었습니다. 나는 곧바로 허창을 찾아가 협조를 요청했지만 거절당합니다. 다시 여러 차례 찾아가 사정을 설명했고, 허창의 사촌형 허룡에게도 협조를 당부했습니다. 허창은 허룡의 부탁을 듣고서야 나와의 면담에 응했고, 이후 사실확인서도 작성해 주었습니다. 나는 다른 여러 경로를 통해 허창의 부동산 처분금지가처분 관련 소송자료와 기타 관련 자료들을 모두 확보할 수 있었습니다.

이 자료 중에는 허창과 현대건설 명의로 위조된 부동산매매계약서와 영수증도 있었습니다. 한 눈에 보아도 허창 명의의 위조된 부동산매매계약서에 기재된 글씨체는 기노걸 명의의 계약서에 기재된 글씨와 동일한 필체였습니다. 또한 형식이 동일한 두 개의 계약서에 동일한 형태의 막도장(허창, 기노걸)이 날인되어 있었습니다. 게다가 허창의 부동산매매계약서에 기재된 국민은행 계좌번호 역시 1997년 12월에 예금계약이 해지된 계좌번호였습니다.

과거 관련 소송에서 현대건설은 허창 명의의 부동산매매계약서의 위조 사실을 인정하였는데, 나는 이 자료도 확보하여 증거로 제출했습니다. 동일한 형식의 계약서에, 동일한 필체로 기재되고, 동일한 형태의 막도장이 날인되었으며, 동일하게 1997년에 예금계약이 해지된 계좌번호가 기재되어 있는 2개의 부동산매매계약서가 있는 상황에서, 이 중 1개의 부동산매매계약서(허창 명의)가 위조된 것임을 현대건설도 인정하였습니다. 그렇다면 기노걸의 이 사건 계약서도 위조되었다고 사실상 추정하는 게 자연스럽습니다. 기노걸이 이 사건 계약서를 작성하지 않았을 개연성을 충분히 인정하고도 남습니다.

이러한 증거들에도 불구하고 기노걸이 이 사건 계약서를 작성하였다고 주장하려면, 앞서 본 추정사실들을 복멸(覆滅)할만한 다른 객관적인 증거가 뒷받침되어야 합니다. 허창 명의의 계약서는 위조된 것이 밝혀졌지만, 다른 모든 조건이 동일한 기노걸의 계약서는 위조되지 않았다고 주장할 수 있는 최소한의 근거가 제시되어야 합니다. 하지만 현대건설은 그러한 증거를 단 한 건도 제출하지 못했습니다. 그럼에도 제1,2심 법원은 기노걸이 이 사건 계약서를 작성한 게 맞는다고 판단합니다.

판결은 최소한의 증거법칙과 합리성이 뒷받침되어야 합니다. 이러한 합리성이 담보되지 않은 판단은 법치주의 국가에서의 법원의 판결이 아니라, 이른바 고대의 제사장이 신탁(神託)에 따라 내리는 명령이 될 것입니다. 법관은 신탁을 받은 제사장이 아닙니다. 법관이 마치 제사장처럼, 최소한의 합리성도 담보되지 않은 판단을 해

버리게 되면, 참으로 난감한 일이 아닐 수 없습니다.

● 이지학의 자필 수첩과 필적감정서

A는 2006년 7월 25일과 11월 28일, 증인으로 출석하여 "기노걸이 불러주는 계좌번호를 이지학이 이 사건 계약서에 직접 기재해 넣는 것을 보았다"고 합니다. 그렇다면 이 사건 계약서의 계좌번호란에는 이지학의 글씨가 기재되어 있어야 합니다. 만일 이 사건 계약서 계좌번호란에 기재된 글씨가 이지학의 것이 아니라면, A는 법정에서 거짓말을 한 것이 됩니다.

이지학은 2001년 5월에 사망했습니다. 나는 수소문 끝에 당시 김포에 거주하는 이지학 유족을 찾아갔습니다. 계좌번호에 적힌 글씨는 이지학의 글씨가 아닐 것이라고 생각했기 때문입니다. 전후 사정을 설명하고 혹여 이지학의 유품 중에 이지학의 글씨를 확인할 수 있는 서류가 있는지를 물어보았습니다. 기의호가 동행하기도 했고, 혼자서 여러 번 찾아가기도 했습니다. 유족들의 아픔을 건드릴 수 있는 민감한 사안이지만, 조심스럽게 이 사건 계약서에 기재된 글씨를 보여주면서 몇 번이고 찾아갔습니다.

유족들은 이 사건 계약서에 기재된 글씨는 이지학의 글씨가 아니라고 확인해 주었습니다. 그러면서 이지학의 글씨가 적힌 수첩과 편지 등 유품을 전해주었습니다. 참으로 고마운 일이었습니다. 유족들은 비록 이지학이 사망했고 과거 불미스러운 일도 있었지만, 기의호가 진실을 밝혀 정당한 권리를 찾기를 원했습니다.

유품 속 이지학의 글씨와 이 사건 계약서에 기재된 글씨는 누가 봐도 동일한 글씨가 아니었습니다. 그럼에도 나는 사설 문서감정원에 이지학의 글씨와 이 사건 계약서 필적의 필적감정을 의뢰했습니다. 두 개의 글씨는 운필방법, 모양 등에서 완전히 다른 사람의 글씨라는 감정결과가 나왔습니다. A의 제1심 변론기일에서의 증언은 허위임이 객관적으로 드러난 것입니다〈증거자료10 참조〉.

나는 제2심 법원에 위와 같은 내용의 필적감정서를 증거로 제출하면서, "이 사건 계약서에 기재된 계좌번호 등 글씨는 이지학의 글씨가 아니며, 이와 관련한 A의 증언은 허위임이 객관적으로 드러났으므로, 더 이상 A의 증언은 증거로서의 가치를 상실하였다"고 주장했습니다. 그런데 항소심 판결서 이유를 보니, 나의 이 주장에 대하여는 단 한마디의 판단도 없었습니다. 아예 주장 자체를 삼켜버린 것입니다.

항소심 변론 종결시까지 제출된 증거 중 A의 증언이 거짓임을 증명할 가장 확실한 증거였고, 현대건설 소송대리인도 깜짝 놀라 최종 변론준비서면에서 이 점에 대해 다투었음에도 불구하고, 법원은 이러한 주장을 판단대상에서 아예 제외해버린 채 기의호의 항소를 기각한 것입니다.

현대건설에게 유리한 주장은 억지로 만들어서라도 설시하면서, 기의호에게 유리한 명확한 증거는 아예 판단 대상에 올리지도 않고 삼켜버린 것입니다. 저는 법원이 이 정도로 편파적으로 재판을 진행하였다는 사실에 무척이나 당황했습니다. 그럼에도 불구하고 이런 상황에서 당사자를 위해 무엇을 어떻게 할 수 있을지, 그저 막막하기만 할 뿐이었습니다.

● 기노걸의 병원 기록- "병석에 누워 있던 기노걸?"

제1심 법원은 판결이유에서 "이 사건 계약 당시 75세의 고령으로서 병석에 누워 있던 기노걸이 착오로 폐쇄된 계좌번호를 불러줄 가능성도 존재한다는 점"을 판결의 근거로 제시했습니다. 아마도 A가 제1심 변론기일에서 "(당시 기노걸은) 얼굴이 까맣고 병색이 있었다"라고 진술했기 때문에 제1심 법원도 기노걸이 병석에 누워 있었다고 판단했던 것으로 해석됩니다.

그러나 기노걸은 2000년 9~10월경 병석에 누워 있는 상태가 아니었습니다. 확인 결과 기노걸은 2000년 11월 29일 뇌출혈(일명 중풍)로 쓰러져 경희대학교 한방병원에 입원한 사실이 있을 뿐, 그 이전에는 평상시와 다름없이 건강한 일상생활을 유지했다고 합니다. 통상 뇌출혈 환자의 경우 발병이 되기 전까지는 정상적인 생활을 유지하는 것이 보통입니다. 나는 이에 대한 기노걸의 병원 입원 및 진료기록과 번역서를 빠짐없이 정리해 증거로 제출했습니다.

그 영향인지, 제2심 법원은 판결이유를 "이 사건 계약 당시 75세 고령이던(갑 제2호증) 기노걸이 착오로 폐쇄된 계좌번호를 불러줄 가능성도 존재하는 점"이라고 바꿨습니다. 즉, 종전 제1심 판결이유 중 "병석에 누워 있던" 이라는 부분을 삭제하면서, 여전히 "75세 고령의 기노걸의 착오가능성"을 언급하여 기노걸이 폐쇄된 계좌번호를 잘못 불러주었을 거라는 판단을 유지합니다.

이렇듯 항소심 법원은, 기의호가 명확한 증거까지 제시하며 A의 증언과 제1심 판결 이유 중 잘못된 부분을 구체적으로 지적하면, 어떻게 해서든지 제1심 판단을 그대로 유지하는 방법을 찾아냅니다. 판결 이유까지 그야말로 엿가락처럼 붙였다 떼었다 하면서 말입니다. 그만큼 판결의 무게는 가벼워질 뿐이고, 재판에 대한 신뢰는 추락하게 될 것입니다.

● **항소심 판결**

항소심 법원은 기의호의 항소를 기각합니다.

제1심 판결서 내용을 그대로 복사하듯 하였고, 추가적으로 "허창의 부동산매매계약서가 위조되었다고 하더라도, 기노걸의 이 사건 계약서까지 위조되었다고 단정할 수 없다"는 말을 덧붙였습니다. 이 사건 계약서의 계좌번호란에 기재된 글씨가 이지학의 글씨가 아니라는 점에 대하여는 아예 판단 자체를 생략했음은 앞에서 보았습니다.

판결서 이유를 아무리 찾아봐도 중요한 증거에 대해 단 한 마디 판단도 하지 않은 것이 당혹스러웠던 저는, 망설임 끝에 항소심 주심 판사에게 전화를 했습니다. 핵심 증거 중 하나인 필적감정서와 관련된 주장에 대한 판단이 누락된 것으로 보이는데 혹시 알고 있는지를 물어보았습니다. 전화기 너머로 "아~ 그거요, 뭐 별로 중요하지 않다고 생각해서 빼버렸습니다. 근데 판결에 불만이 있으면 대법원에 상고하면 될 것이지, 이렇게 담당 판사에게 전화를 해도 되는 건가요?"라는 말이 들려왔습니다.

맞는 말입니다. 판사도 잘못 판단할 수 있고, 판결에 불만이 있으면 법에 정한 불복절차에 따라 상고하면 될 일이지, 담당 법관에게 판결이 잘못된 거 아니냐고 전화해서는 안 됩니다. 법관은 양심에 따라 독립하여 재판할 뿐, 설사 판결이 오판으로 확인됐다고 하더라도 원칙적으로 그에 대한 책임을 묻지 않는 것이 우리 헌법이 선언한 법관의 신분보장의 내용입니다. 그런데 법관이 아무렇게나 던진 돌멩이에 맞아 신음하는 개구리는 어떻게 해야 하는 걸까요?

● 단상(斷想): 재판권 남용이란 무엇인가?

민사소송법 제202조는 법원의 자유심증주의에 대해 다음과 같이 규정하고 있습니다. "법원은 변론 전체의 취지와 증거조사 결과를 참작하여 자유로운 심증으로 사회정의와 형평의 이념에 입각하여 논리와 경험칙에 따라 사실주장이 진실한지 아닌지를 판단한다."

법원은 "변론 전체의 취지와 증거조사 결과"를 참작하여 당사자의 사실 주장이 진실한지 아닌지를 자유롭게 판단할 수 있습니다. 형식적으로 법원은 '변론 전체의 취지와 증거조사 결과'를 참작하면 될 뿐, 당사자가 제출한 증거에 구속될 필요도 없고, 심지어는 어떠한 형식에도 구애받지 않고 제출한 증거에 반대되는 사실을 자유롭게 인정할 수 있습니다.

우리 민사소송 시스템 하에서 법관은, 어떠한 주장이 사실인지 거짓인지를 판단함에 있어 그 무엇에도 구속되지 않는 전지전능한 신(神)이라고 해도 될 것 같습니다. 법관은 당사자가 '뱀'이라고 말하는 증거와 주장에 대하여. '생선'이라고 판단할 수도 있고 '지렁이'라고 판단할 수도 있습니다. 적어도 민사소송법 제202조 전단에 의하면 그렇다는 것입니다.

그러나 당연히 법관은 우리와 같은 인간일 뿐 신(神)이 아닙니다. 형식에 구애받지 않는 법관의 자유심증주의도 내용(실질)상의 제한이 필요합니다. 민사소송법 제202조는 후단에서, 법원의 자유심증주의는 **"사회정의와 형평의 이념에 입각하여 논리와 경험칙에 따라야 한다"**고 규정하고 있습니다. 따라서 법관이 사실판단을 함에 있어 형식적으로는 아무런 제약도 받지 않지만, 내용(실질)적으로는 '사회정의와 형평의 이념에 입각하여 논리와 경험칙에 따라야' 하는 제한을 받게 됩니다.

만일 법관이 형식적인 사실 판단 권한만을 내세워 내용적으로 '사회정의와 형평의 이념'에 입각하지 않거나, 혹은 '논리와 경험칙'에 어긋나는 사실 판단을 하면 어떻게 될까요? 형식적인 권한을 앞세워 내재적 제한을 일탈(逸脫)하는 것을 "남용(濫用)"이라고 합니다. 따라서 법관이 사실 확정권이라는 형식에만 기대어 내용적으로 사회정의와 형평의 이념에 입각하지 않거나, 논리와 경험칙에 어긋나는 판단을 한다면, 그것이 곧 '재판권 남용(裁判權濫用)'에 해당합니다.

재판권 남용에 해당하는 판결을 받았다면, 어떻게 해야 할까요?

당연히 그런 판결은 취소되거나 파기되어야 합니다. 대한민국 헌법 제101조 제1항은 "사법권은 법관으로 구성된 법원에 속한다"고 선언하고 있기 때문에 법원 소속의 법관이 취소 또는 파기해야 합니다. 결국 법관이 재판권을 남용한 판결도 법관이 직접 취소 또는 파기해야 하는 것입니다.

사법절차에 제1,2,3심의 심급을 둔 이유도 바로 이것 때문입니다. 혹시나 제1심 법관이 재판권을 남용하여 사실 판단을 그르치면 제2심 법원이 다시 심리하여 취소 여부를 결정하라는 것입니다. 보통 제1심과 제2심은 사실심이기 때문에 사실관계 문제는 여기서 바로 잡히는 것이 정상입니다. 이 사건의 쟁점처럼 "과연 기노걸이 이 사건 계약서를 작성하였는가"에 대한 것이 바로 사실 판단 문제입니다.

법관의 사실 판단에는 증거조사 결과가 참작되어야 합니다. 법관이 각 당사자가 제출한 증거조사 결과를 무시하고 감(感)으로만 판단할 수는 없습니다. 또한 법관은 논리법칙과 경험법칙에 따라 사실 주장이 진실한지 여부를 판단해야 합니다. 명백한 거짓말을 하는 사람의 말은 쉽게 믿어서는 안 됩니다. 진실만을 말하겠다고 선서를 한 뒤 거짓 증언을 한 것이 밝혀진 증인이라면, 그러한 증인의 다른 말도 거짓일 가능성을 배제할 수 없습니다. 이것이 바로 논리법칙이고 경험법칙입니다. 선서까지 하고서도 거짓 증언을 한 사람의 말을 어떻게 믿을 수 있단 말입니까?

또한 법관은 사회정의와 형평의 이념에 입각해 사실판단을 해야 합니다. 현대건설이 대기업이라고 해서 유리하게 판단해서도 안 되고, 현대건설 소송대리인이 부장판사 출신 변호사라고 해서 특별히 우대해서도 안 됩니다. 더욱이 증거조사의 결과와 전혀 상반된 결론을 내리면서까지 그렇게 한다면, 이게 바로 재판권 남용입니다.

이 사안에서 법원은 "재판권을 남용하여 대기업과 부장판사 출신 변호사를 특별히 우대하면서, 한쪽에만 일방적으로 유리한 판단을 했다"는 비판을 면하기 어렵습니다. 제2심 법원도 제1심 법원의 재판권 남용을 바로잡지 못했고, 오히려 한 술 더 떠서 "이 사건 계약서 계좌번호란에 기재된 글씨는 이지학의 필체가 아니다"는 내용의 필적감정서를 판단에서 제외하기까지 했습니다.

우리 사법시스템은 법관의 재판권 남용에 대해 심급제도 외에는 별다른 대책을 두고 있지 않습니다. 그러니 제1심 법원과 제2심 법원이 합심하여 재판권을 남용하고 진실(사실)에 반하는 판단을 해버리면, 달리 방법이 없습니다. 국민의 억울함과 분노가 하늘을 향해 솟구쳐 오를 지라도 별다른 도리가 없는 것입니다.

혹자는 판결의 법적안정성을 위해 불가피한 것이라고 말하기도 하지만, 이는 매우 잘못된 생각입니다. 재판권 남용으로 피해를 받은 선량한 국민들은 향후 재판을 믿지 않을 것입니다. 법원도 믿지 않을 것이고, 법관도 믿지 않을 것입니다. 그렇다면 무엇을 위한 법적안정성이라는 건가요? 재판이란 것이 전관 변호사를 선임하면

확증편향

존재하지 않는 사실도 만들어 낼 수 있고, 뻔한 사실도 무시할 수 있는 도깨비 방망이와 같은 것으로 인식될 뿐입니다. 강자에게는 한없이 관대하고 약자에게는 끝없이 가혹한 결과를 억지로 도출해 내는 재판을 누가 믿으려 하겠습니까? 재판을 일종의 도박으로 생각하고, 법원을 도박장으로 여길 것입니다.

이러한 현실에 편승한 일부 판검사 출신의 이른바 전관 변호사들은, 일시적으로 우쭐해 할 지도 모르겠습니다. 하지만 판결이 구체적 타당성을 잃게 되면서 재판에 대한 신뢰는 크게 추락하고, 결국 법적안정성도 함께 무너지게 될 것입니다. 아울러 우리 사회 전체가 점점 서로를 믿지 못하는 저신뢰 사회, 이른바 헬(Hell)조선으로 변하게 될 것입니다. 성실하고 정직한 판검사 출신 변호사들까지도 불신의 대상을 넘어 사회악으로 매도당할 수도 있습니다. 우리가 원하고 추구하는 재판제도가 이런 것은 아닐 것입니다.

근본적으로는 모든 재판권을 법관에게 독점시키고 있는 현 사법 시스템에 대한 반성과 정비가 필요합니다. 세계 어느 사법선진국도 우리나라와 같은 재판제도를 두고 있지 않습니다. 판검사로 재직하다가 곧바로 변호사로 개업하는 현실, 그리고 판검사에게 독점적 권한을 부여하고 있는 현실에 대하여, 대다수 사법선진국의 법률가들은 입을 모아 "부패(腐敗)한 사법시스템"이라고 지적합니다.

3. 제3심 판결

[표3. 제3심 판결서]

대　법　원

제 3 부

판　　결

사　　건	2007다74607 소유권이전등기등
원고, 피상고인	현대건설 주식회사
	대표이사 이0수
	소송대리인 이두환
피고, 상고인	기의호
	소송대리인 법무법인 씨에스
	담당변호사 안천식
원심판결	서울고등법원 2007. 10. 11.
	선고 2007나5221 판결

주　　문

상고를 기각한다.

상고비용은 피고가 부담한다.

이　유

상고이유를 기록 및 원심판결과 대조하여 살펴보건대, 상고인의 상
고이유에 관한 주장은 상고심절차에 관한 특례법 제4조에 해당하여
이유 없음이 명백하므로, 위 법 제5조에 의하여 상고를 기각하기로
하여 관여 대법관의 일치된 의견으로 주문과 같이 판결한다.

2008. 1. 17.

재판장	대법관	김영란
	대법관	김황식
주 심	대법관	이홍훈
	대법관	안대희

[판결의 해설]

상고심은 법률심입니다.

법률심이란 법률적용의 잘못 여부에 한해서만 심리한다는 의미입니다. 사실판단의 잘못 여부는 제1,2심까지만 심리하도록 하고, 상고심에서는 법률문제만 집중하겠다는 의미입니다. 민사소송법 제423조는 "상고는 판결에 영향을 미친 헌법·법률·명령·규칙의 위반이 있다는 것을 이유로 드는 때에만 할 수 있다"고 규정하고 있는 것도 이러한 이유 때문입니다.

그러나 사실문제와 법률문제는 명확하게 구분되지 않은 상태로 혼재하는 경우도 많습니다. 예컨대 기노걸이 이 사건 계약서를 작성했는지 여부는 사실문제에 해당합니다. 그러나 제1,2심 법원이 사실판단을 하는 과정에서 민사소송법 제357조의 "사문서는 그것이 진정한 것임을 증명하여야 한다"는 규정을 위반했는지 여부는 법률문제에 해당합니다. 또한 민사소송법 제202조의 "~ 사회정의와 형평의 이념에 입각하여 논리와 경험칙에 따라 사실주장이 진실한지 판단"하였는지 여부도 법률문제로 분류됩니다. 이를 채증법칙(採證法則) 위반(違反)이라고도 합니다. 그 외 민사소송법 제451조 제1항 각호에서 재심사유로 규정하고 있는 사유도 상고이유가 되는데, 특히 제9호의 "판결에 영향을 미칠 중요한 사항에 관하여 판단을 누락한 때", 즉 이른바 판단유탈(判斷遺脫)도 중요한 상고이유에 해당합니다.

나는 상고이유서를 작성하면서, "제2심 법원은 민사소송법 제202조와 제357조에 어긋나게 판단함으로써 채증법칙을 위반했고, 또한 이 사건 계약서 계좌번호란에 기재된 글씨는 이지학의 필체가 아니라는 취지의 필적감정서에 대한 판단을 하지 않은 것은 민사소송법 제451조 제1항 제9호의 판단유탈에 해당하는 적법한 상고이유이므로, 이 점을 심리하여 원심을 파기해야 된다"라고 주장했습니다.

● **대법원 판결**

2008년 1월 17일, 대법원은 심리불속행기각 판결을 선고했습니다. 상고이유에 대한 아무런 답변도 기재하지 않는 이른바 '4줄짜리 판결서'였습니다(위 판결서 참조).

참으로 기가 막혔습니다.

● **단상(斷想)**

헌법 제1조 제2항은 국민주권주의를 선언하고 있습니다. 대한민국의 주권은 국민에게 있고, 모든 권력은 국민으로부터 나옵니다. 따라서 사법주권 역시 국민에게 있고, 사법권력도 국민으로부터 나와야 합니다. 단지 좀 더 효율적인 사법절차의 운영을 위해 전문 법관으로 구성된 법원에 맡겨두었을 뿐입니다(헌법 제101조).

그러나 현실적으로 사법주권이 국민에게 있는지는 매우 의문입니다. 먼저 법원의 주요 구성원인 법관은, 국민이 선출하지 않습니다. 우리나라는 미국 등과 같은 법관 선거제도도 없습니다. 그러니

법관 및 법원의 대표성은 약할 수밖에 없습니다. 대표성이 약한 법관 및 법원에게 국민의 생명, 자유, 재산을 좌지우지할 모든 재판 권한을 독점시키고 있습니다. 대부분의 사법선진국이 실시하는 배심제도나 참심제도도 존재하지 않습니다. 일반 국민으로부터 동떨어진 법관은, 높은 법대에 앉아서 재판 권한을 독점적으로 행사하며 국민을 내려다보고 있습니다. 일반 국민은 사법주권을 가진 주인이 아니라, 법관이 독점하고 있는 재판 권한에 복종해야 하는 재판의 현실적 혹은 잠재적 대상자에 불과할 뿐입니다.

일제로부터 해방된 후 73년 동안의 사법역사가 줄곧 그랬습니다. 재판권을 가진 법관이 늘 주권자인 국민을 심판만 해왔습니다. 어떠한 증거 법칙에도 구애받지 않고 자유심증으로 판단하기에, 판결 이유를 아무리 비논리적으로 설시해도 문제 삼을 수가 없습니다. 가장 중요한 증거 판단을 누락하여도 문제가 되지 않습니다.

일반 국민이 상고이유라는 절차를 통해 하급심의 중요한 잘못을 낱낱이 적시하여 주장해도 소용이 없습니다. 대법원은 그저, 아무런 이유도 달지 않은 '4줄짜리 판결서'로 더 이상 심리를 진행하지 않겠다고 선언하면 그만입니다. 말이 주권자이지, 이런 상황에 처한 국민은 꼼짝달싹할 수 없는 '사법노예'에 불과합니다. 아무리 억울하다고 하소연해도 악성 민원으로만 취급될 뿐입니다.

어느 누가 감히 독립된 사법부의 판단이 잘못되었다고 저항할 수 있겠습니까? 사법부 구성원이 얼마나 심한 경쟁률을 뚫고 법관이 되었는데, 이들이 일치하여 내린 심리불속행 판결에 감히 토를 달 수 있겠습니까? 그런다고 해 봐야 자기 입만 아플 뿐, 법원과 세상은 조금도 꿈쩍하지 않습니다.

우리나라는 언제쯤 국민이 사법 주권자로 대접받을 수 있을까요? 누가 주인이고 누가 주인을 섬기는 공복(公僕)일까요? 법원과 법관이 주권자인 국민을 대하는 태도가 이래도 되는 것일까요? 왜 우리 국민들은 법원과 법관에게 이런 대접, 이런 서비스를 받으면서도 아무런 방책도 없는 것일까요?

삼권분립은 견제와 균형의 논리를 전제로 민주주의를 구현하는 원리입니다. 그런데 법원과 법관은 누구로부터 어떠한 견제를 받으면서 균형을 이룬다는 걸까요? 만일 판검사 출신의 전관변호사와 대형로펌들이 어렵지 않게 현직 법관과 상호 결탁하고 공생하기라도 한다면, 이런 일은 누가 감시하고 견제할 수 있을까요?

물론 대법원의 상고심 제도는 개선될 필요는 있습니다.

사법연감에 따르면, 2008년 당시 대법원에 접수된 총 사건 수는 34,137건(본안 28,048건, 본안 외 6,089건)이라고 합니다. 이를 12명(14명의 대법관 중 대법원장과 법원행정처장을 제외)의 대법관이 4명씩 조를 이루어 3개 조가 심리하고 판결을 하는데, 그 중 약 70%는 심리불속행으로 기각됩니다. 2020년 현재는 대법원 접수 건수가 무려 40,000건이 넘는다고 합니다. 12명의 대법관이 정상적으로 처리할 수 있는 양이 아닙니다. 대법관들은 약 100여 명의 재판연구관들의 도움을 받아 한 사건에 평균 약 '10초'의 시간을 할당해 심리를 진행하고 있는 실정이라고 합니다. 사실상 물리적으로 불가능한 사법시스템입니다. 대다수 국민에게는 일생일대의 사건들이, 이렇듯 구조적으로 부실하게 판단 받을 수밖에 없는 재판현실 속에 놓여 있습니다.

이러한 구조적 모순은 판결의 불공정성을 더욱 심화시키고 있습니다. 전직 판검사 혹은 대법관 출신 변호사를 선임해야만 제대로 된 상고심 심리를 받을 수 있을 것이라는 인식이 팽배해진 것도 이런 현실적 이유에 기반합니다. 이와 같은 부실한 구조의 사법제도는 권력자 혹은 사회 유력자들에게는 오히려 유리합니다. 왜냐하면, 이들은 상고심에 영향을 미칠 여러 통로를 통해 제대로 된 상고심리를 받을 수가 있고, 또 덮어야 할 사건을 손쉽게 침묵시킬 수도 있기 때문입니다. 아마도 필요에 따라서는 왜곡된 판결을 억지로 도출해 낼 수도 있을 것입니다. 현대건설과 같은 대기업에게는, 이처럼 허술한 사법제도가 별로 나쁘지 않았을 것입니다.

왜곡되고 모순된 판결의 결과는 고스란히 일반 국민들의 불이익으로 돌아갑니다. 그로 인한 피해와 고통은 오랜 시간 사회 곳곳을 떠돌아다닐 것이며, 시간이 지날수록 그 피해는 배가될 것입니다. 일반 국민은 사실상 사법권 남용의 노예로 전락한 채, 그 늪에 빠져 헤어 나오지 못할 것입니다. 기의호의 사례가 그 한 사례입니다.

상고심 주심 대법관은 이홍훈 대법관이었습니다. 진보적이며 개혁적이고 올곧은 성품의 법관으로 널리 추앙받고 있는 분입니다. 주심 대법관이 직접 상고이유서를 읽어보고 판단했는지, 아니면 재판연구관들의 판단을 그대로 따르면서 대법관 도장만 날인하였는지는 알 수 없습니다. 아무리 올곧은 법관도 현재와 같은 재판구조 하에서는 무수한 사법 피해자를 생산해낼 수밖에 없을 것입니다.

대법관 개인의 책임이라기보다는 우리 사회의 구조적 책임도 크다고 말할 수 있습니다. 하지만 법관 개인의 책임이 전혀 없다고 할 수는 없을 것입니다. 하루빨리 사회적 논의를 통해 상고심을 비롯한 사법시스템 전반을 개선되기를 기대합니다. 하지만 정치권이 지금의 사법제도를 근본적으로 개선할 의지가 있는지는 의문입니다. 왜냐하면 지금의 사법제도는 일반 국민에게는 지옥이지만, 정치권력자들에게는 일종의 비상 탈출구이자 동아줄이 되어줄 수가 있기 때문입니다.

2008년 2월 18일, 현대건설은 이러한 확정판결을 앞세워 943,000,000원을 공탁하고, 기의호 명의의 이 사건 토지(약 983평)를 빼앗다시피 합니다. 다시 공탁금 중에서 약 3억7,000만 원은 건물보상비와 소송비용 등으로 회수해 갔습니다. 기의호의 말에 의하면, 당시 주변 토지의 시가는 평당 약 700만 원을 상회하였다고 합니다. 그러니까 현대건설은 단 5억7,000만원으로 약 70억 상당의 부동산을 빼앗아 간 것입니다. 반대로 기의호는 70억의 부동산을 단 5억7,000만 원에 빼앗겼습니다.

만일 현대건설이 정상적으로 기노걸과 이 사건 계약체결을 했다면, 그가 취한 차익이 아무리 크더라도 문제 삼을 것이 없습니다. 그것은 정당한 이익에 해당하기 때문입니다. 당사자의 자발적인 의사에 따라 체결된 계약이 지켜져야 하는 것은 너무도 당연한 일입니다. 그러나 현대건설은 기노걸과 이 사건 계약을 정당하게 체결하지 않았습니다. 정당하게 계약을 체결했다는 객관적인 증거도 전혀 제출하지 못했습니다.

기노걸은 2004년 8월에 사망했고, 그 즈음 이 사건 토지는 기의호에게 상속되었습니다. 현대건설은 기노걸과 이 사건 계약을 언제 체결했는지도 정확하게 특정하지 못했습니다. 현대건설은 기노걸이 사망했다는 사실을 활용하여 기의호의 토지를 빼앗겠다는 마음을 먹고 소송을 벌인 것으로 보입니다. 기노걸과 정상적으로 계약을 체결하지 못한 사실을 숨기고, 증인들에게 거짓 증언을 종용하여 마치 정상적인 계약이 체결된 것처럼 꾸민 것으로 추정됩니다.

아무리 시간이 지났어도 이처럼 명백한 잘못은 반드시 되돌려야 합니다. 현대건설과 같은 대기업이, 우리 사회가 고질적으로 안고 있는 법조계의 잘못된 관행을 십분 활용하여 이처럼 이득을 취했다는 사실은 매우 유감스러운 일이 아닐 수 없습니다.

4. 재정신청 결정

[표4. 재정신청 결정서]

서 울 고 등 법 원

제 7 형 사 부

결　정

사　　건　　　　2008초재733　재정신청

신 청 인　　　　기의호

　　　　　　　　신청대리인 법무법인 씨에스 담당변호사

　　　　　　　　안천식

피 의 자　　　　1.

　　　　　　　　2.

　　　　　　　　3.

　　　　　　　　4. A, 유진종합건설 전 전무

　　　　　　　　서울 서초구

불기소처분　　　서울중앙지방검찰청 2007. 11. 7.자 2007

　　　　　　　　형제88027호 결정

주　　문

피의자 A에 대한 별지 기재 사건에 관하여 공소제기를 결정한다.
신청인의 나머지 재정신청을 기각한다.

이 유

1. 불기소처분의 요지

검사는 불기소장 기재와 같이 사기 및 위증의 각 피의사실에 대하여 증거가 충분하지 아니하다는 이유로 모두 혐의없음 처분을 하였다(이유란에는 사문서 위조 및 행사의 점에 대한 판단도 하였다).

2. 판단

가. 피의자 A

이 사건 기록을 살펴보면, 위 각 피의사실 중 피의자 A에 대한 별지 기재 사건에 관하여는 공소를 제기함이 상당하다고 인정된다.

나. 피의자 이0수, 이0송, B

위 피의자들에 대한 각 피의사실에 관하여 보건대, 신청인이 제출한 증거들만으로는 현대건설 주식회사가 신청인을 상대로 제기한 서울중앙법원 2005가합99041호 소유권이전등기 등 청구소송이 소송사기에 해당한다거나 위 피의자들이 소송사기임을 알았다는 점, 위 민사소송의 변론기일에서 한 피의자 B의 증언이 위증이라는 점을 인정하기 부족하고 달리 이를 인정할 증거가 없다.

다. 그렇다면 검사의 불기소이유는 위 범위 내에서 정당한 것으로 수긍할 수 있고 거기에 신청인이 주장하는 바와 같은 잘못이 없다.

확증편향

3. 결론

따라서 신청인이 이 사건 재정신청 중 피의자 A에 대한 별지 기재
사건에 관하여는 형사소송법 제262조 제2항 제2호에 의하여 공소제
기를 결정하고, 나머지 재정신청은 같은 항 제1호에 의하여 이를 기
각하기로 하여 주문과 같이 결정한다.

2008. 6. 12.

재판장   판사   송영천
             판사   이영한
             판사   이화용

공소제기 대상 사건

죄명 및 적용법조

위증 (형법 제152조 제1항)

범죄사실

피의자는 2006. 7. 25. 14:40경 서울 서초구 서초동에 있는 서울중
앙지방법원 359호 법정에서 같은 법원 2005가합99041호 소유권이
전등기 등 청구소송의 증인으로 출석하여 선서한 다음 증언함에 있
어, 사실은 이지학이 기노걸에게 찾아가 토지매매계약서에 기노걸

이 불러주는 계좌번호를 기재하고 기노걸이 건네주는 도장을 날인하는 것을 본 사실이 없음에도 불구하고 '2000. 9.과 10. 사이에 기노걸의 집에 이지학과 함께 찾아가 이지학의 사무실에서 기노걸의 이름과 주소, 주민등록번호를 미리 기재하여 가지고 온 토지매매계약서(갑 제3호증의 3)에 이지학은 기노걸이 불러주는 계좌번호를 기재하고 기노걸이 건네주는 도장을 날인하였고 피의자는 옆에서 이를 모두 지켜보았다'고 기억에 반하는 허위의 진술을 하여 위증하고, 2006. 11. 28. 같은 장소에서 같은 사건의 증인으로 출석하여 선서한 다음 증언함에 있어 위와 같은 취지의 기억에 반하는 허위의 진술을 하여 위증하였다.

확증편향

[판결의 해설]

민사소송 제1,2심에서 패소하고 난 뒤 나는 충격에 휩싸여 어찌할 바를 몰랐습니다. 이지학의 수첩 등에 기재된 글씨와 이 사건 계약서의 글씨를 대조한 필적감정서의 결과에 의하면, 분명히 이 사건 계약서 계좌번호란에 기재되어 있는 "농협 241084-56-002254"라는 글씨는 이지학의 필체가 아니었습니다. 그런데 제2심(항소심) 법원 판결이유에는 가장 중요한 증거라고 할 수 있는 이 부분에 대한 판단이 통째로 빠졌습니다.

항소심 법원에 위조된 것으로 드러난 허창 명의의 계약서와, 그와 관련된 사건의 재판서류를 모두 증거로 제출했습니다. 이에 따르면 이 사건 계약서도 허창 명의의 계약서와 같은 방법으로 함께 위조되었을 가능성이 충분했습니다. 아니, 오히려 이와 같은 사실에도 불구하고 이 사건 계약서가 위조되지 않았다고 보는 것이 도저히 불가능할 지경이었습니다. 그런데 항소심 법원은 전혀 이해할 수 없는 논리 아닌 논리를 앞세워, "A의 증언에 의하면 이 사건 계약서는 기노걸이 작성한 것으로 인정할 수 있다"고 판시합니다.

무언가 깊은 음모가 개입되었다는 의심은 점점 깊어졌습니다. 이대로 대법원에 가더라도 음모의 늪에서 벗어날 수 없을 것 같은 불길한 예감이 들었습니다. 나는 기의호에게 A를 위증죄로, 현대건설 전현직 대표이사를 소송사기죄로 고소할 것을 권유했고, 기의호도 이에 동의했습니다.

고소인 조사는 A의 주소지인 방배경찰서에서 이뤄졌습니다. 방배경찰서 담당 조사관은 고소장 내용을 충분히 숙독한 듯 했습니다. 고소인(기의호) 조사를 하면서 매우 친절했고, 범죄성립의 가능성이 충분하다고 말했습니다. 이후 A와 B에 대한 조사가 진행된 다음 다시 고소인 보충조사가 있었습니다.

그런데 그 사이 담당 조사관의 태도가 180도 바뀌었습니다. "법원의 판결까지 났는데 어떻게 위증일 수 있겠냐"는 태도를 보였습니다. 이 사건 계약서 계좌번호란의 글씨는 이지학의 글씨가 아니라는 사설 문서감정원 작성의 필적감정서를 제출해도 막무가내였습니다. "불기소의견으로 검찰에 송치하겠으니 그렇게 알라"고 말하는 것입니다. 얼마 뒤 서울중앙지방검찰청에서 불기소처분결정서가 날아왔습니다.

나는 담당 검사를 직접 찾아가 재수사를 요청했습니다. 그러면서 서울 시내 5개의 유명 문서감정원에 이 사건 계약서 계좌번호란의 글씨가 이지학의 글씨와 동일한지 여부를 의뢰해 결과를 받아두었습니다. 모든 문서감정원은 일치하여 이지학의 글씨가 아니라는 감정결과를 보내왔습니다. 담당 검사를 찾아가 이러한 감정결과를 보여주면서 재수사를 요청했습니다. 담당 검사는 재수사를 결정하면서, "대검찰청 문서감정실에 이 사건 계약서에 기재된 글씨가 이지학의 글씨가 맞는지 문서감정을 의뢰해 보겠다"고 했습니다.

얼마 뒤 대검찰청 문서감정실에서 문서감정 결과가 도착했습니

/ 확증편향 /

다. 문서감정 결과는 참으로 해괴했습니다. "이 사건 계약서의 계좌번호란에 기재된 글씨와 이지학의 글씨가 상당 부분 다르기는 하지만, 또 비슷한 부분도 조금 있으므로, 두 개의 글씨가 다른 사람에 의하여 작성된 것이라고 단정하지는 못하겠다"는 애매모호한 결과였습니다. 결론을 내는 논리가 참으로 기가 막혔습니다. 대검찰청 문서감정실이 이 정도의 감정능력도 갖추지 못했다고 고백하는 것이나 마찬가지였습니다. 모종의 음모가 개입되었을 수도 있을 것입니다. 문서감정 결과를 본 담당 검사는, 다시 증거불충분을 이유로 불기소결정을 합니다.

나는 서울고등검찰청에 항고를 하는 한편, 이 사건 계약서에 기재된 글씨의 주인공이 누구인지 직접 찾아 나서기로 했습니다. 만일 이 사건 계약서에 기재된 글씨의 주인공을 찾아낸다면, A의 증언이 허위라는 사실은 더 이상 숨기래야 숨길 수가 없다고 생각했기 때문입니다.

2000년 경 김포 향산리 현장에 있던 현대건설 담당 직원들, 유진종합건설 담당 직원들, 유진종합건설의 하청업체인 하우공영 담당 직원들 등 관련자 명단을 확보해 놓고, 하나씩 체크하면서 과연 이 사건 계약서에 기재된 필체의 주인공은 누구일지를 탐색해 나갔습니다. 2008년 2월 어느 추운 겨울날, 나는 여러 경로를 통해 1999년~2001년 사이에 현대건설에서 작성했던 향산리 지역 부동산매매계약서 등 관련 서류에 관한 정보를 확보하고, 담당 직원을 찾아가 사정을 설명한 다음 관련 서류의 열람을 요청했습니다. 어렵사리 열람을 허락받았고, 사무실에 가득히 쌓인 서류들을 하나씩 점검해 나가던 중 한 장의 영수증에 눈길이 고정되었습니다. 영수증에 기재되어 있는 단 3개의 글자는, 그동안 수없이 봐왔던 이 사건 계약서에 기재된 글씨체와 같다는 것을 한눈에 알아보았기 때문입니다.

그 영수증의 주인공을 추적한 끝에 드디어 이 사건 계약서 계좌번호란의 글씨의 주인공은 하우공영의 총무로 일했던 C라는 사실을 알아냈습니다. C의 연락처를 수소문하여 전화로 협조를 요청했습니다. 당황한 C는 협조를 거부하며 급히 전화를 끊었습니다. 여러 경로로 C와 연락을 취하여 협조를 당부했습니다.

드디어 C는 2008년 4월 4일, 서초동에 있는 나의 사무실로 찾아왔습니다. C는 이 사건 계약서에 기재된 글씨는 자신이 쓴 글씨가 분명하며, 2000년경 김포의 하우공영 사무실에서 이지학 사장의 지시에 따라 작성한 것이라고 했습니다. 기노걸의 막도장도 이지학이 가지고 있던 것을 날인하였다고 했습니다. C는 이와 같은 내용의 진술서를 작성한 뒤 인근 공증사무실에서 인증까지 해주었습니다.

이즈음 서울고등검찰청은 기의호의 항고를 기각했고, 나는 서울고등법원에 재정신청서를 접수한 상태였습니다. 나는 서울고등법원에 "이 사건 계약서의 글씨는 이지학의 글씨가 아닌 C의 글씨이며, 2000년 경 하우공영 사무실에서 이지학의 지시에 따라 C가 작성하였다"는 내용의 진술서를 추가 증거로 제출했습니다.

/ 확증편향 /

어처구니없게도, 그즈음 A와 B는 기의호를 무고죄로 고소했습니다. 아마도 기의호가 자신들을 위증죄로 고소한 사건이 검찰에서 불기소결정을 받자, A와 B는 자신들의 거짓말을 숨기려는 보다 적극적인 방편으로 도리어 기의호를 무고죄로 고소하는 방법을 취한 것 같습니다. 정말로 겁도 없고 너무 뻔뻔하다고 하지 않을 수 없었습니다.

나는 담당 조사관에게 C의 진술서를 제출하면서 "A와 B를 위증죄로 고소한 사건을 검찰이 불기소처분한 것은, 사실을 제대로 파악하지 못한 상태에서 잘못 결정한 것으로 기의호가 A와 B를 무고한 것은 아니다"라고 항변했습니다. 그러면서 "검찰의 불기소처분을 기화로 A와 B가 자신들의 범행을 숨기기 위해 기의호를 무고죄로 고소했으므로, 오히려 A와 B가 무고죄를 범했다"고 주장하면서 추가 고소장을 접수했습니다.

담당 조사관은 C를 참고인으로 불러 조사했고, 국립과학수사연구소에 필적감정도 의뢰했습니다. 이 사건 계약서에 기재되어 있는 글씨가 이지학의 글씨인지 C의 글씨인지 알아내기 위한 것입니다. 국립과학수사연구소는 "이 사건 계약서에 기재된 글씨(계좌번호 포함)는 개인적 습성조차도 C의 필적과 일치한다"는 문서감정결과를 제출해 주었습니다. 나는 서울고등법원 재정신청 재판부에 국립과학수사연구소가 작성한 필적감정서를 증거로 제출했습니다.

2008년 6월 12일, 서울고등법원은 "제1심 중인 A의 진술 중,

'2000년 9~10월 사이에 기노걸의 집에 이지학과 함께 찾아가 이지학의 사무실에서 기노걸의 이름과 주소, 주민등록번호를 미리 기재하여 가지고 온 토지매매계약서(갑 제3호증의 3)에 이지학은 기노걸이 불러주는 계좌번호를 기재하고 기노걸이 건네주는 도장을 날인하였고 피의자는 옆에서 이를 모두 지켜보았다'는 진술은 허위증언이므로 위증죄로 공소를 제기하라"는 재정신청 인용 결정을 합니다. 이제 서울중앙지방검찰청은 꼼짝없이 A를 위증죄로 기소해야 합니다.

● **단상(斷想)**

나는 A를 위증죄로 고소하면서, B와 현대건설의 전·현직 대표이사도 사문서위조 및 행사죄와 사기(소송사기)죄로 고소했습니다. 그런데 재정신청을 담당한 서울고등법원은 A의 위증혐의에 대해서만 공소제기를 결정했습니다. 사문서위조 및 사기죄에 대하여는 증거가 충분하지 않다는 것입니다.

당연히 증거가 충분하지 않을 수밖에 없습니다. 왜냐하면 그동안 경찰과 검찰은 위증죄, 사문서위조, 사기죄 등의 혐의에 대해 조사 자체를 제대로 하지 않았고, 따라서 증거불충분을 이유로 불기소결정을 했기 때문입니다. 조사 및 수사 자체를 제대로 하지 않고서 성급하게 불기소로 결론을 내린 사건이기에, 다시 제대로 조사하지 않으면 당연히 증거가 불충분할 수밖에 없습니다.

상식적으로 이런 경우, 재정신청 법원은 검찰에게 "제대로 추가조사를 해서 기소여부를 다시 판단해 보라"고 해야 합니다. 즉 재정신청 법원(서울고등법원)은 조사가 불충분한 사문서위조 및 동행사, 사기죄에 대하여, "검찰이 추가 수사를 통해 사실관계를 충분히 확인한 다음 이를 토대로 기소 여부를 다시 결정하라"고 해야 합니다.

제1심 증인 A의 핵심 증언에 대해 위증죄로 공소제기를 명할 정도라면, 당연히 A의 위증 혐의와 연관되어 있는 이 사건 계약서가 위조됐을 개연성은 충분하고, 현대건설 또한 가짜 계약서를 증거로 제출하는 방법으로 법원을 속여 기의호의 재산을 편취했을 거란 가능성을 배제할 수가 없기 때문입니다. 이는 지극히 논리적이고 상식적인 추론입니다. 그런데 서울고등법원은 증거가 명확한 A의 위증죄에 대하여만 공소제기를 명령했습니다.

왜 그랬을까요? 법이 그렇게 되어 있기 때문입니다. 형사소송법 제262조 제2항은, 법원은 재정신청이 <u>이유 있을 때에는 공소제기를 결정</u>하고, <u>이유가 없을 때에는 신청을 기각</u>하게만 할 뿐, 수사기관의 재기수사 혹은 보충수사를 명령 혹은 촉구할 수 있는 근거를 두고 있지 않습니다.

따라서 재정신청을 담당한 서울고등법원으로서는, 수사기관이 조금만 더 성실히 수사를 진행하면 B와 현대건설 전·현직 대표이사를 사문서위조 및 동행사, 사기죄로 기소할 수 있겠다고 판단이 되었더라도, 근거 법률이 없기 때문에 검찰에게 추가 수사를 명할 수가 없습니다. 그러니 완벽하게 증거가 갖추어진 범죄사실(공소

사실)에 대하여만 공소제기를 명할 수 있을 뿐, 추가 수사를 통해 충분히 혐의점을 밝힐 수 있는 사건이더라도 재정신청을 기각할 수밖에 없습니다. 이는 수사 통제라는 재정신청 제도의 구조적 모순입니다.

결국 우리나라 재정신청 제도가 검찰의 불기소결정을 통제하는 기능은 제한적일 수밖에 없습니다. 다시 말하면, 검찰의 수사 의지가 없는 사건은 아예 통제 방법 자체가 없습니다. 그러니 검찰의 무소불위의 권한 남용이 하늘을 찌를 수밖에 없습니다. 이 사건의 경우, 범죄의 핵심은 현대건설의 사문서위조 또는 소송사기 혐의 부분에 있는데, 검찰이 이 부분에 대해 적극적으로 수사를 하려 하지 않는 이상, 이를 밝혀낼 방법은 없습니다.

이러한 제도적 모순은 법조계에서 오랫동안 지적되어 왔지만, 아직도 제도 개선은 요원하기만 합니다. 그 이유 역시 이런 모순된 제도의 수혜자가 대부분 검찰에 영향을 미칠 수 있는 유력자들이기 때문일 것입니다. 당연히 그 피해는 일반 국민의 몫입니다.

검찰이 불기소처분 형식으로 수사권을 남용하는 것은 한때 헌법소원을 통해 견제가 되었습니다. 헌법재판소는 불기소처분의 부당성을 지적하면서 사실상 검찰에게 재기수사를 명령해 왔습니다. 그러다가 2007년 6월 1일, 법률 제8496호로 형사소송법 제260조가 개정되어 재정신청 범위가 확대되면서, 검찰의 불기소처분은 대부분 각급 고등법원이 담당하도록 했습니다.

그런데 형사소송법은 종전 재정신청제도와 마찬가지로, 법원은 "신청이 이유 없을 때에는 신청 기각, 신청이 이유 있을 때에는 공소제기 결정"만 하도록 하는 규정을 그대로 유지했습니다(형사소송법 제262조 제2항). 검사의 불기소처분이 부적절할 때 재수사(혹은 추가 수사)를 명하는 제도를 도입하지 못한 것입니다. 결국 헌법재판소가 검사의 불기소 결정에 대해 사실상 재수사를 촉구하는 내용만 사라졌습니다. 새로운 입법이 오히려 사법구조의 불합리성을 심화시키고 국민의 권익을 제약한 대표적 사례이기도 합니다.

재정신청제도는 검사의 불기소처분에 대한 견제 장치입니다. 그런데 수사권 견제 장치를 법원에게 모두 맡기는 것도 구조적으로 문제라고 할 수 있습니다. 법원은 재판기관일 뿐 수사기관 혹은 수사 통제기관은 아니기 때문입니다. 당연히 법원은 재정신청 사건 심리에 소극적일 수밖에 없고, 그만큼 국민의 권익은 보호받지 못하게 됩니다.

일본의 경우는 검사의 불기소 결정에 대한 견제장치로서, 검찰심사회(檢察審査會)라는 일종의 대배심제도를 운영하고 있습니다. 우리나라가 검찰의 불기소처분과 관련한 수사 통제를 법원에 맡기는 것과 달리, 일본은 이를 국민에게 맡기고 있습니다. 일반 국민 중 무작위로 선출된 11~15명의 검찰심사위원들은, 검사의 불기소처분의 당부를 심사하여 검사에게 곧바로 공소제기를 요구할 수도 있고, 추가 수사를 요구할 수도 있습니다. 검찰심사회 제도는 일본 국민들로부터 크게 환영받고 있으며, 최근에는 심사위원회의 결정에

보다 강한 기속력을 부여하는 방향으로 변화하고 있습니다. 검찰의 불기소 결정을 명실상부하게 국민이 통제하고 있는 것입니다. 우리나라 재정신청제도와 관련하여 깊이 참고할 만한 제도라고 할 수 있습니다.

5. A의 위증 판결

[표5. 피고인 A의 형사 위증죄 판결서]

서울중앙지방법원

판 결

사 건	2008고단3739 위증
피 고 인	A (000000-0000000), 무직
	주거 서울
검 사	김훈영
변 호 인	법무법인 동인 담당변호사 이길수
	법무법인 해승 담당변호사 이두환
판 결 선 고	2009. 5. 22.

주 문

피고인을 벌금 5,000,000원에 처한다.

피고인이 위 벌금을 납입하지 아니하는 경우 금 50,000원을 1일로 환산한 기간 피고인을 노역장에 유치한다.

위 벌금에 상당한 금액의 가납을 명한다.

이 유

범죄사실

피고인은 2006. 7. 25. 14:40경 서울 서초구 서초동에 있는 서울중
앙지방법원 359호 법정에서 같은 법원 2005가합99041호 소유권이
전등기 등 청구소송의 증인으로 출석하여 선서한 다음 증언함에 있
어, 사실은 이지학이 기노걸에게 찾아가 토지매매계약서에 <u>기노걸</u>
<u>이 불러주는 계좌번호를 기재하는 것을 본 사실이 없음에도 불구하</u>
<u>고</u>, '2000.(공소장의 2007.은 오기임이 명백) 9.과 10. 사이에 기노
걸의 집에 이지학과 함께 찾아가 이지학의 사무실에서 기노걸의 이
름과 주소, 주민등록번호를 미리 기재하여 가지고 온 토지매매계약
서에 이지학은 기노걸이 불러주는 계좌번호를 기재하였고 피고인은
옆에서 이를 지켜보았다'고 기억에 반하는 허위의 진술을 하여 위증
하고, 2006. 11. 28. 같은 장소에서 같은 사건의 증인으로 출석하여
선서한 다음 증언함에 있어 위와 같은 취지의 기억에 반하는 허위의
진술을 하여 위증하였다.

증거의 요지

1. 제4회 공판조서 중 증인 기의호의 일부 진술기재
1. 제6회 공판조서 중 증인 C의 진술기재
1. 각 부동산매매계약서 및 영수증, 통장사본
1. 각 증인신문조서 사본
1. 감정서 (국립과학수사연구소)

법령의 적용

1. 범죄사실에 대한 해당법조

형법 제152조 제1항 (벌금형 선택. 전과 없고 고령인 점, <u>아래 무죄 부분 관련 피고인의 증언이 위 민사소송에 더 핵심적인 부분이었던 점 감안</u>)

1. 노역장유치

형법 제70조, 제69조 제2항

1. 가납명령

형사소송법 제334조 제1항

피고인 및 변호인의 주장에 대한 판단

피고인 및 변호인은, 피고인이 위 부분 진술을 다소 사실과 다르게 진술했다고 하더라도 이는 지엽말단적 사항에 불과하여 피고인이 기억을 잘못하고 사실상 추측하여 진술한 것이지, 기억에 반하여 허위의 진술을 한 것은 아니라는 취지로 주장한다.

살피건대, 위 민사사건에서의 쟁점은 기노걸과 현대건설 주식회사 사이의 김포시 고촌면 향산리 65-2 등 6필지 토지에 관한 매매계약서(이하 '이 사건 매매계약서'라 한다)의 진정성립에 관련되는 사안이었던 점, 이 사건 매매계약서 작성시 계좌번호를 기노걸이 불러주고 이지학이 이를 받아적었는지 하는 부분은 이 사건 매매계약서의 진정성립 인정여부와 관련되어 중요한 정황사실 중 하나가 될 수 있었던 점, 따라서 피고인은 이 부분에 관하여 기억이 잘 나지 않는 경우 기억이 잘 나지 않는다고 답변하였어야 함에도, "망인이 불러주는 대로 이지학이 적는 것을 봤다는 것은 틀림없는 것이지요"라는 원고대리인의 질문에 "예"라고, "전회 신문절차에서 계좌번호는 아무리 글을 못써도 본인이 직접 쓰라고 했다는데 그때는 왜 기노걸이 직접 안썼나요"라는 피고 대리인의 질문에 "증인이 옆에서 보고 있었고 이지학이 직접 썼습니다."라고, 이어지는 "증인이 현재 나이가 많고 목격한 사실이 오래된 것이라서 잘못 생각하고 증언한 것은 없나요"라는 피고 대리인의 질문에 "기자출신으로 그것만은 정확하고 잘못 생각한 것은 없습니다."라고, 재판장이 "계약서에 적힌 농협계좌번호는 이지학이 제일 먼저 물어보고 받아 적은 것이 틀림없다는 것이지요"라는 질문에 "예"라고 각 대답한 점 등 일련의 증언 과정을 고려할 때(피고인은 기노걸이 통장을 보면서 통장번호를 불러주었느냐는 질문에 대하여만 그 부분은 정확한 기억이 없다고 대답하였다), 피고인이 위 증언 당시 기억을 잘못하여 사실상 추측하여 진술한 것에 불과하다는 주장을 그대로 받아들이기 어렵다. 그러므로 위 주장은 이유 없다.

무죄부분

1. 공소사실의 요지 및 피고인의 주장

이 부분 공소사실의 요지는 "피고인은 2006. 7. 25. 14:40경 서울 서초구 서초동에 있는 서울중앙지방법원 359호 법정에서 같은 법원 2005가합 99041호 소유권이전등기등 청구소송의 증인으로 출석하여 선서한 다음 증언함에 있어, 사실은 이지학이 기노걸에게 찾아가 토지매매계약서에 기노걸이 건네주는 도장을 날인하는 것을 본 사실이 없음에도 불구하고 '2000. 9.과 10. 사이에 기노걸의 집에 이지학과 함께 찾아가 이지학의 사무실에서 기노걸의 이름과 주소, 주민등록번호를 미리 기재하여 가지고 온 토지매매계약서에 이지학은 기노걸이 건네주는 도장을 날인하였고 피고인은 옆에서 이를 모두 지켜보았다'고 기억에 반하는 허위의 진술을 하여 위증하고, 2006. 11. 28. 같은 장소에서 같은 사건의 증인으로 출석하여 선서한 다음 증언함에 있어 위와 같은 취지의 기억에 반하는 허위의 진술을 하여 위증하였다."라는 것이고, 이에 대하여 피고인은 이 법정에 이르기까지 일관되게 피고인이 기노걸의 집에 이지학과 함께 찾아가 이지학이 이 사건 매매계약서에 기노걸로부터 건네받은 도장을 날인하는 것을 보았다고 주장하면서 위 공소사실을 부인하고 있다.

2. 판단

(1) 이 부분 공소사실에 부합하는 듯한 증거들 중, 2008. 4. 4.자 C의 진술서(증제238호증)는 2008. 12. 18.자 인증서(증제237호증) 및 제6회 공판조서 중 증인 C의 진술기재에 비추어 이를 선뜻 유죄의 근거로 삼기 어렵고, 다음으로 고소장, 기의호의 경찰 진술조서 및 제4회 공판조서 중 증인 기의호의 일부 진술 기재 등은 그 내용취지가 '기노걸은 계약서 등을 작성할 때에는 반드시 인감도장을 사용하였는데 이 사건 매매계약서에 날인된 인장은 막도장으로 기노걸이 평소 사용하던 것이 아니고, 위조된 인장이 날인된 이 사건 매매계약서는 위조된 것이다'라는 것으로, 이는 기의호의 주장 내용일 뿐이어서 역시 선뜻 유죄의 근거로 삼기 어렵다.

(2) 한편, 제출된 증거들에 의하면 이 사건 매매계약서에 매매대금의 입금계좌로 기재된 농협계좌는 1997. 9. 1. 동아건설로부터 계약금 및 1차 중도금 294,900,000원이 송금된 뒤 1997. 9. 24. 해지되어 폐쇄된 계좌로서 C가 2000년 초경 이지학이 불러주는 대로 이 사건 매매계약서에 미리 위 계좌번호를 기재해 두었던 사실, 기노걸의 옆집에 사는 허창 소유의 김포시 고촌면 향산리 61-2 외 6필지 토지를 매수한 동아건설로부터 위 각 토지에 관한 매수인의 지위를 승계하였음을 이유로 현대건설 주식회사가 이에 관한 계약서 및 영수증을 첨부하여 부동산처분금지가처분신청을 하여 2000. 12. 20. 서울지방법원 2000카합3535호로 위 각 토지에 관하여 부동산처분금지가처분결정이 내려졌으나, 허창이 2001. 4. 17.경 위와 같은 현대건설 주식회사의 지위 승계를 승낙한 바 없고 위 계약서 등은 위조된 것이라고 주장하면서 현대건설 주식회사에 소취하를 요구한 후, 현대건설 주식회사가 법원의 제소명령에도 불구하고 소를 제기하지 않아 2001. 8. 13. 서울지방법원 2001카합1537호로 위 부동산처분금지가처분결정이 취소된 사실은 인정되나, 이러한 사정들만을 가지고는 기노걸의 도장과 관련한 피고인의 위 진술이 피고인의 기억에 반하는 허위의 진술이라고 단정하여 이 부분 공소사실을 유죄로 인정하기에는 부족하다(또한, 이 사건 매매계약서에 C가 미리 계좌번호를 기재하였음에도, 피고인이 위에서 본 바와 같이 '이지학은 기노걸이 불러주는 계좌번호를 기재하였고 피고인은 옆에서 이를 지켜보았다'라는 취지로 기억에 반하는 허위의 진술을 한 바 있다고 하더라도, 이를 가지고 바로 피고인의 도장 관련 위 증언도 피고인의 기억에 반하는 허위의 진술이라고 단정할 수는 없다).

확증편향

(3) 이외에 달리 기노걸의 도장과 관련한 피고인의 위 진술이 피고인의 기억에 반하는 허위의 진술이라는 점을 인정할 만한 증거가 없다.

3. 결론

그렇다면, 이 부분 공소사실은 범죄의 증명이 없는 경우에 해당하여 형사소송법 제325조 후단에 의하여 무죄를 선고하여야 할 것이나, 이와 포괄일죄의 관계에 있는 판시 위증죄를 유죄로 인정한 이상 따로 주문에서 무죄의 선고를 하지 아니한다.

이상의 이유로 주문과 같이 판결한다.

판사   권태형

2008년 6월 12일, 서울중앙지방검찰청은 서울고등법원 2008초재 733호 재정결정에 따라 검찰은 A를 위증죄로 서울중앙지방법원에 기소합니다. 애초 검찰이 불기소결정한 사건이었지만, 서울고등법원의 재정결정에 따라 어쩔 수 없이 기소를 했습니다. 피고인 A를 위해 2명의 부장판사 출신 변호사가 선임되었습니다. 이름만 올린 것이 아니라, 실제로 2명의 부장판사 출신 변호사가 직접 공판기일에 참석해 변론을 진행했습니다. 누가 A에게 부장판사 출신 변호사를 2명씩이나 선임해 주었을까요?

2008년 8월 27일 제1회 공판기일에서 A는 위증 공소사실을 전면 부인했습니다. 어떠한 허위 증언도 하지 않았다고 합니다. 마치 무언가 믿는 구석이 있다는 듯한 태도였습니다. 담당 검사는 진술서를 제출한 관련 증인들(기의호, 허창, 허룡, C, B 등)에 대한 증인을 신청했고, 제3,4,5회 공판기일에서 기의호에 대한 증인신문만 이뤄졌습니다. 허룡은 그 사이 사망한 사실이 확인됨에 따라 사망확인서로 대체되었고, 허창은 증인불출석 의사를 밝혀 검사가 증인 신청을 철회했습니다. 2009년 1월 21일 제6회 공판기일에서는 C와 B에 대한 증인신문이 진행됐습니다.

그런데 C는 증인신문에 앞서 2008년 12월 현대건설 직원 B에게, "이 사건 계약서에 적힌 글씨는 자신의 글씨가 맞지만, 당시 이지학이 도장을 찍는 것을 보았다는 종전 진술서의 내용은 잘못된 것이고, 도장을 직접 날인하는 것은 보지 못하였다. 이지학은 2000년 가을 경에 기노걸과 승계계약이 체결되었다고 하여 관련 직원들 모두가 자축하는 의미에서 김포시내에서 회식을 하였다"는 내용의 진술서를 작성해 줍니다. 그리고 B는 이를 미리 형사공판 법정에 증거로 제출하였습니다.

아래에는 2009년 1월 21일 공판기일의 진술 중 C의 진술만 요약합니다.

(기타 A와 B의 진술내용은 졸저『고백 그리고 고발』을 참조 바랍니다.)

[표6. C에 대한 증인신문조서, 피고인 A의 위증 공판]

[검사의 주 신문에 대한 답변]

① 증인은 기노걸을 2008년 4월에 처음 알게 되었다.

② 증인은 기노걸을 모른다.

③ 기노걸 명의의 부동산매매계약서의 작성일자 "2000"과 "경기도 김포시 고촌면 향산리 67, 261123-125315* 기노걸"이라는 부분과, "농협 241084-56-002254"부분은 2000년 초경 하우공영 사무실에서 이지학 사장이 증인에게 불러주는 대로 계약서에 기재한 것이다.

④ 도장을 날인한 것은 본 적이 없다. 2008년 4월 4일 안천식 변호사 사무실에서 이지학 본인이 직접 도장을 꺼내서 날인했다고 진술했는데, 당시 착각하고 잘못 진술한 것이다.

---

⑤ 증인은 허걸[†]이라는 사람의 계약서도 대필한 기억이 있다, 당시 2건의 계약서를 대필했다.

[피고인 A 변호인의 반대신문에 대한 답변]

⑥ 증인이 2000년에 대필한 계약서가 사문서 위조이기 때문에 협조를 해주지 않으면 신상에 불이익이 갈 것이니 협조해 달라고 해서, 2008년 4월 4일 기노걸의 아들 기의호와 안천식 변호사가 기노걸의 매매계약서와 허걸의 매매계약서를 보여주어 증인이 작성한 계약서라는 사실을 인지하게 되었다.

⑦ 안천식 변호사에게 작성해준 진술서는 증인의 말을 토대로 안천식 변호사가 타이핑을 한 것인데, 진술서 내용을 자세히 확인하지 않고 날인한 것 같다.

⑧ 증인이 매매계약서에 기재한 후, 이지학이 기노걸을 몇 개월간 쫓아다녔는데 매매계약서에 날인을 해주지 않아서 애를 먹었다는 얘기를 많이 했다. 이지학이 증인에게 대필해 달라고 해서 기노걸의 인적사항을 기재했기 때문에 관심이 있어서 기억하는 것이다.

⑨ 2000년 여름이 지나서 이지학이 기노걸과 승계계약이 성사되었다고 하여 이지학, 피고인, 허형, 매매계약자 몇 명이 김포시내에서 회식을 하였다.

⑩ 2008년 3월경 기의호가 이 건에 대해 협조를 해주면 증인이 평생 먹고 살 수 있게 보장해주겠다고 했고, 안천식 변호사는 협조해

---

† C는 서울중앙지방법원 2008고단3739호 공판기일(A의 위증죄)에서 '허창'을 '허걸'이라고 진술합니다. 즉 유일하게 자신의 글씨로 작성한 2개의 부동산매매계약서 명의자가 누군지조차도 기억하지 못하고 있었습니다. 후에 제1차 재심소송(서울고등법원 2009재나372) 변론기일에서 기의호 소송대리인이 '허창'의 부동산매매계약서를 제시하자 그제서야 자신이 작성한 계약서 명의자를 '허창'이라고 고쳐 말하기 시작합니다.([표10] 참조).

주지 않으면 신상에 불이익이 있을 것이라고 하였다.

⑪ 안천식 변호사 사무실에는 진술서에 도장을 찍어준 후 두 번 더 갔다.

⑫ 증인은 2008년 12월 18일자 진술서를 B에게 작성해준 사실이 있다. 이는 2008년 7월경 B를 만나고 나서 집에 돌아와 보관 중이던 진술서 사본을 보니 일부 사실과 다른 부분이 기억났기 때문이다.

⑬ 증인은 방배경찰서에서는 안천식 변호사에게 작성해준 진술서 내용대로 진술하였다. 증인이 안천식 변호사에게 작성해준 진술서는 증인의 필체가 맞는지만 집중적으로 보았기 때문에 별 생각 없이 날인하였다.

[재판장 직권 신문에 대한 답변]

⑭ 증인은 안천식 변호사에게 <u>이지학이 도장을 찍는 것을 본 것 같다는 말은 하지 않았다.</u> 증인은 그런 말을 안 했는데 안천식 변호사가 타이핑해 온 진술서에는 그런 내용이 포함되어 있었고, 증인은 그 내용을 자세히 못 읽고 진술서에 도장을 찍었다.

⑮ 방배경찰서에서 이지학이 도장 찍는 것을 본 것 같다고 진술한 것은, 당시에는 기억이 잘 나지 않아서 그렇게 진술한 것이다.

⑯ 증인은 안천식 변호사에게 <u>이지학이 기노걸의 막도장을 찍은 것 같다는 말을 하지 않았다.</u> 그런데 <u>안천식 변호사가 임의로 그 내용을 타이핑했고, 그 내용을 증인이 확인하지 못하고 진술서에 도장을 찍었던 것이다.</u>

⑰ 그 무렵 방배경찰서에서 조사받을 때에는 이지학이 기노걸의 도장을 찍었다고 진술하였는데, 이는 정확히 기억나지 않아서 진술서대로 진술한 것이다.

[피고인 A 변호인의 반대신문에 대한 답변]

⑱ 방배경찰서에는 혼자 갔다. 그 전에 안천식 변호사가 진술서대로 일관되게 진술해달라는 얘기는 했다.

⑲ 증인은 당시 다른 사람의 인적사항을 기재한 것도 위법이고, 날인까지 하는 것은 범법자라고 생각하였다.

[재판장 직권 신문에 대한 답변]

⑳ 문 : 증인이 말한 대로 남의 도장을 대신 찍는다는 것은 중대한 일이고 그런 것을 알고 있는 증인이, 이지학이 날인했다는 내용이 있는 진술서에 서명해주고 방배경찰서에서도 그렇게 진술했는데, 안천식 변호사가 압박을 했다거나 기억이 안 난다고 하기에는 설명이 안 되는데, 어떤가요?

답 : 이지학이 도장을 찍었다는 부분을 향산리 주민동의서에 찍은 것과 <u>착각하고</u> 그렇게 진술했습니다.

문 : 인적사항이나 이름까지 대필하고 막도장이 찍혔다면 위험하지 않나요?

답 : 매도인의 인적사항을 미리 적어가는 경우는 자주 있었습니다.

[검사의 재 주신문에 대한 답변]

㉑ 문 : 증인은 기노걸을 모른다고 했는데, 2000년경 여름이 지나서 기노걸과의 계약이 성사되었다고 피고인, 이지학 등과 회식을 한 것을 어떻게 아는 것인가요?

답 : 이지학이 기노걸이 승계계약서에 날인했기 때문에 자축하는 의미에서 회식을 하게 됐다는 말을 했습니다.

/ 확증편향 /

㉒ 증인이 안천식 변호사 사무실에 가서 이 사건에 관하여 얘기를 나눌 때 인장에 대한 얘기가 오간 것은 사실이다.

㉓ 당시 도장을 찍지 않았느냐고 표현한 것 같다.

㉔ 안천식 변호사가 증인이 진술하지 않은 내용을 허위로 작성한 것은 아니다. 당시 이지학이 향산리 주민의 막도장을 가지고 다니면서 찍었기 때문에 착각하고 진술한 것 같다.

㉕ 당시 이지학이 주민동의서 작성을 위해서 향산리 주민들의 막도장을 가지고 있었던 것은 맞다.

㉖ 안천식 변호사 사무실에서 계약서를 보면서 얘기가 오갔고, 증인은 안천식 변호사에게 "당시 인장은 이지학이 가지고 있던 막도장을 날인한 것으로 기억한다"라고 진술한 것도 사실이다.

㉗ 그런데 지금 생각해보니까 기억을 잘못하고 착각해서 진술했다.

㉘ 2008년 7월경 B를 처음 만났고, 그 때도 도장 부분은 모르는 일이라고 대답했다.

[변호인의 재 반대신문에 대한 답변]

㉙ 안천식 변호사에게 준 진술서에 이지학이 도장 날인한 것을 보았다는 내용이 기재되어 있는 것은 2008년 6월 말경에 B와 전화 통화를 하고 알게 되었다.

㉚ '증인B'는 지난 번에 작성한 진술서(2008년 4월 4일자)가 잘못되었으니 다른 내용의 진술서를 작성해달라는 말을 한 적이 없고, 증인이 먼저 작성해 주겠다고 했다.

㉛ 2008년 7월경에 바로 작성해 준 것이 아니고 진술서를 작성해달라고 했는데도 작성해 주지 않다가, 2008년 12월에 가서야 작성

해 주었다.

- 2009. 1. 21. 〈증인C〉의 증인신문조서

(서울중앙지방법원 2008고단3739호)

처음 C는 검사의 주신문에서 "이지학이 기노걸의 막도장을 날인한 것으로 기억한다"는 종전 진술이 '착각'이었다고 했습니다(4번). '착각'이란 당초 진술 시 기억에 오류가 있었다는 것입니다. 다시 말하면 진술 당시에는 진술 내용을 사실로 인식하였으나 나중에 생각해 보니 그러한 기억에는 오류가 있었다는 의미입니다. 그런데 C는 변호인 반대신문에서 "진술서 내용을 자세히 확인하지 않았기 때문"이라고 합니다(7번). '착각'이 아니라 "진술서 내용에 대한 인식 자체가 없었다"고 합니다. 그리고 재판장 직권 신문에서는 "도장 관련 진술은 아예 하지도 않았는데, 안천식 변호사가 임의로 그 내용을 진술서에 포함시켰다"고 합니다(14, 16번). 즉 안천식 변호사가 C를 속여서 허위 내용의 진술서를 작성했으므로, C는 그러한 내용이 진술서에 있는지조차 몰랐다는 말입니다.

그리고는 검사의 재주신문에서 다시 "안천식 변호사에게 이지학이 가지고 있던 도장을 날인한 것으로 기억한다고 말한 것은 사실이지만, 이는 착각한 것이다"라고 합니다. 돌고 돌아 다시 원위치로 왔습니다. 그런데 다시 변호인의 재반대신문에서는 "안천식 변호사에게 써준 진술서에 이지학이 도장을 날인한 것을 보았다는 내

　／확증편향／

용이 기재되어 있는 것은 2008년 6월 말경에 B와 통화를 하고 처음 알았다"라고 합니다. 또 '착각'이 아니라 "진술서 내용에 대한 인식 자체가 없었다"고 말합니다.

한 번의 공판기일에서 그 자체로 전후 모순되는 진술을 5차례나 번복합니다. 도대체 어떤 진술이 사실일까요? 과연 C는 법정에서 진실을 말하고 있는 걸까요?

C는 2008년 4월 4일 처음 나의 사무실을 방문했습니다. 약 2시간 동안 관련 서류를 열람하고서, "이 사건 계약서는 2000년 초 하우공영 사무실에서 이지학의 지시로 작성했고, 당시 이지학이 가지고 있던 기노걸의 도장을 날인한 것으로 기억한다"는 내용의 진술서를 작성해 주었습니다. 사무실 여직원과 함께 인근 공증사무실로 이동해서 인증까지 했습니다. C는 2008년 4월 18일 방배경찰서(A와 B가 기의호를 무고죄로 고소한 사건)에 참고인으로 출석해서도 그렇게 진술했습니다.

그런데 2008년 6월 말 경 어떻게 알았는지 현대건설 직원 B는 C를 찾아갔고, "안천식 변호사에게 어떤 내용의 진술서를 작성해 주었느냐, 왜 이지학이 기노걸의 막도장을 찍었다고 진술했느냐"고 따집니다. 그러면서 '진술서 내용을 번복하는 새로운 진술서'를 요구합니다. B는 A와 함께 C를 찾아가서 사실과 다르다고 따지면서, 앞으로 가만히 있지 않겠다고 말을 합니다. 당시 C는 펄쩍 뛰면서 진술서 내용은 사실이라고 우기기도 하고, B를 만나주지도 않으려고 했습니다(위 내용은 B가 법정에서 자진하여 진술한 내용입니다).

그런데 C의 법정 진술은 완전히 다릅니다.

2008년 6월 말 내지 7월 초, B를 처음 만난 날 곧바로 "도장은 찍었는지 모른다"고 말해 주었다고 합니다. B가 번복 진술서 작성을 요구한 적도 없는데, 자신이 먼저 번복 진술서를 작성해 주겠다고 말했다는 겁니다. 현대건설 직원 B에게 너무도 호의적인 태도를 취합니다. 이는 곧 현대건설에 대한 태도이기도 합니다.

반면 C는 재판장 질문에 대한 답변에서는, "안천식 변호사에게 도장 관련 진술은 하지도 않았는데, 안 변호사가 임의로 그 내용을 진술서에 포함시켰고, 이를 제대로 확인하지 못했다"고 합니다. 기의호를 적대시하고, 그 변호사를 범죄자로 몰아갑니다. 이에 재판장은 다시 질문합니다. "그렇다면 2008년 4월 18일 방배경찰서에서는 왜 이지학이 도장을 날인했다고 진술했나요?" 이에 C는 당황하면서 "그냥 진술서 내용대로 진술한 것뿐"이라고 둘러댑니다. 계약서에 남의 도장을 찍는다는 법적 의미를 잘 알고 있음에도, 그냥 그렇게 진술했다고 합니다. 재판장의 송곳 같은 질문에 뜨끔했을 겁니다. 자기가 생각해도 말이 안 된다는 것을 깨달았을 겁니다. 그 후 검사의 재주신문에서는 "안천식 변호사에게 이지학이 도장을 날인한 것 같다고 말한 것은 사실"이라고 한발 물러섭니다. 아마도 재판장의 질문에 뜨끔했기 때문일 것입니다.

여기서 그 무렵 C의 행적에 대해 정리해 봅니다.

C는 2008년 4월 4일 내가 근무하는 서초동 사무실로 찾아와서 진술서를 작성해 주었습니다. 2008년 4월 18일에는 방배경찰서에 출

석하여 참고인 조사도 받았습니다. 그때까지 일관하여 "이 사건 계약서는 이지학의 지시에 따라 작성했고, 이지학이 가지고 있던 기노걸의 막도장을 찍었다"고 했습니다. 그런데 2008년 6~7월 현대건설 직원 B가 찾아와서 진술 번복을 요구합니다. A도 함께 찾아왔다고 합니다. C는 펄쩍 뛰며 이를 거절합니다. 앞서 보았듯 이는 B가 법정에서 진술한 내용입니다.

그 뒤 2008년 8월 중순, C는 김포에 있는 기의호를 찾아갑니다. 현대건설 직원 B가 찾아와서 진술 번복을 요구한다는 사실을 알려주면서, 향후 자신에게 3,000만 원을 보장해 주겠다는 확인서를 요구합니다. 고민에 빠진 기의호는 변호사인 나에게 전화를 합니다. 나는 "C는 향후 중요한 증인으로서 증언해야 할 자이므로, 금전적 대가와 관련되면 증언의 진실성에 타격이 올 수 있다"고 충고했습니다. 그러자 기의호는 C를 달래서 돌려보냅니다.

C는 2008년 9월 중순경 내가 근무하는 서초동 사무실에도 찾아왔습니다. 불쑥 찾아와서는 사정이 급하니 돈 200만 원을 빌려달라고 합니다. 나는 완곡하게 거절합니다. 변호사에게 이런 부탁을 하면 안 된다고 말하며 돌려보냈습니다. 나는 이 무렵 이미 C가 현대건설에게 포섭되었을 수도 있다고 의심을 했습니다. 지금까지 보아 온 현대건설의 행태에 비추어 볼 때, 충분히 의심할 수 있는 상황이었습니다.

그 뒤 2008년 12월, C는 현대건설 직원 B에게 종전 진술서 내용을 번복하는 새로운 진술서를 작성해 줍니다. 그리고서 2009년 1월 21일, 법정에 출석하여 황망하고 도무지 종잡을 수 없는 모순된 진술을 합니다. 피고인 A에게 2명의 부장판사 출신 변호사가 선임된 법정이었습니다.

2008년 4월 4일자 진술서 및 2008년 4월 18일자 방배경찰서 참고인 진술조서에 적힌 C의 일관된 진술 내용과, 2009년 1월 21일 공판기일에서 나온 C의 황망하고 모순된 진술 내용, 이 중 어떤 게 과연 진실일까요?

● **판결**

2009년 5월 22일, 피고인 A에게 위증죄로 벌금 500만 원이 선고됩니다. 서울고등법원 2008초재733 재정결정은 A의 증언 중 "2000년 9~10월 사이에 기노걸의 집에 이지학과 함께 찾아가 이지학의 사무실에서 기노걸의 이름과 주소, 주민등록번호를 미리 기재하여 가지고 온 토지매매계약서(갑 제3호증의 3)에, 이지학은 기노걸이 불러주는 **계좌번호를 기재하고** 기노걸이 건네주는 **도장을 날인하였고** 피의자는 옆에서 이를 **모두 지켜보았다**"는 위증 범죄사실로 기소를 명했습니다. 그런데 서울중앙지방법원 2008고단3739호는 A의 위 범죄사실 증언 중, "**계좌번호를 기재하는 것을 지켜보았다**"는 증언만을 위증죄로 인정하고, "**도장을 날인하는 것을 지켜보았다**"는 증언은 증거불충분으로 무죄로 판시했습니다. 마치 무딘 칼날로 피와 살을 가르는 듯한 세심함이 참으로 대단하기만 합니다.

/ **확증편향** /

그 주요 이유는 C가 법원 공판기일에서 2008년 4월 4일자 진술서, 2018년 4월 18일자 진술서 내용을 부인하였기 때문에 이를 유죄의 근거로 삼기가 어렵다는 것입니다. 기의호가 "기노걸은 평소 막도장을 사용하지 않는다"라고 진술한 것도 유죄의 근거가 되지 않는다고 했습니다. 이 사건 계약서와 동일한 필체로 작성되고 동일한 형태의 막도장이 날인된 허창 명의의 부동산매매계약서도 유죄의 근거로 부족하다고 합니다. 마지막으로 A가 계좌번호 관련 허위 증언을 했다고 하더라도, 도장 날인 증언까지 허위로 증언한 것이라고 단정할 수는 없다고 합니다.

● 법관 정기인사와 담당 판사의 변경

2009년 1월 21일 제6회 공판기일을 끝으로, 대부분의 재판 일정은 마무리되었습니다. 물론 허창의 증인 불출석으로 증인신문은 이루어지지 않았지만, 허룡이 사망한 사실이 확인됨으로써 허룡이 작성한 사실확인서가 증거능력을 부여받았습니다. 피고인의 변호인은 미리 변론요지서까지 제출한 상태였습니다. 절차상 공판기일을 종결하고 선고기일을 지정하는 것이 마땅했습니다.

앞서 본 바와 같이 2009년 1월 21일, 담당 판사는 증인 C에게 송곳 같은 질문을 하였고, C는 무척 당황하면서 여러 번 진술을 번복했습니다. 그만큼 담당 판사는 증인 C에 대한 구체적인 신문을 통해 그 진술의 신빙성에 대한 뚜렷한 인상을 가졌을 것입니다. 그런데 공판기일은 종결되지 않았고, 다음 공판기일이 2009년 3월 중순으로 지정됩니다. 통상 매년 2월은 법관 정기인사가 있는 점을 감안하면, 담당 판사의 교체가 예상되었습니다.

예상대로 담당 판사가 교체됐습니다. 이후 별 의미 없는 몇 번의 공판절차가 진행된 끝에, 2009년 5월 22일 판결이 선고됐습니다. 판결 결과는 앞서 본 바와 같습니다. 구체적인 증인신문절차를 통해 증언을 청취하고 증언의 신빙성과 공소사실에 대해 뚜렷한 인상을 확립한 담당 판사가 교체된 것은 무척 아쉽습니다. 그런데 이게 과연 법관 정기인사라는 시기상의 우연 때문이었을까요?

우리 형사소송법은 공판중심주의와 직접심리주의를 원칙으로 합니다. 직접심리주의란 판결을 선고하는 법관이 스스로 변론을 청취하고 증거를 조사하는 것을 말합니다. 구체적인 증거를 조사한 법관이 이를 바탕으로 판결을 선고하는 것은 지극히 당연한 이치입니다. 만일 판결 선고를 후임 판사에게 맡길 요량이었다면 C 등에 대한 증인신문도 후임 판사에게 맡기는 것이 마땅할 것입니다.

2009년 1월 21일까지 핵심 공판절차를 직접 심리하면서, 구체적인 증언을 청취한 담당 판사는 판결을 선고하기에 충분한 심리를 마쳤습니다. 피고인이 선임한 2명의 변호인 중 1명은 변론요지서까지 제출했습니다. 그때부터 법관 정기인사까지는 상당한 시간이 남아있었습니다. 그런데도 판결의 선고는 핵심 절차를 진행하지 않은 후임 판사의 몫으로 돌렸습니다. 이게 과연 우연일까요?

● 검찰의 상소 포기

형사 제1심 판결이 선고됐습니다. 피고인 A의 제1심 증언 중 '계좌번호 기재' 관련 증언만 위증죄의 유죄가 선고됐고, '도장 날인' 관련 증언에 대해서는 증거불충분을 이유로 무죄가 선고됐습니다. 더구나 재판부는 판결서에서, "아래 무죄부분 관련 피고인의 증언이 위 민사소송에 더 핵심적인 부분이었던 점"임을 감안하여 피고인 A에게 벌금 500만 원 형을 선고했습니다.

법정에서 선서까지 한 핵심 증인이 계약체결의 구체적 과정과 정황에 대해 거짓 증언을 한 사실이 드러났는데도, 그게 별일이 아니라고 말하는 판결을 어떻게 이해해야 하는 것일까요?

제1심 법정에서 기노걸이 이 사건 계약서를 작성하는 현장을 보았다는 구체적인 상황에 대해 무려 10차례나 강조하고 강조했던 증인이었습니다. 당시 참석했다는 기노걸과 이지학이 모두 사망한 점을 이용해, 그가 무려 십여 차례나 분명하다고 강조한 사실에 대한 진술이 거짓으로 드러났습니다. 이게 민사소송에 있어서 핵심적인 부분이 아니라고 어떻게 단정할 수 있을까요? 불과 2개월 동안 위증죄 공판에 대해 심리하였을 뿐인 담당 판사는, 무려 4년간이나 진행된 민사재판의 핵심을 어떻게 이렇게 간단하게 정리할 수 있는 걸까요? 뒤쪽으로 드리워진 길고 긴 꼬리들을 이렇게 간단하게 잘라버리는 판결의 태도를 어떻게 보아야 하는 것일까요?

이것이 진정 벌금 500만 원으로 묻어버릴 사건일까요? 대기업 현대건설의 이익을 옹호한 증인에게 500만 원의 벌금이 벌(罰)일까요, 상찬(賞讚)일까요? 이럴 거면 법원은 왜 증언에 앞서 증인에게 선서를 시켰을까요? 위증의 결과가 이렇다면, 차라리 "위증을 하더라도 재판부가 알아서 가벼이 다룰 것이니 부담 갖지 말고 눈치껏 거짓말을 해도 된다"고 말해주는 게 낫지 않을까요?

형식상으로는 피고인 A에게 유죄가 선고됐지만, 판시 내용을 보면 사실상 전부 무죄를 선고한 것이나 마찬가지였습니다. 서울고등법원(2008초재733)이 재정결정으로서 공소제기를 명령한 범죄사실이 사실상 전부 무죄로 선고된 것입니다. 당연히 검찰은 무죄 부분에 대하여는 항소를 제기해야 합니다. 나는 고소인의 변호인으로서 담당 공판검사에게 항소요청서를 제출했습니다. 무죄 부분 판결의 문제점을 조목조목 정리하고 그동안 검찰의 공소 유지의 문제점, 그리고 향후 민사소송에 미칠 영향까지 감안하여 항소심에서 바로잡혀야 한다고 강조했습니다.

그런데 담당 공판검사는 항소를 하지 않았습니다. 항소기간을 이틀 앞둔 나는 담당 검사에게 전화까지 해서 항소를 부탁했습니다. 그런데 전화기 너머로 들리는 담당 검사의 목소리는 시큰둥했습니다.

"에~, 우리가 꼭 재정신청 사건이라서 그런 건 아니고요, 뭐 항소해 봐야 무죄 부분이 뒤집힐 가능성은 거의 없고, 양형도 적절한 것 같아서 아마 항소하지 않을 것 같으니, 그리 아시지요."

결국 담당 검사는 항소하지 않았고 판결은 그대로 확정됐습니다.

대표적 권력기관인 검찰개혁의 목소리가 날로 뜨겁습니다. 검찰개혁의 요체는 무엇일까요? 여러 의견이 있을 수 있지만, 핵심은 **"누구를 위한 검찰권 행사인가?"**로 요약될 수 있습니다. 검찰은 기소권과 수사종결권, 공소유지권을 독점하면서도 수사권을 함께 행사하고 있습니다. 실로 막강한 권한입니다. 이 막강한 권한은 마땅히 국민을 위해 행사되어야 합니다. 국민을 위해 행사하라고 위임한 것이기 때문입니다.

그러나 지금까지의 검찰권 행사는 주로 검찰을 위한 것이었다는 비판이 대세입니다. 검찰의 입장에서 폼 나는 사건 위주로, 선택적으로 수사 및 기소하고 공소를 유지합니다. 그렇게 검찰권을 강화해 왔고, 그 구성원인 검사의 지위와 권한도 함께 막강해졌습니다. 말로만 "검찰권의 주인은 주권자인 국민"이라고 합니다. 검찰은 말로만 국민을 위한다고 할 뿐, 주인을 배제하고 검찰권을 남용해 왔습니다. 주권자 혹은 민주주의에 의한 통제 및 견제장치가 거의 작동되지 않았기 때문입니다. 주인의 자리에 국민은 없었고 검찰이 주인행세를 했습니다. 주권자인 국민은 무시당하기 일쑤였고, 억울함으로 쓰러질 지경에까지 이르렀습니다.

기의호 사건이 그랬습니다. 기의호는 수사와 공소제기 및 공소유지를 검사에게 맡겼습니다. 법이 그렇게 하도록 했기 때문입니다. 그런데 엉망이 됐습니다. 수사는 제대로 되지도 않은 채 여러 차례 불기소결정이 나왔습니다. 기적적으로 핵심적인 증거를 확보해 서울고등법원의 재정결정을 받아서 공소제기가 강제되었는데, 공소유지는 더 엉망이었습니다. 특히 2009년 2월, 담당 검사가 교체된 이후 공판정에 출석한 검사가 한 말이라고는 매번 재판 마지막에 "더 이상 할 것이 없습니다"라는 것뿐이었습니다. C에 대한 증인신문에서 여러 차례 언급됐던 방배경찰서에서 작성한 C의 참고인 진술조서도 끝끝내 증거로 제출되지 않았습니다. 증거능력이 인정되는 매우 중요한 증거였을 뿐 아니라 검찰 입장에서는 쉽게 확보할 수도 있는 증거였습니다. 도대체 무슨 꿍꿍이였을까요?

담당 검사는 공판종결시 피고인(A)에게 '징역 6월'을 구형했습니다. 위증죄 양형기준표상으로 최저 구형량입니다. 그리고 법원의 '일부 무죄 및 벌금 500만 원' 선고에 대해서는 항소조차 하지 않았습니다. 기의호의 변호인이 항소요청서라는 서면까지 제출했지만 무시됐습니다. 그야말로 '국민을 위한 검찰'이 아니라 '검찰이 주인'이라고 생각하는 검찰입니다.

두 명의 전관 변호사를 앞세운 현대건설과 법원, 검찰의 연합작전은 대 성공을 거두었습니다. 법과 정의·공정의 산실이어야 할 대한민국의 사법절차는 이렇게 유린되고 있습니다. 검찰은 근본적으로 개혁되어야 하고, 법원은 더 말할 것도 없습니다.

● **단상(斷想)**

사법권은 법관으로 구성된 법원에 속합니다(헌법 제101조 제1항). 그리고 법관은 헌법과 법률에 의하여 그 양심에 따라 독립하여 심판합니다(헌법 제103조). 헌법은 국민투표에 의하여 제정 및 개정되었으며, 헌법의 주인은 국민입니다. 모든 국민은 법관의 공정한 재판을 받을 권리가 보장됩니다(헌법 제27조). 그러면 사법권의 주인은 누구라고 보아야 할까요?

이 사건 판결은 과연 누구를 위한 걸까요? 피고인 A일까요, 대기업 현대건설일까요, 피해자인 기의호일까요? 정의와 공정을 토대로 한 사법절차였을까요? 아무리 생각해도 피해자 기의호를 위한 판결이라고 말할 수는 없을 것 같습니다.

A의 증언이 진실하다는 객관적인 증거는 전혀 없습니다. 계좌번호 관련 증언뿐만 아니라 도장 관련 증언도 마찬가지입니다. 그냥 일방적인 증언이 있었을 뿐입니다. A는 기노걸이 이 사건 계약서를 작성할 당시의 정황을 구체적으로 진술했습니다. 기노걸이 계좌번호를 불러주는 것을 이지학이 계약서에 적어 넣었고, 이어서 기노걸이 건네주는 막도장을 날인하는 것을 보았다고 했습니다. 그런데 계좌번호 관련 진술이 거짓으로 밝혀졌습니다.

A가 계좌번호에 대해 허위 진술을 한 이유는 너무도 뚜렷합니다. 바로 이 사건 계약서를 작성하는 현장을 보았다는 진술을 그럴듯하게 꾸미기 위함입니다. 도장 날인 관련 진술 역시 마찬가지입니다. 그래서 선서까지 하고 그렇게 증언을 한 것입니다. 그런데 그럴듯하게 꾸민 증언이 거짓으로 드러났습니다. 도장 날인 진술이 진실이라는 증거도 없습니다. 그렇다면 당연히 도장 날인 진술도 거짓일 개연성을 염두에 두어야 합니다. 법관이라면 이 정도의 상식과

분별력은 있어야 합니다. 대한민국 국민은 국민과 다른 상식을 가진 별나라에서 온 법관에게 재판을 맡기고 싶지 않을 것입니다.

도장 날인 진술이 거짓이라는 증거도 있었습니다. 바로 이 사건 계약서를 직접 작성한 C의 진술서 및 참고인 진술조서가 그것입니다. C는 2008년 4월 4일 나의 서초동 사무실을 방문하여 약 2시간 동안 여러 서류를 살펴본 뒤 "이 사건 계약서는 자신이 작성한 것이며, 도장은 이지학이 가지고 있던 것을 날인한 것으로 기억한다"고 하였습니다. 2008년 4월 18일에는 방배경찰서에서 동일한 내용의 참고인 진술조서도 작성하였습니다(물론 검찰은 C의 참고인 진술조서를 증거로 제출하지는 않았습니다).

이들은 모두 법률규정에 의해 증거능력이 인정되는 증거입니다. 그런데 C는 그 후 현대건설 직원 B와 피고인 A를 여러 차례 만나면서 이들로부터 진술 번복을 요구받습니다. 그리고 약 8개월 뒤 법정에서 종전 자신의 진술을 극구 부인합니다. 문제는 부인하는 이유가 전혀 상식에 맞지 않았다는 점입니다. 그럴듯한 내용은 하나도 없었습니다. 대한민국 최고의 엘리트 교육을 받고, 사법시험을 통과해 사법연수원을 우수한 성적으로 수료한 법관이 이 정도의 거짓말도 분별하지 못하고 두둔했습니다.

우리가 경험한 법정은 달나라 법정이었던 걸까요?

6. 무고죄 약식명령

[표7. A의 무고죄 약식명령 판결서]

서울중앙지방법원
약식명령

사　　건　　2009고약42520　무고

피　고　인　　A (420717-0000000)，건설업

　　　　　　주거　서울

　　　　　　등록기준지　서울

주　형　과　　피고인을 벌금 3,000,000(삼백만)원에 처한다.

부수처문　　피고인이 위 벌금을 납입하지 아니하는 경우 금
　　　　　　50,000(오만)원을 1일로 환산한 기간 피고인을 노
　　　　　　역장에 유치한다.

　　　　　　피고인에 대하여 위 벌금에 상당한 금액의 가납을
　　　　　　명한다.

범죄사실　　별지 기재와 같다. (단, 피의자는 피고인으로 한다)

적용법령　　형법 제156조, 형사소송법 제334조 제1항, 형법
　　　　　　제70조, 제69조 제2항(벌금형 선택)

검사 또는 피고인은 이 명령등본을 송달받은 날로부터 7일 이내에

정식재판을 청구할 수 있습니다.

2009. 9. 29.

판 사 송 윤 경

[별지]   **공 소 사 실**

피고인은 2009. 5. 22. 서울중앙지방법원에서 위증죄로 벌금 500만 원을 선고받은 전력이 있다.

피고인은 2008. 2. 22. 서울 서초구 서초동 소재 변호사 사무실에서 기의호로 하여금 형사처분을 받게 할 목적으로 허위 내용의 고소장을 작성하였다. 그 고소장의 내용은 '고소인 A는 2006. 7. 25. 서울중앙지방법원 민사부 법정에서 위증을 한 사실이 없음에도 불구하고, 기의호가 위증으로 고소를 하였으니, 이와 같은 행위를 무고로 처벌하여 달라'는 취지이나, 사실 피고인은 2006. 7. 25.경 2005가합99041호 소유권이전등기등 청구 소송의 증인으로 출석하여 선서한 다음 증언함에 있어 '이지학이 기노걸이 불러주는 계좌번호를 받아적을 당시 옆에서 지켜보았다'는 내용으로 위증을 한 사실이 있었다.

그러함에도 불구하고 피고인은 2008. 2. 22. 서울중앙지방검찰청 민원실에 위와 같은 취지로 작성된 고소장을 제출하고, 2008. 3. 27. 서울 서초구 소재 방배경찰서에서 그와 같은 취지로 보충 진술을 하여 위 기의호를 무고하였다.

2007년 2월, 기의호는 제1심 증인 A와 B를 위증죄로 고소합니다. 그와 함께 현대건설 전·현직 대표이사도 사기(소송 사기)죄로 고소합니다. 이들은 기노걸이 이 사건 계약서를 작성하지 않았음에도 불구하고 진술 및 증언을 통해 기노걸이 이 사건 계약서를 작성했다며 법원을 속였고, 법원은 이에 속아 현대건설에게 승소 판결을 선고했으며, 이로 인해 기의호는 당시 시가 약 70억 원 상당의 이 사건 토지를 결과적으로 약 5억7,000만 원에 현대건설에게 넘겨 주었기 때문입니다.

2007년 11월, 검찰은 증거가 불충분하다는 이유로 기의호의 고소에 대해 불기소결정을 합니다. 이에 기의호는 서울고등검찰청에 항고합니다. 2008년 2월 서울고등검찰청은 기의호의 항고를 기각합니다. 이즈음 A와 B는 기의호를 무고죄로 고소합니다. 그 주요 이유는 "A와 B는 제1심 변론기일에서 허위 증언을 하지 않았는데, 기의호가 소송에 유리하게 할 목적으로 자신들을 위증죄로 고소하는 방법으로 무고하였다"는 겁니다.

그때쯤 나는 이 사건 계약서를 작성한 C를 찾아냅니다. C는 2000년 초 하우공영 사무실에서 이 사건 계약서를 직접 작성한 자입니다. 당시 기노걸의 막도장도 이지학이 가지고 있던 것을 날인한 것으로 기억한다고 했습니다. 국립과학수사연구소에 필적감정을 의뢰한 결과, 이 사건 계약서에 기재된 글씨는 C의 필체와 개인적인 습성까지 일치한다고 판정이 나왔습니다.

증인 A가 제1심 변론기일에서 허위 증언을 한 것이 맞다는 사실이 드러났습니다. A는 "2000년 9~10월 이지학이 직접 이 사건 계약서에 계좌번호를 적어 넣는 것을 보았다"고 했는데, 이 사건 계약서에 기재된 계좌번호의 글씨는 이지학의 글씨가 아니라 C의 글씨라는 사실이 밝혀졌기 때문입니다. 국립과학수사연구소의 문서감정 결과라는 객관적인 증거가 그렇게 말했고, C의 진술도 있었습니다. 따라서 누가 보아도 "이 사건 계약서의 계좌번호는 이지학이 기재했고, 이지학이 기노걸로부터 도장을 건네받아 날인했다"는 A의 제1심 증언은 허위였습니다.

그런데도 A는 이를 허위 증언이라고 고소한 기의호를 오히려 서울중앙지방검찰청에 무고죄로 고소했습니다. 아마도 서울고등검찰청이 A의 위증혐의에 대해 증거불충분을 이유로 불기소결정을 하자, 기의호를 크게 혼내주겠다는 심산이었을 것입니다. 사실은 서울중앙지방검찰청과 서울고등검찰청이 제대로 수사도 하지 않은 채, 대기업 현대건설 입장만 반영하여 서둘러 불기소결정을 했을 뿐입니다. 오히려 불기소 결정과 항고기각 결정이 잘못된 것입니다. 그런데도 A와 B는 검찰의 불충분한 수사를 등에 업고서는, 진실을 말하는 기의호의 입을 막을 의도로 무고죄 고소까지 한 것입니다.

만일 그즈음 내가 이 사건 계약서를 작성한 C를 찾아내지 못했다면 기의호는 무고죄 혐의로 조사 및 재판을 받으면서 큰 고초를 겪었을 것입니다. 어쩌면 억울하게 무고죄로 처벌받았을 지도 모릅니다. 현대건설이라는 대기업이 뒷배가 되어 경찰과 검찰, 그리고 법원을 압박한다면 이를 당해낼 재간이 없었을 것입니다. 그렇지 않더라도 피해자인 기의호는 가해자로 둔갑되어 수사기관에 불려 다니면서 이루 말할 수 없는 억울함과 고초를 당했을 것입니다. 아마도 아무리 억울하다고 하소연해도 아무 소용이 없었을 지도 모릅니다. 경찰이 그렇게 의견을 내고, 검찰이 그렇게 결정하면, 국민이 아무리 억울함을 호소해도 당할 수밖에 없는 것이 우리의 사법현실입니다.

최근 화성 제8차 연쇄살인 사건이 뉴스에 크게 보도됐습니다. 경찰의 강압수사와 검찰 및 법원의 묵인 속에서, 피해자 윤씨는 살인죄의 누명을 뒤집어쓰고 무기징역형을 받아 20여 년 동안이나 감옥에 수감되어 있었습니다. 아무리 자신의 범행이 아니라고 외쳐도 소용이 없었습니다. 전혀 과학적이지 않은 증거(체모 방사성동위원소 감정결과)를 마치 대단히 과학적인 증거라고 우기면서 한 사람의 삶을 망가뜨렸습니다. 담당 수사관은 진급까지 했다고 합니다. 때마침 유전자 검사라는 과학적 수사기법을 통해 30년 만에 진범이 밝혀지면서, 기적적으로 억울함에서 해방되었습니다.

돌아보면 대한민국 사회는 그런 사회였습니다. 이른바 칼을 잡은 권력자들이 그렇게 스토리를 꾸미면, 법원이 이를 묵묵히 묵인하고 동조해 왔습니다. 하지만 그런 이들에게 국민은 어떠한 책임도 물을 수가 없습니다.

한편, 이 사건 계약서에 기재된 계좌번호는 C의 글씨라는 사실이 드러났습니다. 기의호가 무고한 것이 아니라, A가 위증한 것이라는 사실이 밝혀졌고, 더 나아가 A는 기의호를 무고까지 했습니다. 아마도 현대건설이 그렇게 하도록 시켰을 것입니다. 나는 기의호를 대리하여 A를 무고죄로 고소했습니다. 앞뒤 증거와 논리를 맞추어 보면 무리 없이 딱 맞아떨어지는 상황이었습니다. 그런데 방배경찰서 조사관은 A의 무고 사건을 불기소 의견으로 검찰에 송치합니다. 이어 담당 검사는 나에게 전화를 해 "고소를 취하하라"고 종용합니다. 참으로 어처구니없는 일들이 일어난 것입니다. (이 부분 자세한 내용은『고백 그리고 고발』105면 이하를 참조해 주시기 바랍니다.)

위증죄와 무고죄는 전형적인 사법방해죄입니다. 법원 및 수사기관의 실체진실 규명 업무를 방해하고, 사법절차에 대한 신뢰를 떨어뜨리는 대표적인 반법치주의적 범죄입니다. 미국에서는 위증죄 하나만 해도 2~3년의 실형이 선고된다고 합니다. 그만큼 선서한 증인의 거짓말은 엄격하게 처벌받습니다. 하물며 위증죄와 무고죄가 병합되면 그 죄책은 더욱 가중될 수밖에 없습니다.

당시는 A가 위증죄로 기소되어 재판을 받던 때였습니다. 서울중앙지방검찰청 담당 검사는 당연히 A를 무고죄로 기소하고 위증죄와 병합하여 재판 받도록 했어야 합니다. 일련의 절차에서 일어난 사건인 만큼 당연히 그렇게 하는 것이 정석입니다. 그런데 검찰은

A가 위증죄로 벌금 500만 원을 선고받고 검찰이 항소를 하지 않아 판결이 확정될 때까지 기다려 줍니다. 사건기록을 잡고 있으면서 A의 형사 위증 공판사건이 끝나기만을 기다립니다. 검찰은 A의 위증죄가 확정된 뒤인 2009년 9월에서야 A를 무고죄로 기소합니다. 벌금 300만 원의 약식기소였습니다.

A는 위증으로 기의호에게 수십억 원의 피해를 주었고, 사법절차를 방해하면서까지 기의호가 무고죄로 처벌받게 될 구체적인 위험을 야기했지만, 벌금 500만 원과 벌금 300만 원으로 사건은 마무리 됩니다. 참으로 대단한 대한민국 사법절차입니다. 대기업 현대건설이 개입되면 사법절차도 이렇듯 깔끔하게 마무리 되는가 봅니다. 우리의 사법현실이 참으로 안타깝습니다.

이러한 불합리로 인한 위험과 손해는 고스란히 기의호의 몫이었고, 그 반대이득은 대기업 현대건설에게 돌아갔습니다. 힘 있는 자에게는 참으로 친절한 사법권력이고, 힘없는 자에게는 그저 지옥으로 인도하는 아수라장일 뿐입니다.

7. 제1차 재심의 소

[표8. 제1차 재심의 소 판결서]

서 울 고 등 법 원
제 8 민 사 부
판   결

사 건	2009재나372 소유권이전등기등
원고(재심피고), 피항소인	현대건설 주식회사
	대표이사 김0겸
	소송대리인 법무법인 해승
	담당변호사 이두환
피고(재심원고), 항소인	기의호
	소송대리인 법무법인 씨에스
	담당변호사 안천식
제1심판결	서울중앙지방법원 2006. 12. 12. 선고 2005가합99041 판결
재심대상판결	서울고등법원 2007. 10. 11. 선고 2007나5221 판결
변 론 종 결	2010. 2. 24.

주   문

1. 피고(재심원고)의 재심청구를 기각한다.
2. 재심소송비용은 피고(재심원고)가 부담한다.

청구취지, 항소취지 및 재심청구취지

1. 청구취지

주위적으로, 피고(재심원고, 이하 피고라고 한다)는 원고(재심피고, 이하 원고라고 한다)에게 별지 토지 목록 기재 각 토지에 과하여 2000. 9. 일자 미상 매매를 원인으로한 소유권이전등기절차를 이행하고, 위 각 토지를 인도하며, 별지 건물 목록 기재 각 건물을 철거하라.

예비적으로, 피고는 파산자 동아건설산업 주식회사의 파산관재인 정용인에게 별지 토지 목록 기재 각 토지에 관하여 1997. 9. 1. 매매를 원인으로 한 소유권이전등기절차를 이행하고, 위 각 토지를 인도하며, 별지 건물 목록 기재 각 건물을 철거하라.

2. 항소취지

제1심 판결을 취소한다. 원고의 청구를 기각한다.

3. 재심청구취지

재심대상판결 및 제1심 판결을 각 취소한다. 원고의 청구를 기각한다. 원고는 피고에게 별지 토지 목록 기재 각 토지에 관하여 인천지방법원 부천지원 김포등기소 2008. 2. 18. 접수 제8285호로 마친 각 소유권이전등기의 말소등기절차를 이행하라.

이 유

1. 재심대상판결의 확정과 그 내용
다음의 각 사실은 기록상 명백하다.

가. 재심대상판결의 확정

원고는 2005. 11. 2. 피고를 상대로 서울중앙지방법원 2005가합99041호로 위 청구취지 기재와 같이 소유권이전등기절차 등을 이행하라는 내용의 소를 제기하여, 2006. 12. 12. 위 법원으로부터 원고 승소판결을 받았다. 피고는 이에 불복하여 2006. 12. 26. 이 법원 2007나5221호로 항소하였으나 2007. 10. 11. 이 법원으로부터 피고의 항소를 기각하는 내용의 판결(이하 이 사건 재심대상판결이라고 한다)을 받았다. 그 후 대법원에서 2008. 1. 17. 피고의 상고가 기각됨으로써 재심대상판결은 그대로 확정되었다.

나. 재심대상판결의 내용

(1) 재심대상판결은 갑 제3, 4호증의 각 1, 2, 제8호증의 1, 2, 3, 제9호증, 제12, 14호증의 각 1, 2, 을 제8호증의 1의 각 기재와 제1심 증인 최O철의 증언에 변론 전체의 취지를 종합하여 다음과 같은 사실을 인정하였다.

(가) 기노걸은 1997. 9. 1. 김포시 고촌면 향산리 일대 토지를 매수하여 아파트를 건설하려던 동아건설산업 주식회사(2001. 5. 11. 이 법원으로부터 파산선고를 받았다. 이하 '동아건설'이라고 한다)와 사이에, 별지 토지 목록 기재 각 토지(이하 '이 사건 토지'라고 한다) 면적 합계 3,251㎡를 1,966,000,000원에 매도하되, 2차 중도금 지급 전까지 토지의 지상물을 철거하기로 약정하였고, 그 후 위 계약에 따라 계약금과 1, 2차 중도금 합계 983,000,000원을 지급받았다.

(나) 그 후 위 계약상 잔금 983,000,000원이 미지급된 상태에서 동아건설이 위 아파트건축 사업을 포기하자, 원고는 유진종합건설 주식회사(이하 '유진종합건설'이라고 한다)와의 매매용역계약 및 위 회사와 주식회사 하우공영(이하 '하우공영'이라고 한다) 사이의 업무대행계약 등을 통해 1999. 11. 5.경 동아건설과 사이에 사업권 및 이 사건 토지 등 향산리 일대 토지에 대한 매입권을 36억 원에 양수하기로 하는 계약을 체결하였고, 1999. 11. 24. 유진종합건설에 위 양수대금을 지급하였다.

(다) 유동성 위기를 겪던 원고는 2002. 12.경 엠지코리아 주식회사(이하 '엠지코리아'라고 한다) 및 다른 건설사와 사이에 엠지코리아를 시행사로 하여 사업을 추진하는 내용의 계약을 하였고, 엠지코리아는 2003. 3. 7.경 기노걸로부터 이 사건 토지 외에 추가로 김포시 고촌면 향산리 65-3 외 6필지를 66,700,000원에 매수하였다.

(라) 다른 건설사가 사업을 포기하자 원고는 2003. 7. 7. 엠지코리아와 사이에, 원고가 김포시 고촌면 향산리 일대 토지소유자들과 기계약한 토지 등 개발사업과 관련한 모든 권리를 510억 원에 매도하되, 계약금 70억 원은 계약 당일, 중도금 230억 원은 2003. 9. 5,

잔금 210억 원은 2003. 10. 7. 각 지급받기로 약정하였고, 엠지코리아로부터 계약금을 지급받았다.

(마) 그 후 원고는 엠지코리아가 중도금을 지급하지 못하자 2003. 9. 6.경 최고를 거쳐 2003. 11. 11. 엠지코리아와의 위 양도계약을 해제하였다.

(바) 한편, 이 사건 토지 위에는 별지 건물 목록 기재 각 건물이 있고, 기노걸은 2004. 8. 20. 사망하였으며, 피고는 2005. 2. 1. 이 사건 토지에 관하여 협의분할에 의한 상속을 원인으로 피고 앞으로 소유권이전등기를 마쳤다.

(사) 원고는 2006. 8. 22. 인천지방법원 부천지원 2006년금제 2303호로 피고를 피공탁자로 하여 이 사건 토지에 관한 소유권이전 등기에 관한 서류 교부, 이 사건 토지의 인도, 별지 건물 목록 각 건물의 철거와 동시이행 조건으로 잔금 943,000,000원을 공탁하였다.

(2) 원고는, 하우공영을 경영하던 원고의 대리인 이지학이 2000. 9.경 기노걸의 진정한 의사를 확인한 후 기노걸을 대신하여 서명, 날인하는 방식으로 원고와 기노걸 사이에 이 사건 토지에 관한 부동산 매매계약서(갑 제3호증의 3)가 작성됨으로써 위 계약서와 같은 내용의 매매계약이 체결되었으므로 기노걸로부터 이 사건 토지의 소유권 및 매도인의 지위를 상속한 피고는 원고에게 이 사건 토지에 관한 소유권이전등기 및 인도, 이 사건 토지 위의 건물을 철거할 의무가 있다고 주장하고, 이에 대하여 피고는 위 매매계약서 및 기노걸이 원고로부터 토지의 매매대금으로 983,000,000원을 지급받았다는 취지가 기재된 영수증(을 제4호증)은 전부 이지학 등에 의하

여 위조된 것이라고 다투자, 재심대상판결은 다음 (가), (나)와 같은 이유로 위 각 서증의 진정성립을 인정한 다음, 갑 제3호증의 3의 기재에 의하여 원고는 2000. 9.경 기노걸과 사이에, 위 동아건설과의 1997. 9. 1.자 매매계약을 승계하되, 승계계약 후 6개월 이내에 잔금 983,000,000원을 지급하고, 기노걸은 잔금 수령시 소유권이전등기서류를 교부하고, 토지를 인도하며, 잔금 지불기일전까지 지상물 일체(미등기 건축물 포함)를 책임지고 철거하기로 하는 내용의 계약을 체결한 사실을 인정하였다.

(가) 피고의 친구인 이지학이 2000. 9.경 기노걸과 사이에 이 사건 토지의 매매에 관한 합의를 하고, 이지학의 사무실에서 작성하여 온 기노걸의 이름, 주소, 주민등록번호가 기재된 이 사건 계약서에 기노걸로부터 막도장을 건네받아 날인을 하고, 기노걸이 가르쳐준 농협 계좌번호를 적었다는 취지의 증인 A의 증언, 이지학 등으로부터 위와 같이 작성된 계약서를 받아 원고가 유진종합건설에게 대금을 지급한 날짜로 맞추어 이 사건 계약서의 작성일자란에 1999. 11. 24.로 기재하였다는 취지의 증인 B의 증언, 기노걸이 2004. 8. 20. 사망하기 전부터 피고가 기노걸을 대신하여 원고에게 잔금지급을 요청하였고, 이에 원고가 엠지코리아에게 이 사건 토지와 관련한 모든 권리를 양도한 사실을 알려주면서 위 회사와 상의해보라고 하자, 피고가 엠지코리아에게 대금지급을 요구하여 엠지코리아로부터 2003. 7. 25. 500만 원, 2003. 8. 22. 500만 원, 2003. 12. 15. 1,000만 원, 2004. 2. 26. 500만 원, 2004. 5. 24. 1,000만 원, 2004. 7. 5. 500만 원 합계 4,000만 원을 지급받은 사실을 인정할 수 있

는 갑 제6호증의 1 내지 6, 제22호증의 1 내지 5의 각 기재, 제1심 증인 최00의 증언(이에 대하여 피고는, 위 돈은 매매대금이 아니라 엠지코리아 대표이사인 최0철로부터 개인적으로 빌린 돈에 불과하다는 취지로 주장하나, 위에서 든 증거들에 변론 전체의 취지를 종합하면, 피고와 최0철은 위 아파트 건설사업을 하는 과정에서 처음 만나 알게 된 사이이고, 위 돈을 입금한 명의인은 최0철이 아닌 엠지코리아인 사실을 알 수 있고, 여기에 피고는 차용증서도 제출하지 못하고 있는 점에 비추어 보면, 피고의 위 주장은 믿기 어렵다)에 변론 전체의 취지를 종합하면 위 각 서증이 기노걸의 진정한 의사에 의하여 작성된 것이라고 봄이 상당하다.

　　(나) 비록 갑 제3호증의 1, 2, 3, 제10호증, 을 제1호증, 제11, 12호증의 각 1, 2, 제16, 17, 19호증, 제20호증의 1 내지 7, 제21호증, 제25호증의 1, 2의 각 기재에 의하면, 기노걸과 동아건설 사이에 작성된 다른 계약서(갑 제3호증의 1, 2)에 기재된 기노걸의 서명 및 인영은 한자로 되어 있지만 이 사건 계약서에 기재된 기노걸의 이름은 한글로 적혀 있고, 인영도 소위 막도장에 의한 것으로서 그 안의 이름도 한글로 되어 있으며, 입회인인 유진종합건설의 날인이 없는 점, 이 사건 계약서에 매매대금의 입금계좌로 기재된 농협 241084-56-002254 계좌는 1997. 9. 1. 동아건설로부터 계약금 및 1차 중도금 294,000,000원이 송금된 후 1997. 9. 24. 해지되어 폐쇄된 계좌이고, 기노걸은 같은 날 농협 241084-56-002402 계좌를 개설하여 1997. 11. 5. 동아건설로부터 2차 중도금 688,100,000원을 송금받은 점, 이 사건 계약서를 작성한 이지학이 경영하는 하우공영과 유진종합건설 사이의 토지매매계약에 관한 용

역대행계약서의 작성시기는 2000. 2. 무렵으로 이 사건 계약서의 작성일자로 기재되어 있는 1999. 11. 24. 이후인 점, 유진종합건설은 2000. 7. 28.경 기노걸에게 '동아건설로부터 승계받은 부동산 양도권리를 인정하지 않음에 따라 개발이 지연되고 있고, 토지수용권을 부여받아 사업을 시행하고자 한다'는 취지가 담긴 내용증명우편을 보낸 점, 원고가 2000. 12. 13. 기노걸의 옆집에 사는 허창 소유의 김포시 고촌면 향산리 61-2 전 394평 등 6필지 토지에 관하여 위 각 토지를 매수한 동아건설로부터 위 각 토지에 관한 매수인의 지위를 승계하였음을 이유로 이에 관한 계약서 및 영수증(이 사건 계약서 및 영수증과 형식이 동일하고, 매도인 및 영수인 허창 옆에 소위 한글 막도장이 찍혀 있으며 작성일자는 각 2000. 1. 7.로 되어 있다)을 첨부하여 부동산처분금지가처분신청을 하여 2000. 12. 20. 서울지방법원 2000카합3535호로 위 각 토지에 관하여 부동산처분금지가처분결정이 내려졌으나, 허창이 2001. 4. 17.경 위와 같은 원고의 지위 승계를 승낙한 바 없고, 위 계약서 등은 위조된 거시라고 주장하면서 원고에게 소취하를 요구한 후 원고가 법원의 제소명령에도 불구하고 소를 제기하지 않아 2001. 8. 13. 서울지방법원 2001카합1537호로 위 부동산처분금지가처분결정이 취소된 점을 인정할 수 있다 하더라도,

유진종합건설 등이 다른 지주와 체결한 원고 명의의 매매계약서로서 위조되지 않은 것으로 보이는 계약서 중에도 매도인의 도장이 막도장으로 되어 있거나, 입회인의 날인이 없는 계약서가 존재하는 점(갑 제16호증의 1, 6), 피고는 현재까지도 위 폐쇄된 농협계좌

의 통장을 소지하고 있어(다툼이 없는 사실) 기노걸도 위 계약서 작성 당시 위 2개의 통장을 모두 소지하고 있었을 것으로 보이고, 계좌번호는 통장의 첫 장을 넘기면 바로 알 수 있지만 계좌의 폐쇄 여부는 통장을 마지막 면을 보아야 알 수 있는 관계로, 이 사건 계약 당시 75세의 고령이던 기노걸이 착오로 폐쇄된 계좌번호를 불러줄 가능성도 존재하는 점, 만약 원고, 유진종합건설이나 이지학이 동아건설로부터 받았거나 매매계약 대행과정에서 이미 알고 있던 기노걸의 계좌번호를 이용하여 이 사건 매매계약서를 위조하였다면 위와 같이 폐쇄된 계좌가 아니라 2차 중도금이 지급된 계좌번호를 적었을 것으로 보이는 점,

이 사건 계약서의 실제 작성시기는 2000. 9. 일자 미상경으로서 계약서상 작성일자는 소급하여 기재된 점(증인 A, B), 허창에 관한 위와 같은 사정만으로는 허창에 관한 위 계약서가 위조되었다고 단정하기 어려울 뿐만 아니라 가사 허창에 관한 위 계약서가 허창의 승낙을 받지 않고 작성되어 위조된 것이라 하더라도, 이지학은 2000.경 매매계약의 체결을 위해 허창 및 기노걸의 집을 수차례 방문하였는바(갑 제31호증, 을 제25호증의 1), 기노걸은 이 사건 계약서의 작성을 승낙하였을 수도 있는 점 등에 비추어, 그러한 사정만으로 이와 달리 보기 어렵다.

2. 재심사유의 존부
가. 피고의 주장
피고는 이 사건 재심청구원인으로, 재심대상판결은 위와 같이 제

/ 확증편향 /

1심 중인 A의 증언을 증거로 삼아 갑 제3호증의 3의 진정성립을 인정하고 이를 바탕으로 기노걸이 원고와 사이에 이 사건 토지에 관하여 매매계약을 체결하였다 하여 원고의 피고에 대한 청구를 인용한 제1심 판결을 유지하고 피고의 항소를 기각하는 판결을 선고하였으나, 그 후 위 A의 증언에 대하여 위증의 유죄판결이 확정되었으므로 이 사건 재심대상판결에는 민사소송법 제451조 제1항 제7호 소정의 재심사유가 있다고 주장하면서 위 재심대상판결의 취소를 구하고 있다.

나. 판단

(1) 위증의 유죄확정판결과 재심사유

갑 제39호증, 을 제37호증, 을 제38호증, 을 제39호증, 을 제41호증의 25, 을 제42호증의 7, 20, 24, 47, 71, 72, 75, 을 제43호증의 24, 을 제56호증의 각 기재 및 재심 후 당심 증인 C의 증언에 변론 전체의 취지를 종합하면, 유진종합건설에 근무하던 제1심 증인 A의 이 사건 재심대상판결 재판과정에서의 일부 증언이 위증이라 하여 서울중앙지방법원 2008고단3739호 사건에서 2009. 5. 22. 유죄판결이 선고되어 2009. 5. 30. 확정된 사실을 인정할 수 있다.

그러나, 민사소송법 제451조 제1항 제7호 소정의 재심사유인 '증인의 거짓 진술이 판결의 증거가 된 때'라 함은 증인의 거짓 진술이 판결 주문에 영향을 미치는 사실인정의 자료로 제공되어 만약 그 거짓 진술이 없었더라면 판결 주문이 달라질 수 있는 개연성이 인정되는 경우를 말하는 것이므로, 그 거짓 진술이 사실인정에 제공된 바 없다거나 나머지 증거들에 의하여 쟁점 사실이 인정되어 판결 주문에 아무런 영향을 미치지 않는 경우에는 비록 그 거짓 진술이 위증으로 유죄의 확정판결을 받았다 하더라도 재심사유에 해당하지 않는다 할 것이다.

(2) A의 위증이 재심대상판결의 주문에 영향을 준 것인지 여부
  (가) 재심대상판결의 제1심에서 A이 한 증언 내용의 요지
  ① 증인과 이지학 등은 10여 차례 기노걸의 자택을 방문하여 계약체결을 협의한 바 있었으나 기노걸은 아들과 상의하고 계약을 하겠다고 하면서 잘 응하지 않았다. 그러다가 2000년 9월 또는 10월경 증인과 이지학이 기노걸의 자택을 방문하여 인수매매계약이 성사되었는데 이때 기노걸은 동아건설과의 매매계약 금액보다 좀 더 올려줄 것을 요구하였으나 증인과 이지학은 당시로서는 최고금액에 해당하여 곤란하다고 설득하여 종전금액대로 계약이 성사되었다.
  ② 당시 기노걸은 노환으로 몸이 불편하여 서랍에서 도장을 가져와 이지학에게 주었고, 이지학은 건네받은 도장으로 기노걸의 이름과 주소, 주민등록번호를 미리 기재하여 가지고 온 토지매매계약서에 날인을 하였으며, 피고인은 옆에서 이를 모두 지켜보았다. 기노걸이 서랍에서 꺼낸 도장은 막도장이었다. 기노걸이 피고의 친구인 이지학에게 반말로 도장이 여기 있으니 찍으라고 하였다. 기노걸이 도장을 준 것이 맞다.
  ③ 위 토지매매계약서상의 계좌번호는 계약서 작성 당시 기노걸로부터 직접 듣고 이지학이 기재한 것으로 기억한다. 계

확증편향

좌번호는 기노걸로부터 듣고 현장에서 적은 것이다. 기노걸이 불러주는 대로 이지학이 적는 것을 틀림없이 봤다. 증인이 참여한 가운데 기노걸이 불러주는 계좌번호를 기재하였기 때문에 이지학이 임의로 기재했다는 것은 있을 수 없는 것으로 알고 있다. 증인이 옆에서 보고 있었고 이지학이 직접 썼다.

(나) A의 위증에 대한 유죄확정판결의 내용

을 제39호증, 을 제42호증의 7, 75의 각 기재에 의하면, 위 A의 증언 중 ②, ③ 부분에 관하여 위증으로 공소가 제기되었으나 그중 ③ 부분에 한하여 유죄의 확정판결이 있었고 나머지 ②부분에 대하여는 무죄가 선고되어 확정된 사실을 인정할 수 있다. 즉 A이 선고받은 위증죄 확정판결의 내용은, A은 사실은 2000년 9월 또는 10월경 이지학이 기노걸에게 찾아가 토지매매계약서에 기노걸이 불러주는 계좌번호를 기재하는 것을 본 사실이 없는데도 불구하고 그 기억에 반하여 위 ③증언 내용과 같이 허위의 진술을 하였다는 것이고, 위 ②증언 부분은 증거부족을 이유로 무죄가 선고되었다.

(다) 앞서 본 재심대상판결의 내용에서 갑 제3호증의 3의 진정성립을 인정하기에 이른 경위와 위에서 본 제1심 증인 A의 증언 중 유죄가 인정된 허위 진술 부분 및 무죄로 된 나머지 진술의 내용에 비추어 보면, A의 증언 중 허위의 진술로 인정된 부분은 갑 제3호증의 3의 진정성립에 관한 간접적인 사항으로서 토지매매계약서에 기재된 계좌번호가 당시 이미 폐쇄된 계좌의 번호임이 밝혀져 그 증명력

이 약한 반면, 오히려 무죄로 된 진술내용은 값 제3호증의 3의 진정성립에 관한 직접적인 사항으로서 증명력이 높은 것이어서 유죄가 인정된 A의 허위 진술 부분을 제외한 나머지 증언 및 변론 전체의 취지에 의하더라도 갑 제3호증의 3의 진정성립을 인정하기에 충분한 것이므로, 결국 A의 위증 부분은 이 사건 재심대상판결에 있어서 그 사실인정과 판결 주문에 아무런 영향을 미친 바 없다 할 것이다.

한편, 갑 제3호증의 3이 위조되었다는 피고의 주장에 부합하는 을 제36호증, 을 제42호증의 27-②, 을 제43호증의 21-②, 을 제56호증의 각 기재는 재심 후 당심 증인 C의 증언 및 을 제42호증의 47의 기재에 비추어 믿기 어렵고, 재심후 당심에서 제출된 증거까지 살펴보아도 달리 이를 인정할 만한 증거가 없다.

3. 결론

그렇다면 피고의 이 사건 재심청구는 이유 없으므로 이를 기각하기로 하여, 주문과 같이 판결한다.

재판장	판사	조영철
	판사	이태우
	판사	박준민

토지 목록

/ 확증편향 /

1. 김포기 고촌면 향산리 62-2 대 255㎡

1. 김포기 고촌면 향산리 62-5 대 36㎡

1. 김포기 고촌면 향산리 65-8 대 539㎡ (163평)

1. 김포기 고촌면 향산리 65-12 전 284㎡ (86평)

1. 김포기 고촌면 향산리 65-20 대 322㎡

1. 김포기 고촌면 향산리 67-1 대 1,815㎡. 끝.

건물 목록

1. 가. 김포기 고촌면 향산리 65-2 지상 목조 주택 34㎡

   나. 김포시 고촌면 향산리 65-2 외 1필지 지상 조적조 주택 85.59㎡

2. 김포시 고촌면 향산리 65-8 지상 목조 주택 36㎡, 목조 주택 17.52㎡

3. 가. 김포시 고촌면 향산리 67-1 지상 토담 주택 36.93㎡

   나. 김포시 고촌면 향산리 67-1 지상 목조 주택 44.63㎡ 목조 주택
      45.36㎡

   다. 김포시 고촌면 향산리 67-1 지상 목조 주택 14.76㎡

   라. 김포시 고촌면 향산리 67-1 지상 목조 주택 35.58㎡, 목조 주
      택 18.75㎡. 끝.

[판결의 해설1: 증인의 거짓 진술이 판결의 증거가 된 때…재심사유]

제1심 증인 A의 '계좌번호 관련 진술'은 위증죄의 유죄로 선고됐고, 검찰이 항소하지 않음에 따라 조기에 확정됐습니다. 나는 곧바로 종전에 확정된 2심 판결(서울고등법원 2007나5221호)에 대한 재심의 소 준비에 착수했습니다. 민사소송법 제451조 제1항 제7호에서는 '증인의 거짓 진술이 판결의 증거가 된 때'에 재심의 소를 제기할 수 있다고 규정하고 있습니다.

증인 A는 제1심 변론기일에서 "2000년 9~10월경 이 사건 계약서 작성 당시 기노걸은 통장을 보고 계좌번호를 불러주었고, 이지학이 그 계좌번호를 현장에서 직접 계약서에 기재하는 것을 보았다"라고 증언했습니다. 그런데 이 사건 계약서에 기재된 계좌번호는 이지학의 글씨가 아니었습니다. 즉 이지학이 기재해 넣는 것을 보았다는 A의 증언은 거짓이었습니다. A의 거짓 증언은 2006년 7월 25일 제4차 변론기일과, 2006년 11월 28일 제7차 변론기일에서 있었습니다. 그중 제7차 변론기일 증인신문조서 내용을 그대로 보면 아래 [표9]와 같습니다.

[표9. A의 증인신문조서]

(서울중앙지방법원 2005가합99041호. 2006. 11. 28. 변론조서 중 일부)

서울중앙지방법원

증인신문조서

(2006. 11. 28. 7차 변론조서의 일부)

/확증편향/

사　　건　　2005가합99041　　　　소유권이전등기 등

증　인　이　름　　　A

　　　　　　　　생년월일

　　　　　　　　주　　소

재판장 판사

　증인에게 제4차 변론기일에 행한 선서의 효력이 유지됨을 고지하고 선서를 시키지 아니하였다.

　다음에 신문할 증인들은 법정 안에 있지 아니하였다.

원고(현대건설) 대리인

1. 문: 증인이 2006. 7. 25.에 증언한 내용은 다 사실 그대로이지요.

   답 : 예.

2. 문: 그런데 망 기노걸로부터 매매계약서를 서명날인 받을 때 계약서상에 기재된 통장번호가 그 당시 이미 해지된 통장이었다고 하는데 어떤가요.

   답: 남의 통장이 해지가 되었는지는 전혀 알 수가 없고 보통 사람이라면 통장번호도 알 수가 없습니다. 왜냐하면 보호 원칙에 의해서 보여 주지도 않거니와 증인이 가도 주민등록번호를 안 대면 내 것인데도 안 알려주기 때문에 임의로 쓸 수가 없습니다.

3. 문: 피고는 망 이지학이 동아건설로부터 망인의 통장번호를 입수하여 임의로 적어 넣었을 것이라고 주장하는데 어떤가요.

   답 : 증인은 그에 대해서 전혀 모릅니다.

4. 문: 동아건설로부터 통장번호를 입수한 적이 있나요.

   답 : 전혀 없습니다.

5. 문: 망인이 불러주는 대로 이지학이 적는 것을 봤다는 것은 틀림 없는 것이지요.

   답 : 예.

(갑 제22호증 제시)

6. 문: 증인이나 망 이지학이 매수승계작업을 할 때 원고회사로부터 이 표만을 받아서 이 내용을 토대로 다시 매도인들과 매매대금 등 매매조건을 협상하여 승계매수 계약을 체결하였지요.

7. 문: 여기에는 계약총금액, 평수, 계약금과 중도금을 지급한 날짜 및 금액이 적혀 있기 때문에 이 내용을 토대로 해서 다시 매도인 들과 협상을 해서 추가로 안 간 대금에 관해서만 이야기를 해서 계약한 것이지요.

   답 : 예.

8. 문: 위 표에 적힌 내용 외에 망인과 동아건설과의 매매계약서가 어떤 내용이었는지 알고 있나요.

   답 : 모릅니다. 최고금액이라는 것만 알고 있었습니다.

9. 문: 또 망인이 어떤 방법으로 매매대금을 받았는지 모르지요.

   답 : 예.

10. 문: 또 알 필요가 있었나요.

    답 : 없습니다. 갑 제22호증만 있으면 되기 때문입니다.

11. 문: 어떤 계좌로 받았는지 알 수 있는 방법이 있나요.

    답 : 모릅니다.

12. 문: 그러므로 망 이지학이 망인의 통장 계좌번호를 입수하여 임

확증편향

의로 기재한다는 것은 있을 수 없는 일일뿐 아니라, 증인이 참여한 가운데 망인이 불러주는 통장번호를 기재했기 때문에 망 이지학이 임의로 기재했다는 것도 사실일 수가 없지요.

답: 있을 수 없는 것으로 알고 있습니다.

피고 대리인

1. 문: 증인은 전회의 증인신문절차에서 '계약서 중간의 계좌번호는 실명제 때문에 직접 불러주어야 하고, 이 사건 계약서 작성 당시 망 기노걸으로부터 직접 듣고 이지학이 기재하였다'고 진술하였는데 사실인가요.

   답 : 예.

2. 문: 전회 신문절차에서 계좌번호는 아무리 글을 못써도 본인이 직접 쓰라고 했다는데 그때는 왜 기노걸이 직접 안 썼나요.

   답 : 증인이 옆에서 보고 있었고 이지학이 직접 썼습니다.

3. 문: 그러면 이지학이 미리 써 온지도 모르겠네요.

   답 : 미리 써 왔다는 것은 추측이고, 계약서를 하나하나 넘기면서 씁니다.

4. 문: 넘기면서 쓸 것이 계좌번호와 무엇이 있나요.

   답: 주민등록번호를 물어볼 것입니다.

5. 문: 주민등록번호는 안 나왔는데 어떤가요.

   답 : 그러면 주소를 정확하게 물어봅니다. 그 외에는 물어볼 것이 없습니다.

6. 문: 현재 증인의 나이가 얼마나 되는가요.

   답 : 65세이고 당시는 59세였습니다.

7. 문: 증인은 현재 나이가 많고 목격한 사실이 오래된 것이라서 잘 못 생각하고 증언한 것은 없나요.

답 : 기자 출신으로 그것만은 정확하고 잘못 생각한 것은 없습니다.

8. 문: 3년 전에 망 기노걸이 통장번호를 불러줘서 이지학이 썼는데 통장을 보고 불러주었나요.

답 : 여기에 적힌 것을 봐서는 기노걸이 통장을 보면서 불러줬을 것이라는 것이지 정확한 기억은 없습니다.

9. 문: 미리 적어 왔는지 그 자리에서 적었는지 기억이 있나요.

답 : 분명히 계좌번호를 제일 먼저 물어봅니다. 넘기면서 계좌번호가 비어 있어서 그 자리를 쓰게 되어 있습니다. 기노걸이 통장을 보면서 했는지 여부는 기억나지 않지만 그랬을 것입니다.

10. 문: 기노걸이 동아건설과 계약할 때 이지학이 중재한 것을 알고 있나요.

답 : 모릅니다. 우리는 현대측과 같이 하면서 접촉을 했지 그 전에 사건은 아무 것도 모릅니다.

원고 대리인

1. 문: 이지학이 주로 역할을 하고 증인이 옆에서 거드는 형식이 되었다고 하는데, 원래 원고회사로부터 매수용역을 받은 것은 증인이 전무로 있던 유진건설이지만 유진건설이 현지 사정을 잘 모르기 때문에 같은 동네에 거주하면서 하우공영을 경영하던 이지학을 끌여들여 이지학을 하여금 부분 용역을 해서 이지학이 나서서 지리를 잘 아는 자들과 매수작업을 한 것이지요.

답 : 예.

2. 문: 그리고 그곳에 증인이 따라간 것이지요.

   답 : 예.

3. 문: 남의 계좌번호를 현장에서 알 수 있는 방법이 있나요, 없나요.

   답 : 전혀 없습니다.

피고 대리인

1. 문: 증인이 토지매매계약을 하기 전에 이지학이 먼저 토지작업을 하고 있었 나요.

   답 : 2단지만 하고 있었고 위에는 다른 사람들을 시켜서 했습니다.

2. 문: 현대가 들어오기 전에 이미 작업은 진행되고 있었지요.

   답 : 예. 동아에서 한 것을 현대와 유진이 인수 받았습니다.

원고 대리인

1. 문: 이지학이 동아건설때도 했는지 알고 있나요.

   답 : 했을 것입니다.

재판장 판사

1. 문: 증인이 틀림없이 증언하는 것은 기노걸의 집을 이지학과 둘이서 찾아가서 이 사건 계약서를 기노걸의 앞에서 작성하고 도장 찍었다고 증언하는 것이지요.

   답 : 예.

2. 문: 계약서에 적힌 농협 계좌번호는 이지학이 제일 먼저 물어보고 받아 적은 것이 틀림없다는 것이지요.

   답 : 예.

3. 문: 그 계좌번호가 이미 계약서 작성 당시에는 해지되어서 사용할 수 없는 계좌번호인데 증인이 말이 맞다면 이런 일이 있을 수 있나요.

　답 : 증인도 그 부분을 전혀 모르겠습니다.

4. 문: 이미 해지된 계좌번호가 나왔다는 것은 증인 말과 비춰 봤을 때 이상한 것 아닌가요.

　답: 그것은 저희도 모르겠습니다. 저희들은 불러주는 대로 적으니까 다른 것은 없습니다. 그런데 그 통장이 무슨 통장인지 모르지만 농협을 중심으로 불러달라고 합니다. 왜냐 하면 농협에 돈을 의뢰하기 때문입니다.

5. 문: 그 계좌를 해지하고 새로 약정한 농협계좌가 있는데 왜 이미 해지된 번호를 불러 주었나요.

　답 : 그것은 도저히 알 수가 없습니다.

원고 대리인

1. 문: 그 당시 기노걸이 건강했나요.

　답 : 얼굴이 까맣고 병식이 있었습니다. 그래서 증인이 4번을 갔는데 들어오지 말라고 해서 문전에서 쫓겨난 적이 있습니다.

2. 문: 기노걸의 계약통장이 안 쓰던 것을 주었는지 또 나중에 일부러 안 주었는지 증인으로서는 알 수가 없는 것이지요.

　답 : 예.

이 사건 계약서에 기재되어 있는 기노걸의 농협 계좌번호가 1997년 9월 24일 자로 예금계약이 해지된 것이란 사실이 밝혀지자, 담당 재판부는 변론을 재개하고 A와 B를 다시 증인으로 소환합니다. 그게 제7회 변론기일입니다.

A는 위 변론기일에서 무려 십여 차례나 "이 사건 계약서에 기재된 계좌번호는 이지학이 현장에서 적어 넣은 것이 틀림없다"고 했습니다. "기자 출신으로 그것만은 정확하고 잘못 생각한 것이 없다"고 강조했습니다. 그런데 이게 모두 거짓으로 밝혀졌습니다. 진실만을 말하겠다고 선서까지 하고서도 반복하여 거짓말을 했고, 위증죄 유죄로 처벌까지 받았습니다. 그렇다면 A의 다른 진술은 어떻게 보아야 할까요? 유죄로 확정된 A의 허위 진술만 거짓이고 다른 진술은 모두 진실이라고 굳게 믿어야 할까요? 무려 6년 전 일인데 A 이외에는 아무도 본 사람도 없다고 하니, 이러한 A의 말은 모두 진실이라고 믿어야 하는 것일까요? 정말로 A가 '계좌번호 기재 정황' 관련 부분만을 거짓으로 진술한 걸일까요?

오로지 진실만을 말하겠다고 선서까지 하고서 거짓말을 한 증인의 다른 진술은, 객관적인 증거로 뒷받침되지 않는 한 그 진실성을 담보할 수가 없습니다. A의 다른 진술 어느 부분에 또 거짓말이 있을지 그 누구도 알 수 없습니다. 아직 거짓이 밝혀지지 않은 것일 뿐이라는 합리적 의심을 충분히 할 수 있습니다. A의 다른 진술이 진실성을 담보할 객관적인 증거로 뒷받침되기 전까지는, 그 진술을 함부로 믿어서도 안되고, 함부로 재판의 증거로 사용해서도 안

됩니다. A는 위증죄의 유죄판결을 받은 증인이기 때문입니다. 만일 그런 증인의 진술을 증거로 판결을 선고한다면, 그 판결은 신뢰성을 크게 잃을 것입니다.

제1심의 핵심 증인 A의 '계좌번호 관련 진술'이 위증죄의 유죄로 확정된 사실만으로 민사소송법 제451조 제7항의 재심사유는 충족되었습니다. 이러한 사실에도 불구하고 A의 '도장 날인 관련 증언'을 근거로 기의호의 재심청구를 기각하려면, 현대건설은 A의 '도장 날인 관련 증언'이 진실이라는 객관적인 증거를 제출해야 합니다. 왜냐하면 애초부터 기노걸이 이 사건 계약서를 작성했다는 사실은 현대건설이 입증해야 할 사항이기 때문입니다. 비록 형사재판에서 '증거불충분'을 이유로 이 부분에 무죄가 선고되었으나, 그건 검사가 유죄의 확실성을 입증하지 못했다는 의미일 뿐 A의 도장날인 관련 증언에 진실성이 인정되었다는 뜻은 아닙니다.

현대건설은 이러한 증거를 전혀 제출하지 못했습니다. 진실이 아니기 때문에 달리 입증할 수도 없었을 것입니다.

[판결의 해설2: C에 대한 증인신문조서]

2009년 10월 14일, C에 대한 증인신문이 이루어졌습니다. 변론시간보다 조금 일찍 법정에 도착하니 C와 B, 그리고 현대건설 소송대리인이 미리 나와 있었습니다. C는 법정 구석에 앉아 무언가를 펼쳐놓고 열심히 암기하고 있었습니다. 가까이 가서 보니, 내가 미리 보내준 증인신문사항에 답변 내용을 빽빽하게 적어 놓고는 열심히 암기하고 있었습니다. 기억나는 대로 진술하면 될 텐데, 미리 적어온 답변 내용을 암기하느라 사람이 가까이 오는 것도 모르고 있었습니다. C에 대한 증인신문은 무려 2시간이 넘게 진행됐는데, 요약하면 다음과 같습니다.

[표10. C에 대한 증인신문조서]

(2009재나372 재심의 소, 2009. 10. 14. 변론조서 중 일부)

기의호 측 신문에 대한 답변

1. 2008년 3월 20일 경 안천식 변호사가 전화로 기노걸 명의의 부동산 매매계약서와 관련하여 방문을 요청했다.

2. 증인은 꼭 갈 필요성을 느끼지 못했으나, 안 변호사가 신변의 불이익이 생기겠다고 하고, 기의호가 협조해주면 평생 먹고 살만한 돈을 주겠다고 하여 방문했다.

3. 증인은 안 변호사가 열람시켜준 서류들을 모두 검토한 뒤, 이 사건 매매계약서에 기재된 필체가 증인의 필체임을 확인했다.

4. 2008년 4월 4일자 진술서는 당시 증인의 말을 토대로 안천식 변호사가 타이핑을 하고, 다시 증인이 재차 확인한 후 날인하였으며, 증인이 직접 공증인가 법률사무소에 가서 인증했다.

5. 안천식 변호사는 2008년 4월경 증인에게 사문서 위조로 고소를 당할 수 있다고 하였고, 기의호는 이 건에 대해 협조만 해준다면 평생 먹고 살 수 있게 해주겠다고 회유했다.

---

6. 기의호의 회유는 2008년 3월 30일 경 안천식 변호사와 통화가 끝난 직후 바로 "평생 먹고 살 수 있게 해줄 테니까 협조해 달라"고 하였다.

7. 증인은 기의호의 얼굴은 보지 못하였고 목소리도 그날 처음 들었다.

8. 증인은 기의호의 그런 말에 속아서 협조해준 것이다.

9. 증인은 2008년 6월경에 안천식 변호사 사무실을 방문한 적이 있고, 2008년 8~9월경에는 방문하지 않았다.

10. 증인이 2008년 6월경 안천식 변호사를 마지막으로 찾아간 것은, 기의호가 증인에게 제의한 것에 대해 얼마를 받을 수 있는지 확인하려는 차원에서 기대심으로 가보았던 것이다. 증인은 안천식 변호사에게 돈을 차용해 달라는 이야기는 하지 않았다.

11. 기의호가 얼마를 지급하겠다고 금액은 이야기하지 않았으나 2~3억 정도 되지 않을까 생각했고, 이를 확인차 안 변호사를 찾아간 것이다.

12. 안천식 변호사를 마지막으로 찾아간 것은 마침 서울에 일이 있었기 때문에 겸사겸사 찾아간 것이지, 전날 미리 전화를 하지는 않았다.

13. 증인은 기의호를 두 차례 만난 사실이 있는데, 2008년 4월과 200년 7~8월경이다.

14. 증인이 2008년 7~8월경에 기의호를 찾아간 것은, 안천식 변호사에게 찾아갔을 때 기의호에게 직접 이야기할 사항이지 대신 이야기할 사항이 되지 않는다고 했기 때문에, 증인이 당시 다니던 회사 사장님과 함께 확인 차 찾아간 것이다.

15. 기의호는 협조를 해달라는 이야기만 했고, 약정을 하지는 않았다.

16. 증인은 2008년 7월경 현대건설의 B를 부천 다방에서 만났다.

17. 증인은 B에게, 기의호가 평생 먹을 것을 보장해주었다고 이야기했고, 안천식 변호사가 고소를 하겠다고 하여 어쩔 수 없이 허위 진술서를 작성해주었다고 이야기했다.

18. 증인은 이지학 사장으로부터 군인 장교 출신 친구가 있다는 이야기를 들었고, 기의호의 아버지가 기노걸이라는 이야기도 들었다.

19. 지난 형사 법정에서 기노걸을 전혀 모르는 사람이라고 한 것은, 이름만 알고 있지 직접 만난 사실은 전혀 없었다는 의미이다.

20. 증인은 1999~2000년 당시 이지학이 주택개발 사업에 필요한 주민동의서 작성을 위하여 향산리 주민들의 막도장을 큰 비닐봉지에 넣고 다녔던 사실에 대하여는 기억이 없다.

21. 지난 형사법정 증인신문 시 증인이 "당시 이지학은 주민동의서 작성을 위하여 향산리 주민들의 막도장을 가지고 있었다"라고 진술했는데, 이는 잘못된 기억이다. 이지학이 도장을 가지고 다녔는지는 보지 못하였기 때문에 모른다.

현대건설 측 반대신문에 대한 답변

22. 2008년 4월 4일 안천식 변호사 사무실에 가서 진술서를 작성할 당시에는, 안천식 변호사로부터 심리적인 압박을 받았고, 한편으로는 돈을 주겠다는 기의호의 제의가 있었기 때문에 협조를 해달라고 이야기한 것이 가슴에 와 닿았다. 그래서 그 당시에는 이지학 사장이 그 자리에서 도장을 찍었다고 진술서를 작성해주었는데, 지금에 와서 생각을 해보니까 그것은 사실이 아니다. 왜냐하면 증인이 하우공영에 있을 때 향산리 지주작업을 하면

서 업무의 편의와 효율성을 위해 계약서의 인적 사항은 미리 작성해 가는 경우가 상당히 많이 있었고, 영수증 자체도 그렇게 써 가는 경우가 있었다. 만약 당시에 이지학이 도장을 직접 찍었다면 기노걸의 계약을 위해 수시로 기노걸을 찾아가서 애타게 계약을 해달라고 하지 않았을 것이고, 나중에 2000년 가을쯤 계약이 체결되었다면서 자축하는 의미의 회식도 하지 않았을 것이다. 그러므로 처음에 진술서를 작성할 당시에는 잘못 생각했던 것뿐이고, 나중에 현대건설 측에 그 진술이 잘못된 것이라는 이야기를 하였다.

23-1. 증인이 B를 처음 만났을 때 안천식 변호사 사무실에 가서 인증서를 공증 받은 때의 내용과 방배경찰서 조사과에 가서 받았던 조서 내용에 대해서 물어보았는데, B로부터 정황 설명을 듣고 난 후 이지학이 하우공영 사무실에서 날인을 한 것이 아님을 알게 되었다. 그리고 이지학이 계약을 하기 위해 했던 수많은 노력과 시간들로 비추어 보아 그 당시에는 작성하지 않았고, 그 자리에서 날인을 하였다면 사문서 위조가 되는 사항이다.

23-2. 당시 B는 사실이 무엇이냐고 물어보았지 화를 내거나 항의를 한 것은 아니었다.

24. 이지학이 향산리 주민들의 도장을 가지고 다녔는지에 대해서는 모르고, 계약은 당사자 간에 이루어지는 것으로 알고 있다.

기의호 측 재신문에 대한 답변

25. 증인이 현대건설에 작성해준 2008년 12월 18일자 진술서는 B가 어느 정도 초안을 만들어온 상태에서 증인이 작성했다.

26. 증인이 형사 법정에서 증인으로 출석했을 때, "당시 이지학이 주민동의서 작성을 위하여 향산리 주민들의 막도장을 가지고 있었던 것은 맞나요?"라는 검사의 질문에, 증인은 "예"라고 대답했는데, 이는 잘못된 기억이다.

(2008년 9월경 안천식과 C와의 대화 녹취록 제시)

27. 문 : 증인은 위 녹취록 4페이지에서, "그러니까 어차피 진짜 정의를 위해서 올바른, 진짜 어떻게 보면 거짓말 치는 사람이 큰소리치는 사회잖아요. 그거를 어떻게 좀 제대로 해볼까 하는 그런 심정에서 이렇게 해 드렸던 부분인데"라고 하였고, 증인이 안천식 변호사에게 온 이유가 "200만 원을 빌려 달라"고 하기 위한 것이라고 되어 있는데, 아닌가요?

    답 : 그런 기억은 없고, 기의호의 제안을 확인하기 위해서 안천식 변호사를 찾아갔던 것이고, 안천식 변호사도 서울에 올 일이 있거나 궁금한 사항이 있으면 항시 방문을 하라는 이야기를 했기 때문에 불쑥 찾아간 것입니다.

28. 문 : 녹취록 뒷부분에는, "제가 어제 전화로도 말씀드릴 수도 있는 부분이지만, 예의도 아닌 것 같고 또 민감하고 그렇기 때문에 한번 이렇게 온 겁니다"라고 되어 있는데, 아닌가요?

    답 : 그래서 증인이 전화를 하지 않고 불쑥 찾아간 것입니다.

현대건설 측 재반대신문에 대한 답변

29. 안천식 변호사가 제출한 녹취록에는 2008년 8월 20일이라고 되어 있으나, 증인이 안천식 변호사를 만난 것은 2008. 6월경이다.

30. B를 만나서(2008년 7월) 진술서 내용이 사실과 다르다는 이야기를 한 후, 그 이후로는 안천식 변호사를 찾아간 사실이 없다.

재판장 신문에 대한 답변

31. B를 만난 이후 안천식 변호사를 찾아간 적이 있다. 조금 전에 찾아간 적이 없다고 한 것은 시점이 잘 기억나지 않아서다.

32. 문 : 녹취록에 보면 증인이 안천식 변호사에게 찾아가서 돈을 달라는 이야기를 한 것으로 되어 있는데, 사실인가요?

    답 : 그것이 아니라, 기의호가 제의한 금액이 얼마나 되는지 확인하기 위해서 간 것이다.

33. 당시 하우공영 사무실에는 증인과 이지학만 있었고, 증인이 기재한 것은 분명히 기노걸의 것과 허창 것밖에는 없다.

34. 문 : 허창은 자신이 도장을 찍지 않았다고 하는데, 어떤가요?

    답 : 모르겠습니다.

35. 문 : 허창이 직접 찍지 않았다면, 이지학의 관여 없이 도장이 찍힐 수는 없지요?

    답 : 그것은 증인이 알 수 없는 부분입니다.

36. 증인이 안천식 변호사 사무실에 가서 진술서를 작성할 때, 계좌번호를 증인이 기재했다는 것은 이지학이 증인에게 글씨를 쓰게 한 것으로 글씨체가 맞기 때문에 사실대로 진술서에 기재한 것이고, 이지학이 도장을 찍었다는 부분은 사실이 아니지만 기의호가 돈을 준다고 했기 때문에 진술서를 써준 것이다.

37. 증인이 진술서를 쓴 목적은 오로지 돈을 받기 위한 것이었다.

38. 증인은 안천식 변호사가 기의호에게 직접 이야기하라고 하여 기

의호를 찾아갔는데, 금액에 대하여는 이야기하지 않았고, 기의
호가 보장해주겠다는 금액이 얼마이고, 시기는 언제인지 노골적
으로 물어보았다.

39. 기의호는 정확한 답변을 하지 않았고, 협조를 해주면 은혜를 잊
지 않겠다고 했다.

40. 안천식 변호사에게 간 것은 B를 만나기 전에 최종적으로 간 것
이다.

41. 안천식 변호사 사무실에 2008년 6월에 가서 돈 이야기를 했더니
기의호에게 가서 이야기를 하라고 했고, 2008년 7월경에 B를 만
난 것이다.

42. 이지학이 도장을 날인한 것이 사실이 아니라는 것은 B를 만나기
전부터 알고 있었다.

43. 안천식 변호사의 사무실에서 진술서를 작성할 때, 이지학이 도
장을 찍었다는 부분은 사실이 아닌 것을 알았지만 기의호가 돈
을 준다고 하기에 도장을 찍어준 것이다.

44. B를 처음 만났을 때 이지학이 도장을 찍어준 것은 사실이 아니
라는 이야기를 모두 했다.

45. 증인은 2008년 7월 B를 처음 만난 자리에서 B에게, 기의호가 증
인에게 평생 먹고 살 수 있는 만큼의 돈을 주겠다는 이야기를 했
다고 알려주었다.

46. 증인이 기의호에게 B를 만났다고 했더니, 기의호는 "현대건설
놈들 하는 일이 맨날 그렇고, 사기만 치려고 그런다"고 하였다.

47. 증인은 기의호에게 돈을 언제까지 얼마를 줄 것인지에 대해 확
답을 들으려고 간 것인데, 기의호가 대답을 회피했기 때문에 B

에게 2008년 12월 18일자 사실확인서를 작성해준 것이다.

48. 증인은 기의호에게는 돈을 요구했지만, 현대건설에게는 돈을 요구하지 않았다. 증인은 사실을 밝히고 싶었고 현대건설에서 제시한 것도 없었다.

현대건설 측 재재반대신문에 대한 답변

49. 문 : 증인은 B를 처음 만났을 때 바로 진술서를 작성해주었나요?
    답 : 아닙니다.

50. 문 : B가 진술서를 써달라고 증인에게 이야기했는데 증인이 연락이 잘 안 되었고, 연락이 되어 만나도 B가 초안을 만들어 온 것을 증인이 자꾸 수정을 했고, 그러다가 2008년 12월 18일에서야 증인으로부터 진술서를 받았는데, 증인이 피고로부터 돈을 받을 수 있을까 해서 현대건설 측에 진술서를 작성해주지 않고 있었던 것인가요.
    답 : 예, 증인은 평생을 먹고 살 수 있게 해주겠다는 피고의 말에 그랬던 것입니다.

- 2009년 10. 14. 〈증인C〉의 증인신문조서

(서울고등법원 2009재나372호)

재심 변론기일에서 C의 진술은 거침이 없었습니다. C는 이미 A의 위증 형사공판기일에 증인으로 출석해 한바탕 거짓말 소동을 벌인 적이 있습니다. 아마도 자신이 진술을 번복한 덕택에 A의 위증죄 형사사건이 벌금 500만 원 선에서 성공적으로 마무리된 것을 보고는, 자신감에 충만해 있었을 것입니다. 현대건설이라는 거대 기업과 막강한 변호사들이 자신의 뒷배가 되고 있다는 생각에, 한껏 고무되었을 수도 있습니다. 형사법정에서 금방 탄로가 날 거짓말을 했어도 아무런 문제가 없는데다가, 심지어 A의 위증죄 형사사건까지 가볍게 마무리되는 것을 보며, 그는 법정을 하나의 투전판쯤으로 여기는 인식을 가졌을지도 모르겠습니다.

처음에는 미리 메모한 답변 내용을 읽다가 재판부로부터 지적을 받기는 했지만, C는 시종일관 자신만만한 태도로 법정 진술에 임했습니다. 지난번 형사 법정에서 위축되어 벌벌 떨면서 진술할 때와는 완전히 다른 모습이었습니다. C의 진술 내용 중 몇 가지만 살펴보겠습니다.

첫째, C는 2008년 3월경 안천식 변호사가 사문서 위조로 고소를 당할 수 있다고 협박을 했고, 기의호가 협조해 주면 평생 먹고 살수 있게 해주겠다고 회유하여, 그 말에 속아 2008년 4월 4일 안천식 변호사 사무실을 방문하여 진술서를 작성해 주었다고 진술합니다(2번, 5번, 6번, 8번, 22번, 36번, 37번, 43번, 50번 각 진술 참조). 특히 재판장의 직권 신문에서는 "증인이 2008년 4월 4일자 진술서를 써 준 목적은 오로지 돈을 받기 위한 것"이라고 했고, 더 나아가

"안천식 변호사 사무실에서 진술서를 작성해 줄 때 이지학이 도장을 찍었다는 부분은 사실이 아니라는 것을 알았지만 돈을 받기 위해 진술서를 작성해 준 것"이라고 합니다(37번, 42번, 43번 진술 참조).

그런데 이러한 C의 진술은, 종전 피고인 A의 위증 형사공판기일에서 있었던 진술과는 완전히 다른 내용입니다. 당시 C는 재판장 질문에 "안천식 변호사에게 도장 날인 관련 진술은 하지도 않았는데, 안 변호사가 임의로 진술서에 이를 기재했고, 증인은 이를 제대로 인식 못한 상태에서 진술서를 작성하였다"고 대답했으나, 최종적으로 검사의 질문에서는 "안천식 변호사 사무실에서 계약서를 보면서 이야기가 오갔고, 증인이 안천식 변호사에게 '당시 인장은 이지학이 가지고 있던 막도장을 날인한 것으로 기억한다'고 진술한 것도 사실이다. 그런데 지금 생각해 보니까 기억을 잘못하고 착각해서 진술한 것이다"라고 했습니다.

C는 2009년 1월 21일, 피고인 A의 위증 공판법정에서는 '착각'에 의하여 2008년 4월 4일자 진술서를 작성해 주었다고 했는데, 불과 9개월이 지난 재심의 소 변론기일에서는 '착각'이 아니고, "거짓 진술서 내용을 인식했으나, '기의호가 돈을 준다는 말에 속아서', '처음부터 오로지 돈을 받은 목적'으로 거짓 내용의 진술서를 작성해 주었다"고 번복합니다. 하나의 사실에 대해 전혀 양립할 수 없는 2개의 진술을 아주 자신있게 하고 있습니다.

그렇다면 2개의 진술 중 최소한 어느 하나는 거짓이거나, 혹은 2개의 진술 모두가 거짓일 것입니다. 2개의 진술 모두 이를 뒷받침한 객관적인 증거는 없다는 점에서 모두 거짓일 개연성이 훨씬 큽니다.

둘째, C는 앞서 본 바와 같이 기의호와 그 소송대리인을 전형적인 범법자(협박, 회유)로 몰아가지만, 현대건설과 B에 대하여는 매우 호의적인 태도를 취합니다. 그는, 기의호에게는 돈을 요구했지만 현대건설에게는 돈을 요구하지도 않았으며, 단지 사실을 밝히고 싶어서 자진하여 번복 진술서를 작성해 주었다고 합니다(48번 진술 등). C는 기의호와 그 소송대리인과의 관계에서는 돈만 밝히는 모사꾼이었지만, 대기업 현대건설과의 관계에서는 실체진실을 밝히고 싶어 하는 정의의 사도라고 합니다.

그러나 현대건설 직원 B의 말은 다릅니다. B는 같은 변론기일에서 이렇게 말합니다. "C에게 시점이 맞지 않는다는 설명을 계속했고, A가 이야기하는 것과도 전혀 맞지 않는다는 이야기를 하면서 도장을 찍는 것을 직접 보았느냐고 물어보았더니 굉장히 곤혹스러워 하는 표정을 지었다. 2000년 7~8월경에 유진종합건설에서 계약을 빨리 해달라고 독촉하는 내용증명까지 기노걸에게 보냈는데, 그 전에 도장을 찍었다면 유진종합건설 측에서 내용증명을 보낼 리가 없다. C는 굉장히 곤혹스러워하고 답변을 제대로 하지 않고, 증인을 상대하지 않으려고 했다. 그래서 우리도 가만히 있지 않고 어떤 것이 정확한 것인지 밝히겠다고 하였다(『고백 그리고 고발』 제185면 이하 참조)."

같은 상황에 대한 두 사람의 진술은 이처럼 완전히 달랐습니다. 누군가는 거짓말을 하고 있습니다. 누가 봐도 C가 거짓말을 하고 있다고 생각할 것입니다.

셋째, 또한 C는 2008년 6월경 현대건설 직원 B를 처음 만난 자리에서 곧바로 "이지학이 도장을 찍었다는 진술서 내용은 사실이 아니며, 기의호가 증인에게 평생 먹고 살 수 있는 만큼의 돈을 주겠다고 한 말에 속아서 거짓 진술서를 작성해 주었다는 사실을 모두 알려 주었다"고도 하였습니다(44번, 45번 진술 참조).

그러나 이에 대해 현대건설 직원 B는 이렇게 말합니다. **"증인은 C를 처음 만났을 때 '안천식 변호사가 협박을 하였고, 기의호가 회유를 하였다'는 말은 전혀 듣지 못했습니다(『고백 그리고 고발』 참조)."** 두 사람 중 누군가는 거짓말을 하고 있습니다. 현대건설에게 일방적으로 유리하게 진술하는 C의 말이 거짓일 가능성이 높습니다.

넷째, C는 "1999~2000년 당시 이지학이 주택개발 사업에 필요한 주민동의서 작성을 위하여 향산리 주민들의 막도장을 소지하고 있었던 사실에 대하여는 기억에 없다"고 합니다(20번, 21번, 24번 진술 참조). 그런데 C는 2009년 1월 21일자 공판기일(A의 위증죄)에서 판사 또는 검사의 질문에 답변하면서 "이지학이 도장을 찍었다는 부분은 향산리 주민동의서 찍는 것과 착각하고 그렇게 진술했습니다", "이지학은 주민동의서 작성을 위하여 향산리 주민들의 막도장을 가지고 있었습니다"라며, 스스로 자진하여 그렇게 말했습니다.

/ 확증편향 /

그는 이처럼 불과 9개월 사이에 형사법정과 민사법정을 오가면서 전혀 다른 말을 합니다. 즉 C의 진술은 현대건설에게 유리한 방향으로 계속 변화하고 진화해 갑니다. 이것이 의미하는 바는 무엇일까요?

　다섯째, C가 의도적으로 거짓말을 하는 구체적인 상황도 밝혀집니다. C는 2008년 9월경 기의호 소송대리인인 나에게 전화를 했습니다. 긴히 할 말이 있으니 사무실을 방문하겠다고 했습니다. 당시 나는 다른 사건 재판으로 인천에서 돌아오던 때였습니다. 나는 C에게 다음날 방문해 달라고 했습니다. C의 연락을 받고 깊은 고민에 빠졌습니다. C가 2008년 8월경 기의호를 찾아가서 돈을 요구했다는 소식을 들은 바 있기 때문입니다. 현대건설 직원 B를 만났다는 소식도 들었습니다.

　지금까지의 행태로 보아 C가 이미 현대건설에게 매수되었을 가능성을 완전히 배제할 수는 없었습니다. 나는 그날 인근 전파상을 찾아 녹음기를 구입했습니다. 그리고 다음날 C와의 대화를 모두 녹음했습니다. 다음날 방문한 C는 형편이 어렵다고 하면서 변호사인 나에게 "돈 200만 원을 빌려 달라"고 했습니다. 나는 완곡히 거절했습니다. 장차 중인으로 법정에 서야 할 C와의 돈거래는 어떠한 명목이든지 오해를 살 수 있기 때문입니다. 정말로 C의 형편이 어려운지는 확인할 수 없으나, 적어도 기의호의 소송대리를 맡고 있는 변호사가 오해의 소지가 있는 돈거래는 하지 않는 것이 맞습니다. 혹여 C는 현대건설의 지시를 받고 나에게 덫을 놓고 있는지도 모르는 일이기 때문입니다.

그날 C는 2008년 4월 4일 진술서를 작성해 준 경위를 이렇게 말했습니다. "2008년 4월 4일자 진술서를 써 주면서 진짜 정의를 위해서, 올바른, 어떻게 보면 거짓말 치는 사람이 진짜 큰소리치는 사회를 어떻게 좀 해볼까 하는 그런 심정에서 이렇게 해 드렸던 부분이었는데..."

그렇습니다. C는 2008년 4월 4일 내가 근무하는 서초동 사무실을 처음 방문했고, 내가 관련 서류와 판결서 내용 등을 보여주면서 사건의 전말에 대해 설명해 주었을 때에도 이와 같은 취지의 말을 했었습니다.

"거짓말 하는 사람이 큰소리를 치는 세상이 너무 무섭다. 그나마 변호사님 같은 분이 있어서 세상이 제대로 돌아가는 것 같다."

C는 2008년 9월경 방문에서도 똑같은 말을 했고 그 대화 내용은 고스란히 녹음파일에 저장되어 있었습니다. 그런데 재심의 소 변론기일에 증인으로 출석한 C는 2008년 9월경 서초동 사무실을 방문한 사실 자체를 부인했습니다. 2008년 6~7월경 현대건설 직원 B를 만난 뒤에는 안천식 변호사를 방문한 사실 자체가 없다고 하는 겁니다. 또한 안천식 변호사에게 돈 200만 원을 빌려달라는 말도 하지 않았다고 합니다. 이러한 C의 법정 진술은 2008년 9월에 내가 녹음해 놓은 대화 내용에 의하여 모두 거짓임이 확인됩니다.

또한 C는 같은 날 법정진술로서 "2008년 6월, B를 만나기 전에 안천식 변호사를 마지막으로 찾아간 이유는 당시 기의호가 약속한 돈을 얼마나 받을지 알아보기 위함이었다"고 합니다. 그러나 2008년 9월에 내가 녹음해 놓은 파일에는 C가 이런 말을 한 내용은 전혀 존재하지 않습니다. 오히려 "기의호가 금전적으로 어떻게 하는 것은 어렵다"는 C의 진술이 녹음되어 있습니다.

녹음파일과 녹취록에 의해 C의 거짓말은 완벽하게 증명됐습니다. C는 증언에 앞서 진실만을 말하겠다고 선서한 증인입니다. 그럼에도 법정에서 그는 기의호에게 극히 불리한 진술을, 현대건설에게는 극도로 유리한 진술로 일관했고, 그중 상당부분은 거짓임이 드러났습니다. 이러한 C의 법정 진술은 어떠한 증거로도 사용될 수 없습니다. 진실성이 담보되지 않기 때문에 그의 진술에 어떠한 증거가치도 인정될 수 없다는 것은 지극히 상식적인 문제입니다.

● A의 글씨로 위조된 부동산매매계약서

나는 재심의 소를 준비하면서 다른 증거 확보에도 주력했습니다. 그 결과 몇 가지 의미 있는 증거들을 확보할 수 있었습니다.

먼저, A의 글씨로 된 현대건설과 향산리 지주 4명 사이의 부동산매매계약서 4건을 찾아냈습니다. 그런데 현대건설은 위 4건의 부동산매매계약서는 모두 명의인들의 허락을 받지 않고 위조된 것임을 인정한 사실이 있습니다.

2000년 2월경 이지학은 개발 대상 토지에 거주하는 향산리 지주 4명을 다른 곳으로 이주시킬 계획을 세웠습니다. 그러나 4명의 지주와 구체적인 계약 체결까지는 가지 못한 상태에서 지지부진했던 것 같습니다. 마음이 급해진 이지학은 모 은행 직원의 도움을 받아 위 향산리 지주 4명의 차명계좌를 발급받은 다음, 위 4명의 부동산 매매계약서를 몰래 작성하여 현대건설로부터 위 4명의 차명계좌로 매매대금을 지급받았습니다.

당시 모 은행 직원의 말에 따르면, 이지학은 장차 사업비 100억 원을 예금으로 유치해 주겠다고 하면서, "향후 정상적으로 매매계약 체결에 대한 동의를 받을 테니, 먼저 위 지주 4명의 예금통장을 발급해 달라"고 부탁했다고 합니다. 이지학은 이렇게 작성한 위 4명의 은행 차명계좌번호를 임의로 작성한 4통의 부동산매매계약서(매수자 현대건설, 매도자 각 4명의 지주)에 기재한 다음, 이를 현대건설에 교부하면서 차명계좌로 매매대금을 지급받았습니다. 아마도 현대건설은 위 4명의 지주들과의 부동산매매계약서가 위조되었다는 사실을 알지는 못했을 것입니다. 현대건설은 2000년 7월 위와 같이 위조된 부동산매매계약서를 근거로 서울중앙지방법원에 각 부동산에 대한 처분금지가처분을 신청하고, 법원은 이를 인용하여 가처분결정을 합니다.

2001년 5월경 이지학이 갑자기 심장마비로 사망하면서 온 동네가 발칵 뒤집힙니다. 향산리 지주 4명도 그제서야 자신들의 부동산에 처분금지가처분결정이 되었다는 사실을 알았습니다. 이들은 법원 서류를 열람해 본 결과, 전혀 알지 못하는 부동산매매계약서가 가처분 원인서류로 첨부되어 있다는 사실을 알고는 경악합니다. 4명의 지주들은 2001년 7~8월 사이 현대건설에게, 2차례에 걸쳐서 내용증명우편으로 "가처분의 원인이 된 부동산매매계약서를 누가 작성했는지, 도장은 누가 날인했는지, 매매대금은 누구에게 지급했는지"를 밝히라는 내용의 통고서를 발송합니다. 현대건설은 아무런 답변도 하지 않습니다. 4명의 지주들은 변호사의 도움을 받아 현대건설을 상대로 제소명령을 신청했으나 여전히 답변은 없었습니다. 결국 현대건설 명의로 된 4건의 부동산처분금지가처분결정은 모두 취소됩니다<증거자료11 참조>.

나는 이와 관련된 사건기록을 모두 확보하여 증거로 제출했습니다. 2000년 당시 현대건설 명의의 위조된 매매계약서는, 흔치는 않지만 이처럼 분명히 일어난 일이었다는 사실을 알리기 위함이었습니다. 그런데 나의 주목을 끈 것은 따로 있었습니다. 단순히 위조된 부동산매매계약서의 존재 자체가 아니라, 위조된 부동산매매계약서에 기재된 글씨체가 바로 그것입니다. 그것은 분명 제1,2,3심 및 형사고소등 사건을 수년간 담당하면서 보았던 제1심 증인 A의 글씨체였습니다. 사설 문서감정원에 필적감정도 의뢰해 보았는데, 역시나 A의 필체가 맞다고 했습니다. 위 4명의 위조된 부동산매매계약서를 위조한 사람은 다름 아닌 A와 이지학이었습니다<증거자료12 참조>.

이처럼 A는 2000년 2월경 있었던 현대건설 명의의 다른 부동산

매매계약서 위조 사건에도 깊숙이 관계된 자였습니다. 결국 A는, 현대건설과 기노걸 명의로 된 이 사건 계약서가 기노걸의 의사에 따라 작성되었는지 여부를 가르는 재판에서 중립적인 증인의 지위를 가질 수 있는지 자체가 의심스러운 자였습니다.

● 기타 증거자료

나는 2008년 4월 18일 C가 방배경찰서에서 작성한 참고인 진술조서도 증거로 확보하여 제출했습니다. C는 방배경찰서에서 "이 사건 계약서는 2000년 초 이지학 사장의 지시에 따라 작성했고, 당시 이지학 사장은 가지고 있던 기노걸의 막도장을 날인한 것이 분명하다"고 진술했습니다. A의 위증 형사사건에서 검찰이 증거로 제출하지 않았던 자료이기에, 나는 두 차례나 문서송부촉탁신청을 하여 이를 확보할 수 있었고, 증거로 제출했습니다.

그 외 서울고등법원 2008초재733호 재정결정서와 서울중앙지방법원 2008고단3739호 A의 위증 공판기록도 빠짐없이 정리해 증거로 제출했습니다. 이는 '인장 날인 관련 증언'이 무죄로 선고된 과정이 얼마나 부실했는지를 증명하기 위함이었습니다. 또한 앞서 본 2008년 9월경 C가 서초동 나의 사무실을 방문했을 때의 대화 녹취록도 증거로 제출했습니다. C의 법정 증언은 증거로서의 가치가 없다는 점을 입증하기 위함이었습니다.

● 판결 선고

2010년 3월 24일 판결이 선고됐습니다. 기의호가 청구한 재심의 소를 기각한다는 판결이었습니다. 판결 이유를 매우 길고 장황하게 쓰고 있으나, 주요 판결 이유는 다음과 같습니다.

첫째, 제1심에서 증인 A의 진술 중 허위의 증언으로 인정된 '계좌번호 기재 관련 진술 내용'은 이 사건 계약서의 진정성립에 관한 간접적인 사항으로서 토지 매매계약서에 기재된 계좌번호가 당시 이미 폐쇄된 계좌의 번호임이 밝혀져 그 증명력이 약한 반면, 오히려 무죄로 된 '도장날인 관련 진술 내용'은 이 사건 계약서의 진정성립에 직접적인 사항으로서 증명력이 높은 것이어서, 유죄로 인정된 A의 허위 진술 부분을 제외한 나머지 증언 및 변론 전체의 취지에 의하더라도 이 사건 계약서의 진정성립을 인정하기에 충분하다.

둘째, 이 사건 계약서가 위조되었다는 내용의 C의 2008년 4월 4일자 진술서와 2008년 4월 18일자 진술조서의 각 기재는, 재심 사건에서 증인으로 출석하여 증언한 C의 증언 등에 비추어 이를 믿기 어렵다.

● 비판 및 단상(斷想)
〈비판 1〉

판결 이유 중 가장 충격적인 것은, C의 재심 법정에서의 진술을 증거로 채택하여 C의 2008년 4월 4일자 진술서와 2008년 4월 18일자 참고인 진술조서에 기재된 내용을 배척한 것입니다. 재심 법정에서의 C의 진술 내용은 그야말로 동서남북과 상하좌우를 마음대로 떠도는 모순투성이었습니다.

예컨대, C는 2009년 1월 21일 A의 위증 형사 공판기일에서, 2008년 4월 4일자 진술서 중 "이지학이 기노걸의 도장을 찍었다"는 내용의 진술은 '착오'에 의한 것이라고 말했습니다. "당시 안천식 변호사에게 진술서 내용대로 말한 것은 사실이나, 나중에 생각해 보니 그 내용 중 일부에 착오가 있었다"는 겁니다. 그런데 재심 법정에서는 "진술서 내용이 허위임을 알고 있었지만, 안천식 변호사의 협박과 기의호의 회유에 의하여 오로지 돈을 받을 목적으로 거짓 내용의 진술서를 작성해 주었다"고 합니다. 불과 9개월 사이에 C의 기억은 무궁무진한 우주 공간을 떠돌며 진화하고 있었습니다.

또한 C는 재심 법정에서 2008년 6~7월 현대건설 직원 B를 만난 자리에서 곧바로 "안천식 변호사의 협박과 기의호의 회유에 따라 거짓 내용의 진술서를 작성해 주었다고 말해 주었다"고 합니다. 그런데 정작 B는 같은 재심 법정에서 "C를 처음 만난 날 안천식 변호사가 협박하였다거나, 기의호가 회유하였다는 말은 전혀 들어보지 못했다"고 합니다. 오히려 B는 당시 상황에 대하여 "C는 굉장히 곤혹스러워 하면서 답변을 제대로 하지 않고, 증인(B)을 상대하지 않으려 했었다"고 말합니다. 무슨 이유인지 C의 기억은 현대건설 직원인 B의 기억 범위로부터도 벗어나 자유자재로 어디론가 향하고 있었습니다.

심지어 C는 2009년 1월 21일자 공판기일에서 "이지학은 향산리 주민들의 막도장을 가지고 있었다"고 자진하여 말한 사실까지도 부인합니다. 그러면서 "계약은 당사자 간에 이루어지는 것으로 알고 있다"고 말합니다(24번 진술 참조). 너무도 쉽고 용감무쌍하게 말을 바꾸는 태도가 그저 놀라울 따름입니다. 이처럼 C의 말은 때와 장소를 바꿔 가면서 계속 변하고 있었습니다. 그 내용을 들여다보면, 현대건설에게 불리할 것 같은 진술은 사실여부를 불문하고 모두 부인하는 방향이었습니다.

또한 현대건설 직원 B를 만난 뒤인 2008년 12월부터의 진술 내용이 엎치락뒤치락하면서 갈피를 못 잡고 있다는 사실을 알 수 있습니다. 달라진 진술 시점 전후에 무언가 모종의 일이 있었을 것입니다. 현대건설에게 불리한 부분을 숨기기 위해 모종의 일을 벌였을 가능성을 배제할 수 없었습니다.

그런데도 법원은 C가 재심 법정에서, "2008년 4월 4일자 진술서와 2008년 4월 18일자 진술조서 내용 중 '이지학이 가지고 있던 막도장을 이 사건 계약서에 찍었다'는 종전 진술은 사실이 아니다"라고 말했다는 이유로, "2008년 4월 4일자 진술서와 2008년 4월 18일자 진술조서에 기재된 내용은 믿지 못 하겠다"고 판단합니다. 정상적이고 합리적으로 사유하는 보통의 사람이라면 이렇게 무모하고 과감하게 판단하지 못할 것입니다. 그런데도 재심법원은 이렇게 판단했습니다. 도깨비 방망이 같은 법관의 재판독립과 법관의 자유심증에 힘입어 이렇게 해도 괜찮다고 믿는 것 같습니다.
저 무소불위의 '도깨비 방망이'를 어떻게 해야 할까요?

〈비판2〉

무엇보다도, 재심법정은 C의 명백한 거짓말을 확인했습니다. C는 재심법정에서 "2008년 6~7월 현대건설 이지학을 만나기 이전에 마지막으로 안천식 변호사 사무실을 찾아갔고, 당시 기의호가 약속한 돈을 얼마나 받을 수 있는지에 대해 물어보았다"고 했습니다. 또한 "당시 안천식 변호사에게 돈 200만 원을 빌려 달라"고 말한 사실도 없다고 했습니다. 아마도 C는, 같은 변론기일에서 이미 "2008년 6~7월경 B를 처음 만난 날 곧바로 안천식 변호사가 협박하고 기의호가 회유하여 '이지학이 가지고 있던 도장을 날인했다'는 거짓 내용의 진술서를 작성해 주었다는 사실을 B에게 말했다"고 진술을 해 버렸으니, 2008년 6~7월 이후에 기의호의 대리인인 안천식 변호사를 찾아갔다는 사실은 숨기고 싶었을 것입니다.

진실만을 말하겠다고 선서까지 한 증인이 법정에서 거짓말을 해서는 안 됩니다. 증인의 거짓말은 재판 전체를 엉망으로 만들고, 재판에 종사하는 판사·검사·변호사는 물론 당사자까지 혼동에 빠뜨리기 때문입니다.

다행히 나는 당시 갑작스레 방문하겠다고 한 C를 수상히 여겨 그날 대화 내용을 모두 녹음했습니다. 녹취록에 의하면 C는 현대건설 B를 만나고 한참 뒤인 2008년 9월 중순 경에 나를 찾아왔고, 그 내용 중에는 "기의호가 약속한 돈을 얼마나 받을 수 있는지"를 물어보는 대화는 없습니다. 오히려 C가 극구 부인하는 내용인 "사정이 어려우니 200만 원만 빌려 달라"는 대화가 있었고, "진실을 밝히기 위하여 2008년 4월 4일자 진술서를 작성해 주었다"는 취지의 내용도 있습니다.

이로써 C의 법정 진술은 처음부터 끝까지 어느 것도 믿을 만하지 않다는 사실이 드러났습니다. 선서까지 하고도 의도적으로 이렇게 뻔한 거짓말을 했다는 것은, 그의 법정 진술 중 어느 부분이 사실이고 어느 부분이 거짓인지를 가릴 수가 없다는 말과 같습니다. 예외적으로 객관적인 증거가 뒷받침이 되어야만 C의 진술을 믿을 수가 있을 것입니다.

C의 법정 진술의 핵심 내용인 "2008년 4월 4일자 진술서와 2008년 4월 18일자 진술조서 내용 중 '이지학이 가지고 있던 막도장을 이 사건 계약서에 찍었다'는 종전 진술은 사실이 아니다"라는 말을 뒷받침하는 객관적인 증거는 전혀 없었습니다. 오히려 이 사건 계약서는 C의 글씨로 되어 있고, 계좌번호는 1997년 9월 24일자로 예금계약이 해지된 기노걸의 계좌번호가 기재되어 있으며, 기노걸의 이웃인 허창과 현대건설을 당사자로 한 부동산매매계약서(비슷한 시기에 동일한 글씨로 작성된, 같은 형식의 계약서이며, 같은 형태의 막도장이 날인되었고, 마찬가지로 1997년에 예금계약이 해지된 계좌번호가 기재되어 있음)가 위조된 사실까지 증명된 상태였습니다. 여기에 더해 제1심 증인 A는 계좌번호 진술 부분에 대한 위증죄로 처벌까지 받은 상황이었습니다.

반면 C는 2008년 4월 4일 진술서 및 2008년 4월 18일 방배경찰서 진술조서에서 "이 사건 계약서는 허창 명의 계약서와 함께, 2000년 초 무렵 이지학 사장의 지시로 작성했고, 당시 이지학이 가지고 있던 기노걸의 막도장을 날인했다"고 말했습니다. 이러한 C의 종전 진술은 앞서 본 다른 객관적인 증거들과 궤를 같이할 뿐만 아니라 달리 모순적인 내용도 없습니다. C의 법정 진술을 믿을 수 없다면, C가 법정에서 그토록 부인하려고 애썼던 종전 진술에는 오히려 훨씬 강력한 신빙성을 인정해야 할 것입니다.

그런데도 재심법원은 C의 모순된 법정진술을 증거로 채택한 다음, 이를 근거로 C의 종전 진술이 기재된 증거들(진술서, 진술조서)의 증명력을 배척합니다. 즉 C의 거짓 증언을 억지로 끌어들여, 진실성이 인정될 만한 종전 C의 진술을 덮어버린 것입니다. "거짓은 진실을 덮을 수 없다"는 격언이 있습니다. 그러나 이러한 격언도 법관의 재판독립과 자유심증 앞에서는 그저 무기력한 공염불에 불과한 건가 봅니다.

재판이 계속 이런 식으로 이뤄진다면 어떤 일이 발생할까요?

현대건설과 같은 대기업들 입장에서는 종전에 자신에게 불리한 진술을 한 C와 같은 사람을 포섭하기 위해 백방의 노력을 기울일 것입니다. 수단과 방법을 가리지 않고 C의 종전 진술을 번복시키려 할 것입니다. 번복된 C의 법정 진술이 아무리 엉터리여도 상관없고, 객관적인 증거로 뒷받침되지 않아도 전혀 상관없으며, 그 자체로 모순된 거짓 진술이어도 상관없습니다. 그냥 C의 진술을 번복시키기만 하면 됩니다. 그러면 법원이 C의 모순된 진술을 이유로 종

/ 확증편향 /

전에 있었던 진실성 있는 진술을 무력화 시켜주기 때문입니다. 더구나 설사 거짓말이 탄로 나더라도 아주 가벼운 처벌로 막아준다면 금상첨화일 것입니다.

법정은 도박장이 되고 말 것입니다. 법정이 진실을 가리는 곳이 아니라, 온갖 거짓말을 동원하는 도박장이 될 것입니다. 거짓말로 얼마든지 진실을 가릴 수 있는 곳이 될 것입니다. 국민들은 이런 법정의 모습을 보고 어떻게 생각할까요? 누가 이런 모습의 법정을 신뢰하고 재판을 맡길까요?

아마도 현대건설과 같은 힘있는 자들은 여전히 이런 법정을 선호할 지도 모르겠습니다. 아마도 이런 법정이라면, 돈 많고 권력 있는 유력자들, 그러니까 진실을 말하는 사람에게 부정한 영향력을 행사하여 언제든 진실을 번복할 수 있는 자들에게는 천국일 것입니다. 반면 그렇지 못한 일반 국민들에게는 지옥이 될 것입니다. 단언컨대, 대한민국 법정의 모습이 이래서는 안됩니다.

〈비판 3〉
재심 법정이 제1심 중인 A의 증언 내용을 3가지로 분류했습니다. 그런데 이게 너무 인위적이고 의도적이라는 점을 짚고 넘어가지 않을 수가 없습니다.

재심법정은 A의 진술 내용을, ①"A는 2000년 9~10월경 이지학과 함께 기노걸의 자택을 방문하여 이 사건 계약을 체결하였다"는 진술 ②"C는 당시 이 사건 계약체결 과정에서 이지학은 기노걸이 건네주는 막도장을 계약서에 날인하는 것을 보았다"는 진술 ③"C는 당시 이 사건 계약체결 과정에서 이지학은 기노걸이 불러주는 계좌번호를 직접 계약서에 기재하는 것을 보았다"는 진술 등 3가지 유형으로 구분하여 설시했습니다. [판결 이유 2-나-(2)-(가) 참조]

위 3가지 유형의 진술 중에서 검찰은 ②,③에 대하여만 위증으로 공소를 제기했고, 그중 ③만 위증죄의 유죄로 확정되었으며, ②에 대하여는 증거부족으로 무죄가 선고되었는데, 재심법정은 "위증죄 유죄로 확정된 ③진술은 이 사건 계약서의 진정성립에 관한 간접적인 사항이고 또한 당시 이미 계좌번호가 폐쇄된 것임이 밝혀졌으므로 그 증명력이 약한 반면, 무죄로 선고된 ②진술은 이 사건 계약서의 진정성립에 관한 직접적인 사항으로서 증명력이 높다"고 단정해 버립니다. 그러면서 "유죄로 인정된 ③진술을 제외한 나머지 증언(①, ②) 및 변론 전체의 취지에 의하더라도 이 사건 계약서는 기노걸이 작성한 것으로 인정하기에 충분하다"고 판시합니다.

우선, A의 제1심 증언을 ①,②,③의 세 개로 나눈 것 자체가 너무도 자의적이고 의도적이라는 점을 지적하지 않을 수가 없습니다. 즉, 처음부터 결론을 염두에 두고, 공소사실과 무관한 내용(①), 공소사실에서 증거불충분으로 무죄가 선고된 내용(②), 공소사실에서 위증죄의 유죄로 선고된 내용(③)으로 분류했다는 의심이 듭니다. ①진술은 애초부터 현대건설의 일방적인 주장으로서 기의호는 이를 전면 부인하는 입장이었고, 현대건설은 ①진술의 진실성을 증명하기 위해 A로 하여금 ②,③진술을 하도록 했습니다. 따라서 현대건설이 A의 ②,③진술이 진실이라는 사실을 증명하지 못하면 당연히 ①진술도 증명력을 잃게 됩니다. 그런데 재심 법원은 굳이 ①진술을 A의 증언 내용으로 분류하여 판결이유로 적시했고, 이러한 분류는 이미 결론을 염두에 둔 인위적인 분류라고 의심할 수 밖에 없다는 것입니다.

또한 제1심 당시의 핵심 쟁점은 'A의 ③진술의 진실성 여부'로 집중되었습니다. 물론 A는 ②진술도 하였지만, ②진술이 진실이라는 사실을 뒷받침하는 증거가 전혀 없었을 뿐만 아니라 ②진술은 행위 시점이 한차례 번복된 것이었습니다(1999년 11월 24일에서 2000년 9~10월). 따라서 A는 행위 시점이 한차례 번복된 ②진술의 증명력을 구체적으로 뒷받침하기 위해 계약 체결 당시의 보다 구체적인 상황에 대한 ③진술을 한 것이었습니다. 그런데 이 사건 계좌번호에 기재된 계좌번호는 1997년 9월 24일자로 해지된 것임이 밝혀지면서, 과연 A의 ③진술에 진실성이 인정될 수 있는지 여부가 핵심 쟁점으로 부각되었습니다. 이를 확인하기 위해 2006년 11월 28일 변론기일에서 A가 재차 증인으로 소환된 것입니다. 이 부분 증인신문조서인 [표9]를 다시 한번 살펴봅니다.

[표9. A의 증인신문조서]

서 울 중 앙 지 방 법 원

증 인 신 문 조 서

(2006. 11. 28. 7차 변론조서의 일부)

사 건   2005가합99041   소유권이전등기 등

증 인   이 름   A

생년월일

주   소

재판장 판사

증인에게 제4차 변론기일에 행한 선서의 효력이 유지됨을 고지하고
선서를 시키지 아니하였다.

다음에 신문할 증인들은 법정 안에 있지 아니하였다.

원고(현대건설) 대리인

1. 문: 증인이 2006. 7. 25.에 증언한 내용은 다 사실 그대로이지요.

   답 : 예.

2. 문: 그런데 망 기노걸로부터 매매계약서를 서명날인 받을 때 계약
   서상에 기재된 통장번호가 그 당시 이미 해지된 통장이었다고 하
   는데 어떤가요.

   답: 남의 통장이 해지가 되었는지는 전혀 알 수가 없고 보통 사람

/ 확증편향 /

이라면 통장번호도 알 수가 없습니다. 왜냐하면 보호 원칙에 의해서 보여 주지도 않거니와 증인이 가도 주민등록번호를 안 대면 내 것인데도 안 알려주기 때문에 임의로 쓸 수가 없습니다.

3. 문: 피고는 망 이지학이 동아건설로부터 망인의 통장번호를 입수하여 임의로 적어 넣었을 것이라고 주장하는데 어떤가요.

답 : 증인은 그에 대해서 전혀 모릅니다.

4. 문: 동아건설로부터 통장번호를 입수한 적이 있나요.

답 : 전혀 없습니다.

5. 문: 망인이 불러주는 대로 이지학이 적는 것을 봤다는 것은 틀림없는 것이지요.

답 : 예.

(갑 제22호증 제시)

6. 문: 증인이나 망 이지학이 매수승계작업을 할 때 원고회사로부터 이 표만을 받아서 이 내용을 토대로 다시 매도인들과 매매대금 등 매매조건을 협상하여 승계매수 계약을 체결하였지요.

7. 문: 여기에는 계약총금액, 평수, 계약금과 중도금을 지급한 날짜 및 금액이 적혀 있기 때문에 이 내용을 토대로 해서 다시 매도인들과 협상을 해서 추가로 안 간 대금에 관해서만 이야기를 해서 계약한 것이지요.

답 : 예.

8. 문: 위 표에 적힌 내용 외에 망인과 동아건설과의 매매계약서가 어떤 내용이었는지 알고 있나요.

답 : 모릅니다. 최고금액이라는 것만 알고 있었습니다.

9. 문: 또 망인이 어떤 방법으로 매매대금을 받았는지 모르지요.

답 : 예.

10. 문: 또 알 필요가 있었나요.

　　답 : 없습니다. 갑 제22호증만 있으면 되기 때문입니다.

11. 문: 어떤 계좌로 받았는지 알 수 있는 방법이 있나요.

　　답 : 모릅니다.

12. 문: 그러므로 망 이지학이 망인의 통장 계좌번호를 입수하여 임
　　의로 기재한다는 것은 있을 수 없는 일일뿐 아니라, 증인이 참여
　　한 가운데 망인이 불러주는 통장번호를 기재했기 때문에 망 이
　　지학이 임의로 기재했다는 것도 사실일 수가 없지요.

　　답: 있을 수 없는 것으로 알고 있습니다.

피고 대리인

1. 문: 증인은 전회의 증인신문절차에서 '계약서 중간의 계좌번호는
　　실명제 때문에 직접 불러주어야 하고, 이 사건 계약서 작성 당시
　　망 기노걸으로부터 직접 듣고 이지학이 기재하였다'고 진술하였
　　는데 사실인가요.

　　답 : 예.

2. 문: 전회 신문절차에서 계좌번호는 아무리 글을 못써도 본인이 직
　　접 쓰라고 했다는데 그 때는 왜 기노걸이 직접 안 썼나요.

　　답 : 증인이 옆에서 보고 있었고 이지학이 직접 썼습니다.

3. 문: 그러면 이지학이 미리 써 온지도 모르겠네요.

　　답 : 미리 써 왔다는 것은 추측이고, 계약서를 하나하나 넘기면서
　　씁니다.

4. 문: 넘기면서 쓸 것이 계좌번호와 무엇이 있나요.

답: 주민등록번호를 물어볼 것입니다.

5. 문: 주민등록번호는 안 나왔는데 어떤가요.

답: 그러면 주소를 정확하게 물어봅니다. 그 외에는 물어볼 것이 없습니다.

6. 문: 현재 증인의 나이가 얼마나 되는가요.

답: 65세이고 당시는 59세였습니다.

7. 문: 증인은 현재 나이가 많고 목격한 사실이 오래된 것이라서 잘못 생각하고 증언한 것은 없나요.

답: 기자 출신으로 그것만은 정확하고 잘못 생각한 것은 없습니다.

8. 문: 3년 전에 망 기노걸이 통장번호를 불러줘서 이지학이 썼는데 통장을 보고 불러주었나요.

답: 여기에 적힌 것을 봐서는 기노걸이 통장을 보면서 불러줬을 것이라는 것이지 정확한 기억은 없습니다.

9. 문: 미리 적어 왔는지 그 자리에서 적었는지 기억이 있나요.

답: 분명히 계좌번호를 제일 먼저 물어봅니다. 넘기면서 계좌번호가 비어 있어서 그 자리를 쓰게 되어 있습니다. 기노걸이 통장을 보면서 했는지 여부는 기억나지 않지만 그랬을 것입니다.

10. 문: 기노걸이 동아건설과 계약할 때 이지학이 중재한 것을 알고 있나요.

답: 모릅니다. 우리는 현대측과 같이 하면서 접촉을 했지 그 전에 사건은 아무 것도 모릅니다.

원고 대리인

1. 문: 이지학이 주로 역할을 하고 증인이 옆에서 거드는 형식이 되었다고 하는데, 원래 원고회사로부터 매수용역을 받은 것은 증인이 전무로 있던 유진건설이지만 유진건설이 현지 사정을 잘 모르기 때문에 같은 동네에 거주하면서 하우공영을 경영하던 이지학을 끌여들여 이지학을 하여금 부분 용역을 해서 이지학이 나서서 지리를 잘 아는 자들과 매수작업을 한 것이지요.

   답 : 예.

2. 문: 그리고 그곳에 증인이 따라간 것이지요.

   답 : 예.

3. 문: 남의 계좌번호를 현장에서 알 수 있는 방법이 있나요, 없나요.

   답 : 전혀 없습니다.

피고 대리인

1. 문: 증인이 토지매매계약을 하기 전에 이지학이 먼저 토지작업을 하고 있었 나요.

   답 : 2단지만 하고 있었고 위에는 다른 사람들을 시켜서 했습니다.

2. 문: 현대가 들어오기 전에 이미 작업은 진행되고 있었지요.

   답 : 예. 동아에서 한 것을 현대와 유진이 인수 받았습니다.

원고 대리인

1. 문: 이지학이 동아건설때도 했는지 알고 있나요.

   답 : 했을 것입니다.

확증편향

재판장 판사

1. 문: 증인이 틀림없이 증언하는 것은 기노걸의 집을 이지학과 둘이서 찾아가서 이 사건 계약서를 기노걸의 앞에서 작성하고 도장 찍었다고 증언하는 것이지요.

   답 : 예.

2. 문: 계약서에 적힌 농협 계좌번호는 이지학이 제일 먼저 물어보고 받아 적은 것이 틀림없다는 것이지요.

   답 : 예.

3. 문: 그 계좌번호가 이미 계약서 작성 당시에는 해지되어서 사용할 수 없는 계좌번호인데 증인이 말이 맞다면 이런 일이 있을 수 있나요.

   답 : 증인도 그 부분을 전혀 모르겠습니다.

4. 문: 이미 해지된 계좌번호가 나왔다는 것은 증인 말과 비춰 봤을 때 이상한 것 아닌가요.

   답 : 그것은 저희도 모르겠습니다. 저희들은 불러주는 대로 적으니까 다른 것은 없습니다. 그런데 그 통장이 무슨 통장인지 모르지만 농협을 중심으로 불러달라고 합니다. 왜냐 하면 농협에 돈을 의뢰하기 때문입니다.

5. 문: 그 계좌를 해지하고 새로 약정한 농협계좌가 있는데 왜 이미 해지된 번호를 불러 주었나요.

   답 : 그것은 도저히 알 수가 없습니다.

원고 대리인

1. 문: 그 당시 기노걸이 건강했나요.

답 : 얼굴이 까맣고 병식이 있었습니다. 그래서 증인이 4번을 갔는데 들어오지 말라고 해서 문전에서 쫓겨난 적이 있습니다.

2. 문: 기노걸의 계약통장이 안 쓰던 것을 주었는지 또 나중에 일부러 안 주었는지 증인으로서는 알 수가 없는 것이지요.

답 : 예.

이렇듯 2006년 7월 28일 마지막 변론기일의 핵심 쟁점은 'A의 ③진술의 진실성 여부'였고, A는 끝까지 ③진술은 사실이라고 우깁니다. 이에 제1,2심 법원은 A의 ③진술이 진실이라는 전제하에 A의 ①,②진술까지 증명력을 인정하여 증거로 채택한 다음 이 사건 계약서는 기노걸이 작성한 것이라고 판시했던 것입니다.

그런데 그 후 A의 ③진술은 허위로 드러났고, A는 위증죄의 유죄판결까지 받게 됩니다. 그렇다면 A의 ①,②진술의 진실성 및 증명력에 대한 근거는 상실된 것입니다. 왜냐하면 A의 ①,②진술이 사실이라는 점을 뒷받침하는 증거가 없을 뿐만 아니라, 그동안 ①,②진술의 진실성을 구체적으로 뒷받침하기 위해 보다 상세하게 현장 상황을 묘사했던 ③진술이 거짓으로 판명되었기 때문입니다. 지금까지 진행된 변론 전체의 취지를 살펴본다면 마땅히 이러한 일련의 일들을 참조해야 하고, 그렇다면 그 결론은 너무도 뻔했습니다.

그런데도 재심법원은, 허위로 판명된 A의 ③진술은 이를 증거의 세계에서 제외하면 그만이고, A의 나머지 ①,②진술과 변론 전체의 취지를 종합하여 기노걸이 이 사건 계약서를 작성했다는 사실을 인정할 수 있다고 합니다. 이게 도대체 무슨 의미이고 무슨 논리일까요?

나로서는 도저히 이해가 가지 않았습니다.

재심 법원의 논리는, "변론 전체의 취지와 증거조사 결과를 종합하여 자유로운 심증으로 주장 사실이 진실한지 여부를 판단한다(민사소송법 제202조 전단)"는 법관의 재판 권한만을 강조할 뿐, "사회정의와 형평의 이념에 입각하여 논리와 경험의 법칙에 따라 사실주장이 진실한지 아닌지를 판단해야(민사소송법 제202조 후단)"하는 법원 및 법관의 책임과 의무에 대하여는 전혀 관심둘 필요가 없다고 선언한 것이나 다름 없습니다. 의무를 다하지 않는 법원이 권한만을 강조하면서 재판권 자체를 마음대로 행사한다면, 누가 이런 법원에서 재판을 받으려 하겠습니까?

〈비판 4〉

재심법원의 "A의 증언 중 허위의 진술로 인정된 부분은 이 사건 계약서(갑 제3호증의 3)의 진정성립에 관한 간접적인 사항으로서 토지매매계약서에 기재된 계좌번호가 당시 이미 폐쇄된 계좌의 번호임이 밝혀져 그 증명력이 약한 반면, 오히려 무죄로 된 진술내용은 갑 제3호증의 3의 진정성립에 관한 직접적인 사항으로서 증명력이 높은 것"이라는 판시 내용도 도무지 이해할 수가 없습니다.

앞서 살펴본 바와 같이 A의 증언 중 허위의 진술로 인정된 ③진술은 당시 사건의 핵심 쟁점으로 논의된 부분이었고, 무죄로 인정된 ②진술은 증거부족으로 무죄가 되었을 뿐 이 부분의 진실성이 증명된 것도 아니었습니다. 오히려 ③진술이 허위로 드러남으로써 ②진술도 허위일 개연성이 매우 높은 상황이었고, 이미 서울고등법원 2008초재733호 재판부도 ②진술을 위증죄로 기소하라는 재정신청 인용 결정을 할 정도였습니다.

즉 증인 A의 ③진술이 허위로 드러나 증인 A의 진술 전체가 신빙성과 증명력을 잃을 수밖에 없었고, 따라서 당연히 A의 ②진술도 신빙성과 증명력은 약해질 수밖에 없습니다. 그런데도 재심법원은 단지 A의 ②진술은 이 사건 계약서의 진정성립에 관한 직접적인 사항, 즉 '도장 날인'에 대한 진술이라는 이유로 증명력이 높다고 단정해 버립니다.

A라는 증인에 대한 위증죄의 유죄 확정으로 그 진술의 신빙성이 극히 낮을 수밖에 없는데, A의 '도장 날인 관련' ②진술만은 증명력이 높다고 판단하는 것은 억지 중의 억지입니다. 이는 마치 "독수(毒樹)에 열린 대부분의 과실(果實)은 독(毒)에 오염되어 있지만, 법원이 자유심증이라는 마법을 통하여 선택한 특정 과실에는 독에 오염되지 않았다는 사실을 믿어야 한다"고 강요하는 것과 마찬가지입니다.

국민은 헌법으로부터 권한을 위임받은 상식적인 법관 및 법원에게 재판 받기를 원합니다. 결코 마법과 신통력을 발휘하는 법관 및 법원에게 재판 받고 싶어하지 않습니다. 그런 법관 및 법원이라면, 수시로 마법과 신통력을 부려 법 위에 군림하면서 일반 국민을 재판의 노예로 삼을 것이 너무도 뻔하기 때문입니다.

〈비판 5〉

재심법원은 "A의 증언 중 허위의 진술로 인정된 부분은…. '토지 매매계약서에 기재된 계좌번호가 당시 이미 폐쇄된 계좌의 번호임이 밝혀져' 그 증명력이 약하다"고 판시했습니다. 이 또한 그동안의 변론 취지와는 정반대의 논리입니다. 논리도 아니고, 논리의 왜곡입니다.

제2심에서 이 사건 계약서에 기재된 계좌번호가 당시 이미 폐쇄된 계좌번호임이 밝혀진 것은 사실입니다. 그럼에도 불구하고 제1,2심 법원은 계좌번호 관련 ③진술의 허위 가능성을 배척했습니다. 이 사건 계약서에 기재된 기노걸의 계좌번호가 1997년 9월에 폐쇄된 계좌번호임이 밝혀졌음에도 제1,2심 법원은 계좌번호 관련 A의 ③진술의 진실성을 오히려 더 강조하면서 증거로 채택한 것입니다. 이 부분 제1,2심 판결의 판시 내용은 다음과 같습니다.

[표11. 표8 판결서 중 일부]

"⑧ 피고(기의호)는 현재까지도 위 폐쇄된 농협계좌의 통장을 소지하고 있어 기노걸도 위 계약서 작성 당시 위 2개의 통장을 모두 소지하고 있었을 것으로 보이고, 계좌번호는 통장의 첫 장을 넘기면 바로 알 수 있지만 계좌의 폐쇄 여부는 통장의 마지막 면을 보아야 알 수 있는 관계로, 이 사건 계약 당시 75세의 고령으로서 병석에 누워 있던 기노걸이 착오로 폐쇄된 계좌번호를 불러줄 가능성도 존재하는 점,

⑨ 만약 원고(현대건설), 유진종합건설이나 이지학이 동아건설로부터 받았거나 매매계약 대행과정에서 이미 알고 있던 기노걸의 계좌번호를 이용하여 이 사건 매매계약서를 위조하였다면 위와 같이 폐쇄된 계좌가 아니라 2차 중도금이 지급된 계좌번호를 적었을 것으로 보이는 점,"

제1,2심 법원은 이 사건 계약 당시 75세의 고령으로서 병석에 누워있던 기노걸이 착오로 폐쇄된 계좌번호를 불러줄 가능성이 존재하고, 또한 만약 이 사건 계약서를 위조했다면 적어도 이미 폐쇄된 계좌번호를 기재하지는 않았을 것이라는 점까지 인용하면서, A의 계좌번호 관련 ③진술에 높은 신빙성과 증명력을 부여했습니다. 이것은 단순히 A의 ③진술에만 신빙성과 증명력이 있다는 게 아니라, ③진술의 신빙성으로 인하여 A의 전체 진술을 그만큼 믿을 수 있고 증명력을 부여할 수 있다는 의미입니다.

그런데 재심법원은, A의 ③진술이 위증죄 유죄 확정을 받고 허위라는 게 드러나자, 애초부터 A의 ③진술은 폐쇄된 계좌번호임이 밝혀졌기 때문에 증명력이 약했다고 말을 바꿉니다. 제1,2심 법원이 판단한 내용을 객관적으로 해석한 것이 아니라, 재심법원이 사후적으로 제1,2심 법원이 형성한 심증과 판단한 의미내용을 변경시킨

것입니다. 만약 제1,2심에서 처음부터 재심법원과 같이 A의 ③진술에 증명력이 약하다고 판단했다면, 앞서 본 판결이유와 같은 판시 내용은 없었을 것이고, 결론도 달랐을 것입니다. 당연히 기의호는 제1,2심에서 승소했을 것이고, 재심의 소를 제기할 일도 없었을 것입니다.

재심법정이 새삼 제1,2심 판시내용을 비판한 것도 아닙니다. 그냥 갑자기 제1,2심 법원이 형성한 심증을 사후적으로 무시하고 변경시킨 것입니다. 갑자기 제1,2심 법원의 판단이 사라져 버린 것입니다. 재심의 소는 사후심이어야 하는데, 마치 단심 혹은 속심인 것처럼 판단해 버립니다. 그야말로 담당 법원에 따라, 재판부 따라, 완전히 다른 고무줄 잣대를 들이대며 재판을 하고 있습니다. 그렇다면 기의호는 어느 장단에 맞춰 춤을 추어야 했을까요?

〈비판6〉

판결서에 기재된 사실적시의 모순성에 대하여도 지적하지 않을 수 없습니다. 재심법원은 판결이유 1-나-(1)-(마) 부분에서 "현대건설(원고)은 엠지코리아가 중도금을 지급하지 못하자 2003. 9. 6. 최고를 거쳐서 2003. 11. 11. 엠지코리아와의 양도계약을 해제하였다"는 사실을 설시하고 있습니다. 그렇다면 논리상 2003. 11. 11. 이후에는 엠지코리아가 현대건설을 대신하여 기의호(혹은 기노걸)에게 매매잔금을 지급하는 일은 있을 수 없습니다.

그럼에도 불구하고 재심 판결서 1-나-(2)-(가) 부분에서는, "엠지코리아가 현대건설을 대신하여 2003. 12. 15. 1,000만 원, 2004. 2. 26. 500만 원, 2004. 5. 24. 1,000만 원, 2004. 7. 5. 500만 원을 잔금으로 지급하였다는 취지로 설시하고 있습니다.

앞뒤도 없고, 논리도 없는 단순한 사실들을 늘어놓고선, "이 모든 것이 기노걸이 이 사건 계약서를 작성했다는 증거"라고 합니다. 아무리 앞뒤가 맞지 않는다고 주장을 하여도 도무지 들으려고 하지 않고, 보려고도 하지 않으니, 이걸 어찌해야 할까요!

〈비판7〉

재심법원은 "유죄가 인정된 A의 허위 진술 부분을 제외한 나머지 증언 및 변론 전체의 취지에 의하더라도 이 사건 계약서의 진정성립을 인정하기에 충분한 것이므로, 결국 A의 위증 부분은 이 사건 재심대상판결에 있어서 그 사실인정과 판결 주문에 아무런 영향을 미친 바 없다"고 판단합니다.

유죄가 인정된 A의 ③진술을 제외하면 A의 ①,②진술이 남습니다. 그런데 A의 ①,②진술이 진실하다는 증거는 어디에도 없습니다. 도대체 무엇을 근거로 A의 ①,②진술만으로 기노걸이 이 사건 계약서를 작성했다는 사실을 인정할 수 있다는 말일까요? 민사소송법 제202조가 규정한 법원의 자유심증주의에 바탕을 둔 법관의 신통력에 의해서라면 할 말이 없습니다. 다만, 기의호뿐 아니라 그 어느 국민도 법관의 이러한 신통력에 따른 재판을 받을 생각이 없음은 분명합니다.

/ 확증편향 /

"변론 전체의 취지에 의하더라도 기노걸이 이 사건 계약서를 작성한 사실을 인정하기에 충분하다"는 말은 또 무엇일까요? 이제까지 변론의 전 취지를 살펴보면, 현대건설은 계속해서 주장을 번복했고, 현대건설이 내세운 증인 A와 B도 수시로 진술을 번복했습니다. 심지어 A는 이 사건과 관련하여 위증죄와 무고죄의 유죄가 확정된 범법자입니다.

현대건설에게 유리한 진술을 하려는 C도 수 차례 진술을 번복했고, 나중에는 위증죄로 처벌도 받습니다. 그런데도 "이러한 변론 전체 취지에 의하면" 기노걸이 이 사건 계약서를 작성했다는 사실을 인정할 수가 있다는 겁니다. 진술 번복과 거짓 증언을 수시로 하는 현대건설 측의 주장은 믿을 수 있고, 줄곧 일관된 진술을 하는 기의호의 주장은 믿을 수가 없다고 합니다. 이런 상황에서 기의호가 자신의 재산과 권리를 지키기 위해 취할 수 있는 정당한 조치는 과연 무엇이 있을까요? 어쩔 수 없는 일이라고 체념하면서 그저 판결에 복종하는 것 말고 다른 무슨 방법이 있을까요.

8. 상고심 판결

[표12. 재심 상고심 판결서]

대 법 원
제 2 부
판 결

사   건   2010다32085 소유권이전등기등

원고(재심피고), 피상고인   현대건설 주식회사

대표이사 김O겸

소송대리인 법무법인(유한) 태평양

담당변호사 윤태호, 정강준, 김영민

피고(재심원고), 상고인   기의호

소송대리인 법무법인 씨에스

담당변호사 안천식

원심판결   서울고등법원 2010. 3. 24. 선고

2009재나372 판결

주   문

상고를 기각한다.

상고비용은 피고(재심원고)가 부담한다.

이 유

이 사건 기록과 원심판결 및 상고이유서를 모두 살펴보았으나, 상고인의 상고이유에 관한 주장은 상고심절차에 관한 특례법 제4조에 해당하여 이유 없으므로, 위 법 제5조에 의하여 상고를 기각하기로 하여 관여 대법관의 일치된 의견으로 주문과 같이 판결한다.

2010. 7. 15.

재판장	대법관	김지형
	대법관	양승태
	대법관	전수안
주 심	대법관	양창수

[판결의 해설]

재심법원의 판결에 불복하지 않을 수 없었습니다. 2010년 5월 6일, 대법원으로부터 상고기록 접수통지서를 송달받았고, 같은 달 25일 대법원에 상고이유서를 제출했습니다. 상고이유서 내용은 앞서 재심 판결의 비판 내용과 일맥상통합니다. 민사소송법 제202조 자유심증주의 위반(채증법칙 위반)과, 증거불충분으로 무죄가 선고된 A의 '도장 날인 진술'에 대한 증명력 오해, 재심 법정에서 명백한 거짓말을 한 C의 법정 진술을 근거로 다른 증거를 배척함으로써 증거법칙을 위반한 점과, 민사소송법 제451조 제1항 제7호 '증인의 거짓 진술이 판결의 증거가 된 때'라는 재심사유의 의미를 잘못 해석하고 종전 대법원 판례와도 다르게 해석했다는 점을 적었습니다.

2010년 5월 28일 상고이유서는 현대건설에게 송달됐고, 2010년 6월 15일 현대건설은 대법원에 답변서를 제출했습니다. 그리고 2010년 7월 15일 대법원은 기의호의 상고에 대해 심리불속행기각 판결을 선고합니다.

'심리불속행기각 판결'이란 대법원에 제기된 상고에 대하여는 일정한 경우[+] 더 이상 상고 심리를 진행하지 않고, 그 이유도 기재하

[+] 제4조(심리의 불속행)

① 대법원은 상고이유에 관한 주장이 다음 각 호의 어느 하나의 사유를 포함하지 아니한다고 인정하면 더 나아가 심리(審理)를 하지 아니하고 판결로 상고를 기각(棄却)한다.

1. 원심판결(原審判決)이 헌법에 위반되거나, 헌법을 부당하게 해석한 경우
2. 원심판결이 명령·규칙 또는 처분의 법률위반 여부에 대하여 부당하게 판단한 경우
3. 원심판결이 법률·명령·규칙 또는 처분에 대하여 대법원 판례와 상반되게 해석한 경우
4. 법률·명령·규칙 또는 처분에 대한 해석에 관하여 대법원 판례가 없거나 대법원 판례를 변경할 필요가 있는 경우

지 않은 채로 상고를 기각할 수 있도록 하는 상고심 제도입니다. 대법원이 법률심으로서의 기능을 효율적으로 수행하고, 법률관계를 신속하게 확정할 목적으로 1994년 9월 1일부터 이와 같은 제도를 시행하게 되었다고 합니다[상고심절차에 관한 특례법(약칭 '상고심법')]. 기의호로서는 재심법원이 판결한 여러 가지 모순된 이유를 조목조목 반박했지만, 이러한 반박이 무슨 이유로 받아들여지지 않고 기각된 것인지에 대해서는 아무런 설명을 들을 수가 없었습니다.

● 대법원 재판연구관 출신 변호사의 선임

당사자가 상고심에서 주장한 상고이유를 기각당하면서도 그 이유를 알 수 없도록 하는 것은 분명 문제가 있다는 측면에서, 심리불속행기각 판결이 갖는 문제점은 이미 널리 알려진 바입니다. 그러나 현실을 살펴보면 불가피한 점도 있습니다.

대법원에 접수되는 상고사건은 시간이 지날수록 누적되어 현재는 매년 약 40,000건 이상의 사건이 접수됩니다. 이를 12명의 대법관이 4명씩 조를 나누어서 합의체로서 심리를 하는데, 산술적으로 4명의 대법관으로 구성된 1팀이 1년에 심리할 사건은 약 13,300여건이나 됩니다. 이를 4명의 대법관이 나누더라도 1명당 약 3,325건이나 되고, 1년 365일 동안 매일 약 10여 사건을 심리해야 합니다.

물리적으로 불가능하다는 점에 이견이 없습니다. 이러한 현실을

---

5. 제1호부터 제4호까지의 규정 외에 중대한 법령위반에 관한 사항이 있는 경우
6. 「민사소송법」 제424조제1항 제1호부터 제5호까지에 규정된 사유가 있는 경우

살펴, 어쩔 수 없이 대법원에 접수되는 사건 중 약 70% 이상의 사건은 더 이상 심리를 진행하지 않고 4개월 이내에 판결이유를 기재하지 않은 상태로 기각하는 것을 일응 이해할 수 있습니다.

문제는 어떤 사건이 심리불속행기각 판결의 대상으로 분류되느냐의 문제가 있습니다. 상고심절차에 관한 특례법에서 규정한 심리불속행 사유가 그 기준이 아니라는 사실은 알만한 법률가들은 다 알고 있습니다. 대법원에 접수되는 사건의 약 70% 이상이 상고심절차에 관한 특례법 제4조 제1항 각호의 사유를 기재하지 않을 리 없다는 것은 누구나 아는 공지의 사실입니다.

박시환 전 대법관의 논문 「대법원 상고사건 처리의 실제 모습과 문제점」에 의하면, 대법원의 상고심 사건 10개 중 9개의 운명은 재판연구관이 결정한다고 합니다. 대법원에는 대법관을 보좌하는 약 100여 명의 재판연구관(전속연구관 약 36명, 공동연구관 약 70명)이 있는데, 대법원에 상고심 사건이 접수되면 각 소부로 배당되고 주심 대법관이 정해지기 전에, 이들 재판연구관 중 공동연구관으로 구성된 신건조 연구관이 기록을 검토한다는 겁니다. 신건조 연구관은 검토를 끝낸 후 그 처리방향을 ①심리불속행 ②상고기각 ③ 전속연구관 검토 ④공동연구관 검토 ⑤전원합의체 회부 등 5개로 분류하여 정하는데, 이때 정해진 재판연구관의 의견이 상고심 사건 10개 중 9개의 운명을 결정한다고 합니다.[+] 즉 신건 검토보고를 받은 주심 대법관은 한꺼번에 수십 건씩 올라오는 기록을 자세히 살

[+] "우리가 미처 몰랐던 대법원 '10초 재판'의 비밀", 2018. 10. 16. 한겨레, 강희철 기자.

/ 확증편향 /

펴볼 시간적 여유가 없는 관계로, 사건의 90% 이상을 신건조 재판 연구관의 의견과 동일하게 처리하는 실정이라는 겁니다.

상고사건은 사실상 주심 대법관이 아닌 신건조 재판연구관의 의견에 따라 처리되고 있는 것이 현실입니다. 결국 상고심 사건 중 심리불속행으로 기각되는 약 70%이상 사건의 운명은 재판연구관의 의사에 달렸습니다.[†]

현대건설은 그동안 제1,2,3심 및 제1차 재심 사건을 모두 서울 지역 지방법원 부장판사 출신 변호사에게 맡겼습니다. 그런데 공교롭게도 재심 상고심 사건은 대형 로펌에게 소송대리를 맡겼고, 담당 변호사는 불과 3개월 전까지 대법원에서 재판연구관으로 근무하다가 대형로펌에 자리를 잡은 변호사였습니다. 이렇게 선임된 현대건설 소송대리인은 2010년 6월 15일 대법원에 답변서를 제출했고, 그로부터 한 달 뒤인 2010년 7월 15일, 대법원은 기의호의 상고를 심리불속행 기각합니다.

기의호의 상고사건 역시 신건조 재판연구관의 의견에 따른 것인지, 불과 3개월 전까지 대법원 재판연구관으로 근무하던 대형로펌 소속 변호사가 어떠한 영향을 미친 것인지, 상고사건 주심 대법관(양창수 대법관)이 기의호의 상고기록을 면밀히 살펴보고서 심리불속행 기각으로 판단한 것인지는 확인해 볼 도리는 없습니다.

[†] 더 나아가 4명의 대법관이 한 조를 이루는 각 소부의 합의는 사건 당 약 10초가 소요되는 등 사실상 합의 자체가 유명무실하게 운영되는 현실을 감안하면, 상고심은 대법관 1인 단독 재판에 불과하다고 지적하고 있습니다.

● 상고심 개선 방안과 판결에 대한 불복률

살펴본 바와 같이 상고심 사건이 폭주하는 현실을 감안하면 어떤 방향이든 상고심 개선은 불가피합니다. 최근 상고심 개선의 방안과 관련하여 여러 가지 논의가 진행되고 있습니다. 가령 상고법원 설치 방안, 고등법원 상고부 설치 방안, 상고허가제 방안, 대법관 수의 대폭 증원 방안 등이 그것입니다. 모두 일면의 타당성과 장단점이 있는 제도입니다.

상고심 개선 방안으로 반드시 함께 짚고 넘어가야 할 사항은 사실심(제1,2심) 강화 방안입니다. 우리 국민들의 법원 판결 불복률은 매우 높은 편입니다. 그만큼 판결에 대한 신뢰가 낮다는 의미이고, 법원이 재판에 대한 국민들의 요구에 충분히 부응하지 못하고 있다는 의미이기도 합니다.

사법연감에 따르면, 우리나라 민사본안 판결의 경우, 재판당사자인 국민이 판결에 불복하는 비율은 제1심 합의 사건은 약 42%나 되고, 고등법원 항소심 사건도 약 35~40%에 이르는 것으로 조사되고 있습니다. 제1심 판결은 물론, 항소심 판결의 절반이 일반 국민들의 요구를 충족시키지 못하고 있습니다. 그 비율이 무려 40%를 웃돈다면, 그동안 이뤄진 법원 재판의 실태를 되돌아보아야 합니다. 우리나라 사법제도의 근본적인 문제점도 깊이 있게 점검해 볼 필요가 있다고 할 것입니다.

무엇보다도 법관에게 재판에 관한 모든 권한을 독점시키는 현재의 사법시스템에 대하여 근본적인 변화가 모색되어야 합니다. 이러한 시스템 하에서 법원 및 법관의 관료화는 더욱 심화될 수밖에 없습니다. 누구도 동료 법관의 잘못을 드러내는 일을 꺼릴 것입니다. 명백히 잘못된 판결이라도 웬만하면 덮어버리려는 유혹에 빠질 것입니다. 이에 대한 별다른 견제장치도 없는데 굳이 동료 법관의 잘못을 지적해서 드러내려고 하지 않을 것입니다.

기노걸이 이 사건 계약서를 작성했다는 어떠한 증거도 없음에도 불구하고, 제1,2,3심 법원은 물론 재심법원, 더 나아가서는 A의 위증 형사법정까지도 "기노걸이 이 사건 계약서를 작성한 것으로 보인다"는 판단을 유지한 저변에는 "동료 법관이 판단한 사실관계를 함부로 바꿀 수 없다"는 인식이 영향을 미쳤을 것입니다. 대부분의 법관이 퇴직 후 변호사로 개업하는 지금의 현실을 감안하면, 막연히 시간이 지난다고 해서 이 같은 잘못된 현상이 개선되리라고 기대하기도 어렵습니다.

국민이 함께 재판에 참여하는 배심제도나, 참심제도의 전격적인 도입도 적극 모색해야 할 때입니다. 우리 국민의 수준은 이러한 제도들을 받아들일 수 있는 역량과 준비가 되어있다고 봅니다. 또한 우리나라 국민들의 법의식과 정의감도 이러한 제도 변화를 훌륭하게 소화하여 더 나은 제도로 정착시킬 충분한 능력과 준비가 되어 있다고 봅니다. 또한 무엇보다도 우리나라 법관들은 이러한 제도들을 훌륭하게 정착시킬 수 있는 충분한 역량을 갖추고 있다고 믿습니다.

더불어 시급히 개선되고 제도화해야 할 중요한 사안 중 하나는 바로 판결문을 일반에 완전히 공개하는 일입니다. 판결문을 일반에 완전히 공개하면 사법절차에 여러 가지 변화가 뒤따를 것입니다. 먼저 법관은 '판결만 하면 끝'이라는 인식은 자연스레 바뀌게 될 입니다. 판결문도 여러 각도에서 철저히 검증받으면서 각종 드라마 등 문화와 창작의 소재로도 활용될 것이며, 흠결이 있으면 재심제도 등 사후 절차를 통해 바로잡는 사법절차가 명실상부하게 확립될 것입니다. 이러한 제도개선과 노력 없이 오로지 법원 및 법관의 순수한 노력만으로 사법에 대한 신뢰, 판결에 대한 신뢰가 회복되리라고는 기대해서는 아니될 것입니다.

[표13. 민사본안 사건 판결률 및 상소율 누년비교표, 2019 사법연감]

26. 민사본안사건 판결률 및 상소율 누년비교표 – 합의·단독별

구분 / 연도	접수건수	처 리 합계	판결건수	기타건수	처리에 대한 판결률 (%)	상소건수	판결에 대한 상소율 (%)
제 1 심							
합 의 사 건							
2010	52,611	51,897	32,022	19,875	61.7	13,550	42.3
2011	55,374	53,437	33,662	19,775	63.0	14,804	44.0
2012	58,125	54,475	34,708	19,767	63.7	14,914	43.0
2013	60,708	58,053	38,071	19,982	65.6	16,118	42.3
2014	61,564	59,087	38,827	20,260	65.7	16,348	42.1
2015	41,589	50,957	32,545	18,412	63.9	14,423	44.3
2016	40,252	40,458	26,109	14,349	64.5	12,042	46.1
2017	43,071	42,260	27,723	14,537	65.6	11,228	40.5
2018	45,364	40,679	26,449	14,230	65.0	10,586	40.0
2019	51,089	47,414	30,847	16,567	65.1	10,638	34.5
평 균	50,975	49,872	32,096	17,775	64.4	13,465	42.0
단 독 사 건							
2010	928,577	937,971	589,792	348,179	62.9	31,596	5.4
2011	930,159	914,551	594,410	320,141	65.0	33,407	5.6
2012	986,803	965,712	617,614	348,098	64.0	34,473	5.6
2013	1,035,207	1,059,122	684,567	374,555	64.6	35,743	5.2
2014	1,075,371	1,065,478	706,531	358,947	66.3	36,959	5.2
2015	965,003	969,216	602,775	366,441	62.2	37,789	6.3
2016	933,058	920,822	567,769	353,053	61.7	42,434	7.5
2017	974,636	987,457	621,251	366,206	62.9	41,193	6.6
2018	913,906	898,529	553,547	344,982	61.6	40,938	7.4
2019	898,514	880,709	536,270	344,439	60.9	41,039	7.7
평 균	964,123	959,957	607,453	352,504	63.3	37,557	6.2
항 소 심							
고 등 법 원							
2010	18,301	17,912	11,045	6,867	61.7	4,650	42.1
2011	15,964	16,485	11,016	5,469	66.8	4,692	42.6
2012	16,106	15,818	10,933	4,885	69.1	4,824	44.1
2013	17,364	15,759	10,882	4,877	69.1	4,940	45.4
2014	17,793	16,524	11,787	4,737	71.3	5,266	44.7
2015	16,865	18,030	13,300	4,730	73.8	5,449	41.0
2016	17,182	18,512	13,275	5,237	71.7	5,224	39.4
2017	16,204	17,909	13,663	4,246	76.3	4,372	32.0
2018	13,005	14,390	10,875	3,515	75.6	3,698	34.0
2019	19,427	16,073	12,804	3,269	79.7	3,540	27.6
평 균	16,821	16,741	11,958	4,783	71.4	4,666	39.0
지 방 법 원							
2010	30,973	31,435	17,074	14,361	54.3	5,804	34.0
2011	35,966	32,146	18,625	13,521	57.9	6,123	32.9
2012	37,129	35,169	20,819	14,350	59.2	7,059	33.9
2013	38,813	37,649	21,086	16,563	56.0	6,954	33.0
2014	39,929	37,311	21,381	15,930	57.3	7,347	34.4
2015	41,556	41,014	23,170	17,844	56.5	7,622	32.9
2016	44,370	42,051	24,667	17,384	58.7	7,528	30.5
2017	46,656	44,950	26,032	18,918	57.9	7,696	29.6
2018	45,966	44,595	27,626	16,969	61.9	7,883	28.5
2019	46,141	43,016	26,308	16,708	61.2	7,390	28.1
평 균	40,750	38,934	22,679	16,255	58.2	7,141	31.5

9. C의 위증죄

[표14. C의 위증죄 판결서]

인천지방법원
판 결

사 건   2011고단3402   위증

피 고 인   C, 회사원

검 사   나영욱

변 호 인   법무법인 명문 담당변호사 박종국

판결선고   2011. 11. 3.

주 문

피고인을 징역 6월에 처한다.

다만, 이 판결확정일부터 2년간 위 형의 집행을 유예한다.

피고인에 대하여 120사건의 사회봉사를 명한다.

이 유

범죄사실

1. 서울중앙지방법원 2008고단3739호 사건에서의 위증

피고인은 2009. 1. 21. 서울 서초구 소재 서울중앙지방법원 제522호 법정에서 열린 2008고단3739호 A에 대한 위증 피고사건 공판기일에 증인으로 출석하여 선서한 후 증언함에 있어, 사실은 피고인이 안천식 변호사에게 준 진술서에 이지학이 도장을 날인한 것을 보았다는 내용이 기재되어 있다는 사실을 진술서 작성 당시 알고 있었음에도 불구하고, "안천식 변호사에게 준 진술서에 이지학이 도장 날인하는 것을 보았다는 내용이 기재되어 있는 것을 언제 알았나요"라는 변호인의 질문에 "2008. 6. 말경에 B와 전화통화를 하고 알게 되었습니다"라고 대답하는 등 기억에 반하는 허위의 진술을 하여 위증하였다.

2. 서울고등법원 2009재나372호 사건에서의 위증

피고인은 2009. 10. 14. 서울 서초구 서초동 소재 서울고등법원 제507호 법정에서 열린 2009재나372호 원고 현대건설 주식회사, 피고 기의호의 소유권이전등기청구 소송 재심사건 기일에 증인으로 출석하여 선서한 후 증언함에 있어,

가. 사실은 피고인이 안천식 변호사를 마지막으로 방문한 2008. 9.경 안천식 변호사에게 돈을 빌려달라고 요구하였음에도 불구하고, "그 당시 증인이 본 소송대리인을 찾아온 것은 개인적인 어려움으로 인하여 돈을 얼마간 차용하여 줄 것을 요청하였지요"라는 피고 대리인의 질문에, "아닙니다. 피고가 증인에게 제의한 것에 대하여 얼마나 받을 수 있는지 확인하려는 차원에서 기대심으로 가보았던 것입

니다. 증인이 돈을 차용해 달라는 이야기는 하지 않았습니다"라고 대답하는 등 기억에 반하는 허위의 진술을 하고,

　나. 사실 피고인은 이지학이 주민동의서 작성을 위하여 향산리 주민들의 막도장을 가지고 있었던 사실에 대하여 알고 있었음에도 불구하고, "증인이 형사법정에서 증인으로 출석하였을 때 '당시 이지학이 주민동의서 작성을 위하여 향산리 주민들의 막도장을 가지고 있었던 것은 맞나요'라는 질문에 증인이 '예'라고 답변을 하였는데, 이 부분이 잘못된 진술인가요"라는 피고 대리인의 질문에, "그것은 잘못된 기억입니다"라고 대답하는 등 기억에 반하는 허위의 진술을 하여 위증하였다.

증거의 요지

1. 피고인의 일부 법정진술
1. 증인 안천식의 법정진술
1. 서울중앙지방법원 2008고단3739호 사건 제6회 공판조서 중 피고인에 대한 증인신문조서 사본, 서울고등법원 2009재나372 사건 제4회 변론조서 중 피고인에 대한 증인신문조서 사본
1. 2008. 4. 4.자 인증서, 녹취록

법령의 적용

1. 범죄사실에 대한 해당법조
　각 형법 제152조 제1항 (징역형 선택)
1. 경합범 가중
　형법 제37조 전단, 제38조 제1항, 제50조

1. 집행유예

   형법 제62조 제1항(아래 양형의 이유에서 설시하는 정상 참작)

1. 사회봉사명령

   형법 제62조의 2

양형의 이유

이 사건 범행은 피고인이 2회에 걸쳐 각각 다른 사건의 증인으로 출석하여 위증을 한 것으로서 이는 국가의 사법작용에 심각한 손상을 입힐 수 있는 범죄로서 그 죄질이 불량하고, 또한 피고인이 A에 대한 위증사건에서 증인으로 출석하기에 앞서 고소인측 변호사에게 금품을 요구한 점에 비추어 보면, 피고인을 엄벌에 처함이 마땅하다. 다만, 피고인이 초범이고, 이 사건 범행을 반성하고 있는 점, 피고인이 위증한 부분은 위 각 사건에 있어 중요한 사실이라고 볼 수 없는 점 등을 참작하여 주문과 같이 형을 정한다.

무죄부분

1. 공소사실의 요지

피고인은 2009. 1. 21. 서울 서초구 서초동 소재 서울중앙지방법원 제522호 법정에서 열린 2008고단3739호 A에 대한 위증 피고사건 공판기일에 증인으로 출석하여 선서한 후 증언함에 있어,

가. 사실은 이지학이 1999. 11. 24.자 현대건설과 기노걸 명의의 부동산매매계약서에 날인하는 것을 피고인이 목격했는지 여부에 대하여 알고 있는 가운데 2008. 4. 4. 안천식 변호사 사무실에서 이에

관하여 '목격했다'는 취지로 진술하였음에도 불구하고, "위 부동산매매계약서에 날인된 인장은 어떻게 날인된 것인가요"라는 검사의 질문에 "2008. 4. 4. 안천식 변호사 사무실에서는 이지학 본인이 직접 도장을 꺼내서 날인했다고 진술했는데, 당시 착각하고 잘못 진술한 것이다"라고 대답하고, "증인은 방배경찰서에서 이지학이 기노걸의 막도장을 찍었다고 진술했는데, 이것은 이지학이 사문서 위조를 했다는 것을 진술하는 것인데, 정확히 기억나지 않은 내용을 대출 진술했다고 할 수 있나요"라는 판사의 질문에 "증인은 기억나지 않는 부분을 착각하고 안천식 변호사에게 진술했는데, 방배경찰서에서는 안천식 변호사에게 진술한 내용을 그대로 진술했던 것입니다"라고 대답하고, "증인이 말한대로 남의 도장을 대신 찍는다는 것은 중대한 일이고 그런 것을 알고 있는 증인이 이지학이 날인했다는 내용이 있는 진술서에 서명해 주고 방배경찰서에서도 그렇게 진술했는데, 안천식 변호사가 압박을 했다거나 기억이 안난다고 설명되기에는 설명이 잘 안되는데, 어떤가요"라는 판사의 질문에, "이지학이 도장을 찍었다는 부분은 향산리 주민동의서에 찍는 것과 착각하고 그렇게 진술했습니다"라고 대답하고, "증인이 안천식 변호사에게 '당시 인장은 이지학이 가지고 있던 막도장을 날인한 것으로 기억한다'고 진술한 것도 사실인데, 지금 생각해 보니까 기억을 잘못하고 착각해서 진술했다는 것인가요"라는 검사의 질문에 "예"라고 대답하는 증 기억에 반하는 허위의 진술을 하고,

나. 사실은 피고인이 안천식 변호사에게 '이지학이 도장 찍는 것을 본 적이 있다'고 진술하였음에도 불구하고, ① "안천식 변호사에

게 이지학이 도장 찍는 것을 본 것 같다고 말을 했나요, 안했나요"라는 판사의 질문에 "그런 말을 안했습니다"라고 대답하고, ② "승계계약이 24건이라거나 막도장 찍은 내용은 기억이 난 것인가요"라는 변호인의 질문에 "안천식 변호사가 얘기해 주어서 그런가 보다 했습니다"라고 대답하는 등 기억에 반하는 허위의 진술을 하였다.

2. 판단

가. 먼저 위 1.의 가.항 기재 위증사실에 대하여

(1) 검사가 제출한 증거들에 의하면, 피고인이 2008. 4. 4. 경 안천식 변호사 사무실에서 "망 기노걸과 현대건설 주식회사 사이에 작성된 부동산매매계약서(수사기록 34 내지 37쪽, 이하 "이 사건 계약서"라 한다)에 기재된 계좌번호, 주소, 주민등록번호의 필체가 피고인의 필체가 분명하며, 피고인의 기억으로는 2000. 1. 경 이지학의 지시에 의하여 하우공영 사무실에서 작성한 것으로 기억하며 인장은 당시 이지학이 가지고 있던 막도장을 날인한 것으로 기억합니다"라는 취지의 인증서를 작성하여 위 안천식 변호사에게 교부한 사실, 또한 피고인이 2008. 4. 18. 방배경찰서에 출석하여 기의호에 대한 무고사건에 관한 참고인조사를 받을 당시 이 사건 계약서에 날인되어 있는 망 기노걸의 인영은 이지학이 날인하였다는 취지로 진술한 사실, 그런데 피고인이 2009. 1. 21. 서울중앙지방법원 2008고단3739호 A에 대한 위증사건에 증인으로 출석하여서는 위 공소사실 가항 기재와 같이 "이지학이 이 사건 계약서에 망 기노걸의 인장을 날인하는 것을 보지 못하였고, 위와 같이 인증서를 작성하거나 참고인조사를 받을 당시에 한 진술은 착각에 의한 것이다"라는 취지로

증언하여 위 인증서 작성내용 및 경찰서에서의 진술내용과 달리 증언한 사실이 인정된다.

(2) 그런데, 위와 같이 피고인이 증언을 함에 있어 그 이전에 피고인이 작성한 인증서의 내용과 방배경찰서에서 진술한 내용을 모두 번복하였다고 하더라도, 그 뒤 피고인이 수사기관 이래 이 법정에 이르기까지 일관하여 "이지학이 이 사건 계약서에 날인하였는지 여부를 착각하여 안천식 변호사에게 위와 같이 말하였다"는 취지로 주장하고 있고, 검사가 제출한 증거들만으로는 이지학이 이 사건 계약서에 기노걸의 인장을 날인하였다거나 피고인이 위와 같은 날인사실을 목격하였음을 인정하기에 부족하다. 따라서 피고인이 위 증인신문절차에서 위와 같이 증언하였다고 하여 위 증언이 피고인의 기억에 반하는 허위의 진술이라고 단정할 수는 없다.

나. 다음으로 위 1.의 나.항 기재 위증사실에 관하여 본다.

(1) 살피건대, 증인의 증언이 기억에 반하는 허위진술인지 여부는 그 증언의 단편적인 구절에 구애될 것이 아니라 당해 신문절차에 있어서 증언전체를 일체로 파악하여 판단하여야 하고, 증인의 증언은 그 전부를 일체로 관찰·판단하는 것이므로 선서한 증인이 일단 기억에 반하는 허위의 진술을 하였더라도 그 신문이 끝나기 전에 그 진술을 철회·시정한 경우에는 위증이 되지 아니한다.

(2) 위 법리에 비추어, 먼저 위 1.의 나.항 중 ① 부분에 관하여 보건대, 피고인이 사실은 안천식 변호사에게 "이지학이 도장 찍는 것을 보았던 것 같다"라고 말한 사실이 있음에도, 피고인이 위 증인신문 당시 위 1.의 나.항 ① 부분과 같이 "안천식 변호사에게 이지학이

확증편향

도장 찍는 것을 본 것 같다고 말을 했나요, 안했나요"라는 판사의 질문에 "그런 말을 안했습니다"라고 답변한 사실은 인정되나(수사기록 82쪽) 한편, 위 증인신문조서에 의하면, 피고인이 위와 같이 진술한 이후 위 증인신문이 끝나기 전에 검사의 "증인이 안천식 변호사 사무실에 가서 이 사건에 관하여 얘기를 나눌 때 인장에 대한 얘기가 오간 것은 사실이지요"라는 질문에 "예"라고 답변하고(수사기록 87쪽), 검사의 "증인이 안천식 변호사에게 당시 인장은 이지학이 가지고 있던 막도장을 날인한 것으로 기억한다라고 진술한 것도 사실이지요"라는 질문에 "예"라고 답변함으로써(수사기록 88쪽) 위 진술을 번복·시정하였으므로 위 1의 나.항 중 ① 부분 진술이 위증이 된다고 볼 수 없다.

(3) 다음으로, 위 1의 나.항 중 ② 부분에 관하여 보건대, 피고인이 위 증인신문 당시 변호인의 "승계계약이 24건이라거나 막도장 도장 찍은 내용은 기억이 난 것인가요, 아니면 기억나지 않았는데 안천식 변호사가 얘기해서 그러가 보다 한 것인가요"라는 질문에 "안천식 변호사가 얘기해 주어서 그런가 보다 했습니다"라고 대답한 사실(수사기록 90쪽)은 인정되나, 위 진술은 위 (2)항 기재 진술 번복 이후에 나온 것으로서 전체적인 의미는 피고인이 안천식 변호사에게 "이지학이 이 사건 계약서에 도장을 날인한 것을 보았던 것 같다"라고 말을 한 것은 사실이나 이는 안천식 변호사로부터 위 계약서에 관한 정황 등을 듣고 그런 생각이 들었다는 취지로 보아야 한다. 따라서 피고인이 위와 같은 진술을 하였다고 하더라도 피고인이 안천식 변호사에게 "이지학이 이 사건 계약서에 도장을 날인한 것을 보았던

서 위 1.의 나.항 중 ② 부분도 위증이 될 수 없다.

3. 결론

그렇다면, 위 공소사실은 범죄의 증명이 없는 경우에 해당하여 형사소송법 제325조 후단에 의하여 무죄를 선고하여야 하나, 이와 포괄일죄의 관계에 있는 범죄사실 제1항 기재 위증죄를 유죄로 인정한 만큼 따로 주문에서 무죄의 선고를 하지 아니한다.

판사   서창석

확증편향

[판결의 해설]

● 고소장 접수

2010년 10월, 나는 C에 대한 고소장을 작성하여 검찰에 접수했습니다. C는 서울중앙지방법원 2008고단3739호(피고인 A의 위증) 공판기일에서도 위증을 했고, 서울고등법원 2009재나372(제1차 재심의 소) 변론기일에서도 위증을 했습니다. 단순한 위증이 아니라 그야말로 의도적이고 목표지향적인 위증이었습니다. 마치 천당과 지옥을 오가듯 도무지 논리에 맞지도 않고 상식에도 반하는 허위 증언을 일삼았습니다. 거짓말을 하다가 난관에 부딪치면 다시 말을 바꾸었고, 그때마다 재판부는 C에게 진술을 번복할 기회를 주었습니다. 어떻게 보면, 마치 C의 입에서 재판부가 원하는 말이 나올 때까지 기회를 주는 것 같았습니다. 아마도 이런 식으로 C가 위증죄로 피소될 범위를 최대한으로 줄여주려는 듯했습니다. 그럼에도 불구하고 C는 너무 많은 부분에서 명백히 모순된 허위 진술을 하였습니다. 이런 증인의 법정진술은 원칙적으로 증거가치를 인정해서는 안 됩니다. 그런데 법원은 C의 법정진술에 매우 중요한 증거가치를 인정하여 기의호에게 유리한 증거들을 배척했습니다. 이러니 기의호의 변호사인 나로서는 C를 위증죄로 고소하지 않을 수 없습니다. 마치 법원이 화수분처럼 범죄를 생성해 내면서 기의호와 C사이의 분쟁을 부추기고 있습니다. 도대체 이 사태를 어떻게 보아야 할까요?

● 판결- 유죄부분

C의 위증 공판은 인천지방법원에서 진행되었습니다.

제1심 법원은 C가 2009. 1. 21. 서울중앙지방법원 2008고단 3739호 사건에서 "안천식 변호사에게 준 진술서에 이지학이 도장 날인하는 것을 보았다는 내용이 기재되어 있는 것은, 2008. 6. 말경에 B와 전화통화를 하고 알게 되었습니다"라는 부분에 대하여 위증죄를 인정했습니다.

또한 C가 2009. 10. 14. 서울고등법원 2009재나372호 변론기일에서, "2008. 9. 당시 증인이 본 소송대리인을 찾아온 것은 개인적인 어려움으로 인하여 돈을 얼마간 차용하여 줄 것을 요청하였지요"라는 피고 대리인(안천식 변호사)의 질문에, "아닙니다. 피고(기의호)가 증인에게 제의한 것에 대하여 얼마나 받을 수 있는지 확인하려는 차원에서 기대심으로 가보았던 것입니다. 증인이 돈을 차용해 달라는 이야기는 하지 않았습니다"라고 진술한 부분에 대하여도 위증죄를 인정했습니다.

또한 같은 변론기일에서, "2008고단3739호 공판기일(피고인 A의 위증)에 증인으로 출석하여, '2000년 당시 이지학이 주민동의서 작성을 위하여 향산리 주민들의 막도장을 가지고 있었다'고 진술한 것은 잘못된 기억에 의한 것이다"라는 부분도 위증죄를 인정했습니다.

● 판결의 비판- 양형부분
제1심 법원은 C의 위증죄에 대하여 징역 6월에 집행유예 2년, 120시간의 사회봉사를 명령했습니다.

2회에 걸쳐 각각 다른 사건의 증인으로 출석해 위증을 하여 국가의 사법작용에 심각한 손상을 입히는 범죄를 저질렀고, 또한 A에 대한 위증사건에서 증인으로 출석하기에 앞서 고소인 측 변호사에게 금품을 요구한 점은 엄벌에 처함이 마땅하지만, "초범이고, 반성하고 있으며, 위증한 부분은 위 각 사건에 있어 중요한 사실이라고 볼 수 없는 점 등을 참작하였다"고 합니다.

양형이유가 한심스럽기 그지없습니다. 초범이면 현대건설과 같은 대기업 편에서 위증을 하여도 용서가 된다는 말일까요? 재판을 방해할 의도가 분명한, 목표지향적인 위증이었습니다. 국민은 이러한 판결을 어떻게 받아들일까요? 다수 국민은 "대기업 등 사회경제적 강자가 뒷배를 서주면 적극적으로 거짓말을 해도 된다"는 의미로 받아들이지 않을까요? C는 스스로 현대건설을 위해 거짓말을 하지는 않았을 것입니다. 물론 C가 현대건설로부터 어떤 대가를 받았는지 확인된 사실은 없습니다. 다만, C는 위증 공판 제1,2심 공판 내내 사선 변호사를 선임했고, 담당 변호사는 약 1년 전 같은 법원 단독판사 출신의 이른바 전관 변호사였습니다.

반성하고 있다는 것도 실소를 금할 수 없습니다. 무엇을 반성하고 있고, 누구에게 반성하고 있다는 것인지 알 수 없습니다. C는 수사 및 공판기간 내내 더 이상 어쩔 수 없는 부분에 대하여만 범죄를 인정했습니다. 어느 날 갑자기 기의호와 그 소송대리인을 회유 및 협박범으로 몰고 갔습니다. 사실상의 피해자인 기의호에게 단 한 번도 사과하지 않았습니다. 수사 이후 찾아온 적도 없습니다. 재판장에게 반성문을 제출하고, 판사출신 변호사가 반성하고 있다고 하면 그게 반성이고, 선처의 이유가 되는 것일까요? 판사들의 눈에는 범죄피해자들이 흘리는 피눈물은 보이지 않고, 피고인이 제출하는 향기 나는 반성문만 보이는 것일까요? 반성의 진정한 의미는 무엇일까요?

판결문 중 가장 이해할 수 없는 부분은, "위증한 부분은 위 각 사건에 있어 중요한 사실이라고 볼 수 없는 점"이라는 양형이유 부분입니다. 법정에서 진실만을 말하겠다고 선서한 증인이 재판장 앞에서 의도적으로 허위의 증언을 했고, 그 증인의 증언이 증거로 채택되어 다른 증거를 배척하였는데, 이게 사건에 있어서 중요한 사실이라고 볼 수 없다고 합니다.

C는 무려 8년 전인 2000년에 있었던 사실에 대해 많은 증언을 했습니다. C의 진술 중 증명할 수 있는 것도 있지만, 시간과 공간의 벽에 막혀 전혀 증명할 수 없는 사실이 훨씬 많습니다. C는 법정 증언 내내 일방적으로 현대건설에 유리하게 진술했습니다. 2008년 7월경 현대건설 직원 B를 만난 이후부터는 갑자기 태도가 돌변했습니다. 기의호와 그 변호사에게 돈을 요구하기 시작했고, 끝내 현대건설에게 유리한 방향으로 진술을 번복합니다. 그 과정에서의 주요 사실들이 위증죄로 기소되고 유죄가 인정된다는 사실 자체만으로도 C의 법정 증언은 증명력에 타격을 받을 수밖에 없습니다. 당연히 C의 다른 증언의 진실성 여부는 더욱 엄격하게 판단해야 합니다.

그런데 재판부는 C의 증인으로서의 중대성, 다른 증거들과의 관계 등에 대하여는 침묵하면서, 위증죄의 유죄로 판단한 부분만 핀셋으로 뽑아내어 "사건에 있어 중요한 사실이라고 볼 수 없어" 선처의 대상이 된다고 합니다. 범죄를 저지른 사람은 웬만하면 선처의 대상이 되고, 범죄를 당한 피해자에게는 냉혹한 미래가 기다리는 세상, 아마도 우리사회 사법불신의 근원에는 이렇게 반복되는 사법왜곡 현상이 켜켜이 쌓여 있었을 것입니다.

무죄 판결 이유 중 "그 뒤 피고인이 수사기관 이래 이 법정에 이르기까지 일관하여 '이지학이 이 사건 계약서에 날인하였는지 여부를 착각하여 안천식 변호사에게 위와 같이 말하였다'는 취지로 주장하고 있다"라는 부분도 매우 유감입니다. 법원이 말하는 '일관성'의 대상과 시기 및 기준을 도무지 이해할 수 없습니다.

● 검찰의 봐주기식 기소

더 심각한 문제는 검찰의 봐주기식 기소에 있습니다. 애초 초동수사는 인천계양경찰서에서 진행되었고, 담당 조사관은 C의 범죄사실을 밝히는데 최선을 다한 것으로 보입니다. 고소인 조사를 받으면서 위증 범죄사실을 꼼꼼히 특정했고, 피의자 조사에서도 객관적으로 증명되는 위증 범죄사실들을 대부분 자백 받았던 것으로 보입니다. 또한 검찰 조사에서도 경찰이 특정한 위증 범죄사실을 다시 한번 확인하면서 다소 미진한 부분까지 보충한 것으로 보였습니다.

문제는 기소 과정입니다. 위증 범죄사실 중 가장 관건적인 부분이 제외되었고, 나는 이러한 사실을 나중에서야 기록 열람을 통해 알게 되었습니다. 기소 범위에서 제외된 대표적인 부분은 바로, 서울고등법원 2009재나372호 변론기일에서 "이지학이 기노걸의 막도장을 날인하지 않았다는 사실은 처음부터 알고 있었지만, 증인은 오로지 돈을 받을 목적으로 2008. 4. 4.자 허위 내용의 진술서를 작성해 주었다, 증인이 진술서를 작성해 준 목적은 오로지 돈 때문이었다"라고 말한 부분입니다.

C는 위와 같은 진술을 서울고등법원 2009재나372호 변론기일 종결시까지 유지하였고, 나는 이를 고소 사실에 포함시켰으며, 경찰 및 검찰의 피의자신문조서에 의하면 C도 이 부분 진술은 허위였다는 사실을 무려 6~7번씩이나 자백했습니다. 또한 C는 공판과정에서 위 진술이 기재된 피의자신문조서의 내용을 모두 인정했습니다.

그런데 검사는 이 부분을 기소 범위에서 제외시켰습니다. 담당 검사가 기소 전 나와 전화통화까지 하면서 "꼭 기소해야 할 부분을 특정하라"고 했을 때도 언급했던 부분입니다. 기소권을 독점한 검사가 기소를 하지 않으면, 판사로서는 기소되지 않는 부분을 판단할 수가 없습니다. 이것을 어떻게 이해해야 할까요? 이것을 우연이라고 해야 할까요, 아니면 검찰의 대기업 봐주기식 기소라고 해야할까요? 도무지 이해할 수 없는 검찰의 조치들이 결정적인 순간들마다 나타나고 있습니다(『고백 그리고 고발』276면 이하 참조).

제2심 판결 부분은 생략합니다.

10. 제2차, 제3차 재심의 소

●『18번째 소송』,『고백 그리고 고발』

C에 대한 위증 유죄판결이 확정됨에 따라 나는 2012. 3. 서울고등법원 2012재나235호로 제2차 재심청구 소장을 접수했습니다. 그러나 나는 여기서 제2차 재심의 소의 경과 과정에 대해 자세히 다루고 싶지 않습니다. 이 부분에 대한 자세한 기억을 소환하는 것 자체가 너무도 불편하고 고통스러울 뿐만 아니라, 뻔한 사실을 굳이 반복해야 할 필요성도 느끼지 못하기 때문입니다.

결론적으로 서울고등법원은 2012. 9. 7. 기의호의 제2차 재심청구를 기각했습니다. 담당 재판부는 내가 신청한 증인 등 증거신청을 받아주지 않았습니다. 앞서 제1심 재판부가 앞장서서 현대건설이 신청한 증인 A와 B를 같은 심급에서 2차례나 부른 모습과는 정반대였습니다. 아니 어쩌면 법원의 태도는 일관되었는지도 모릅니다. 현대건설에 유리한 증거신청은 아낌없이 받아주고, 기의호에게 유리한 증거(현대건설에게 불리한 증거)신청은 아예 차단해 버리는 점에서 일관된 모습이라고 할 수 있습니다. 판결 이유 역시 논리는 전혀 없었고, 논리를 벗어난 완고한 고집만이 더욱 선명하였습니다. 판결이유에는 엄중하고 무거워야 할 법률용어들이 저렴하고

가볍게 이리저리 복잡하게 나뒹굴며 날리고 있을 뿐입니다. 아마도 그렇게 흩어놓으면 일반 국민들이 무슨 뜻인지 알 수 없을 것이라고 생각했을지도 모르겠습니다. 중후한 법복을 입고 높은 법대에 앉아 있는 법관들의 근엄한 모습이 그저 놀랍기만 할 뿐입니다.

매번 충격이었지만, 제2차 재심의 소 판결 선고는 더더욱 충격이었습니다. 한동안 정신을 가눌 수 없어 거리를 방황하기도 했습니다. 법원이 이런 식의 재판 진행, 이런 식의 판결을 선고하고도 '법관의 양심', '국민을 위한 봉사'를 말하는 현실이 너무도 불편했고, 고민 끝에 지금까지 있었던 일들을 책으로 출간하기로 했습니다. 그동안의 재판 일정을 하나씩 되새기고 또 기록하는 것은 이루 말할 수 없는 고통이었습니다.

2012. 12. 『18번째 소송』이라는 책이 출간되었을 때는 이미 대법원에 상고이유서를 제출한 상태였습니다. 2013년 1월 나는 망설임 끝에 얼마 전 출간한 『18번째 소송』을 대법원 담당 재판부에 참고 자료로 제출했습니다. 그 덕분인지 4개월의 심리불속행 기간은 무사히 통과되었습니다. 아마도 대법원도 담당 변호사가 책까지 출간한 사실에 조금은 놀랐던 것 같습니다. 그렇지만 2014. 7. 10. 대법원은 기의호의 상고를 기각합니다. 『18번째 소송』이 출간된 지 약 1년 8개월 만입니다. 한때 주요 일간지에 서평 기사까지 나오던 책은 어느덧 잊혀져 가고 있었습니다. 또 다른 고통과 방황의 시간이 이어졌습니다. 나는 여기에서 물러설 수 없었습니다.

／ **확증편향** ／

2014. 10. 이번에는 직접 출판사를 설립했습니다. 단 한 명의 독자가 남을 지라도 이 사건이 잊히도록 내버려 둘 수는 없다고 생각했습니다. 언젠가는 이 황망한 사법현실이 반드시 바로 잡히는 날이 올 것이라 생각했습니다. 2015년 6월『18번째 소송』이후의 경과 자료를 추가하고, 사건번호를 정확하게 기재한 두 번째 책『고백 그리고 고발』을 출간했습니다. 옹두리 출판사의 첫 번째 책이기도 합니다. 사건은 이른 시간에 끝날 것 같지 않았고, 설혹 실패하더라도 반드시 기록으로 남겨 타산지석(他山之石)으로 삼아야 겠다고도 생각했습니다.

2015년 8월부터 시작된 서평이벤트에서 약 200여 명의 독자들이『고백 그리고 고발』에 나타난 사법현실에 대하여 안타까움으로서 함께 해 주셨고, 그 외의 많은 분들이 직간접적으로 연락을 취하며 격려해 주기도 하였습니다. 또 어떤 독자는『고백 그리고 고발』을 가리켜 중세 종교개혁자 마틴 루터가 면죄부를 뿌리는 중세 카톨릭 교회의 신학적 오류를 비판하며 비텐베르크 성문에 붙인 '95개조 반박문(Anschlag der 95 Thesen)'에 비견된다고 하였습니다. 항상 그랬듯 불의는 다급하게 다가와서 사람들을 혼돈에 빠뜨려놓지만, 반면 정의는 늘 느린 걸음으로 서서히 다가와서 혼돈된 상황을 정리하고 청소하게 될 것입니다.

●『찢어진 예금통장』
2015년 말경부터는 다시 B에 대한 위증죄 고소절차를 진행했습니다. B는 제1심 변론기일 등에서 "2000년 가을경에 유진종합건설 혹은 이지학으로부터 이 사건 계약서를 건네받았다"고 했습니다. 그러나 그때까지 나온 자료를 종합하면 이러한 B의 증언은 거짓말입니다. 그 외에도 B는 경찰, 법원 등 여기저기서 쫓아다니면서 수시로 진술을 번복했습니다. B의 진술들만 모아 봐도 현대건설이 얼마나 심하게 거짓 주장을 하고 있는지 충분히 알 수 있습니다.

그러나 수사를 맡은 서대문 경찰서 조사관은 막무가내입니다. 고소장을 제출한 기의호와 나의 말을 들으려고도 하지 않았습니다. 듣는 시늉만 하고 있을 뿐 실체진실에 접근하려는 의지나 노력 자체가 보이지 않았습니다. 의지가 없는 것인지 능력이 되지 않는 것인지 헷갈릴 정도였습니다. 마치 형식적인 조사를 마치고 그럴듯하게 불기소 의견을 달아 사건을 검찰로 보내기만 하면 자신의 임무는 끝이라고 생각하는 것 같았습니다. 그저 그럭저럭 처리해야 할 하루의 일과에 불과할 뿐 국가 공무원인 경찰로서의 사명감 같은 것은 전혀 보이지 않았습니다.

그렇습니다. 실질적인 수사권을 가진 경찰로서는 수사를 해도 그만이고, 안 해도 그만입니다. 제대로 수사를 하지 않았다고 해서 징계나 불이익을 받는 일도 거의 없습니다. 일반 국민의 억울함은 그저 피해를 당한 자들의 몫일 뿐, 경찰이나 검찰 혹은 법원 등 공무원은 그러한 피해의 실체와는 아무런 상관이 없습니다. 더욱이 선행 법원의 판결까지 있으니 그 취지대로 불기소 의견만 제출하면 그들의 임무는 끝입니다. 공연히 실체진실을 파악하겠다고 증거자료 하나하나를 검토하고 피고소인들을 조사하기 시작하면, 앞서 현대건설에게 유리한 판단을 한 법원, 검찰, 그리고 다른 동료 경찰의 입장만 곤란하게 할 뿐입니다. 담당 조사관으로서는 굳이 그렇게 할 필요성을 느끼지 못할 것입니다. 오히려 이제까지의 처리결과와 동일하게 대충 처리해야 법원과 검찰도 편안하고, 앞서 조사한 동료 경찰도 곤란하지 않을 것이며, 담당 경찰도 안전합니다.

권력 간의 담합과 카르텔은 이런 식으로 시작되고 진행됩니다. 굳이 보고 싶지 않은 불편한 진실을 숨기고 덮어주면 서로가 안전합니다. 그렇게 해도 아무런 문제가 없습니다. 더구나 현대건설과 같은 대기업도 그렇게 처리하기를 원할 것입니다. 이른바 누이 좋고 매부 좋은 일이 될 것입니다. 피해자가 겪을 가혹한 고통 같은 건 이들과 아무런 상관이 없습니다. 외면해 버리면 그런 건 아예 없는 일이 되어버립니다.

검찰 역시 마찬가지입니다. 불기소 이유를 살펴보면 적어도 검찰은 사건의 실체를 파악하고 있는 것으로 추측됩니다. 그럼에도 더 이상 조사를 진행하지 않습니다. 경찰의 불기소 의견 중 미진한 부분을 고치는 선에서 사건을 종결해 버립니다. 검찰 역시 굳이 법원의 결론을 뒤집고 싶지 않을 것입니다. 경찰의 불기소 의견까지 있으니 더더욱 그러할 것입니다. 굳이 숨겨진 진실을 밝혀 법원과 불편한 관계에 서고 싶지 않고, 현대건설과 같은 사회적 영향력이 있는 유력자를 불편하게 할 필요도 없을 것입니다. 아마도 보이지 않는 통로로 다른 입김이 작용했을지도 모릅니다. 법원에 대한 재정신청 역시 마찬가지입니다. 한국 사회의 사법절차는 철저히 엘리트

위주로 이루어져 있고, 일반 국민은 사법절차에서 철저히 배제되어 있습니다. 이른바 엘리트 카르텔의 공고한 담합의 벽은 너무도 두껍고 단단합니다. 그 앞에서 일반 국민은 철저한 소외감과 무력감을 느낄 수밖에 없을 것입니다.

'국민을 위한 경찰', '국민을 위한 검찰', '국민을 위한 법원'은 모두 구두선에 불과합니다. 사실상 그 내막을 들여다보면 '경찰 조직을 위한 경찰', '검찰 조직을 위한 검찰', '법원 조직을 위한 법원'이 있을 뿐입니다. 2018. 1. 나는 B에 대한 위증 고소 사건을 진행하면서 그 무력감을 견딜 수 없어 『찢어진 예금통장』이라는 책을 출간합니다.

● 『전관예우 보고서』

2019. 3. 11.에는 다시 서울고등법원 2019재나111호로 제3차 재심의 소장을 접수합니다. 왜냐하면 이 사건 계약서는 2000년 9~10월경에 작성된 것이 아니라는 결정적인 증거를 찾아냈기 때문입니다. 바로 A가 2000년 2월경에 작성해 놓은 '계약자현황'이라는 서류가 그것입니다. '계약자현황'은 A가 유진종합건설 전무이사로 재직할 당시 자필로 작성해 둔 서류입니다. 여기에는 기노걸의 계약서가 1999년 12월 10일에 작성되었고, 잔금은 2000년 5월 10일에 지급하기로 한 것으로 기재되어 있었습니다〈증거자료16-1,2 참조〉.

이제까지 법원은 A의 제1심 변론기일(2006. 7. 25. 같은 해 11. 28.)의 증언 즉, "2000년 9~10월경 이지학은 기노걸이 건네준 막도장을 이 사건 계약서에 날인하는 것을 입회하여 목격하였다"는 진술을 근거로 이 사건 계약서는 기노걸이 작성한 것으로 판단했습니다. 그런데 2000. 2. 경 A의 자필로 작성된 '계약자현황'에는 기노걸과의 계약은 <u>1999년 12월 10일</u> 체결된 것으로 기재되어 있습니다.

'계약자현황'은 A의 자필로 된 서증입니다. 서증과 증언은 모두 증거조사를 거치면서 증거로서의 가치를 인정받게 됩니다. 그러나 서증과 증언의 증명력에는 상당한 차이가 있습니다. **서증은 객관적인 사실이 고정되어 있기 때문에 '증거의 왕'이라고 할 만큼 높은 증명력이 인정됩니다.** 반면 증언은 증인의 주관적인 진술에 불과하므로 증언 내용과 다른 구체적이고 객관적인 증거가 나타나면 증거로서의 증명력을 상실하게 됩니다.

또한 '계약자현황'을 작성한 시기는 2000년 2월경으로서 사건의 쟁점 시기(1999년 11월 내지 2000년 9~10월)와 매우 근접한 시기입니다. 반면 A의 증언은 2006년 7~11월로, 사건 쟁점 시기와는 매우 멀리 떨어져 있습니다. 당연히 쟁점 시기에 근접한 문서의 내용이 증명력이 강할 수밖에 없습니다.

지금까지는 A의 증언만이 있었기 때문에 A의 법정 진술에 증명력을 부여할 수가 있었습니다. 그러나 이제 A의 자필로 작성된 '계약자현황'이 새로운 증거로 나타났습니다. 그런데 그 내용은 A의 법정 진술 내용과 전혀 다를 뿐만 아니라, 쟁점 시기인 1999년 11월 내지 2000년 10월에 매우 근접한 시기에 작성된 것으로 보입니다. 그렇다면, 당연히 A의 자필로 된 '계약자현황'의 기재 내용에 반하는 A의 증언 내용은 증거로서의 가치를 상실하게 됩니다. 구체적으로 보면, '계약자현황'에는 기노걸의 계약서는 1999년 12월 10일 작성된 것으로 기재되었습니다. 따라서 A의 증언 중 "2000년 9~10월경에 이 사건 계약서를 작성하는 것을 보았다"는 내용은 증거로서의 가치를 상실하게 됩니다. 다시 말하면 기노걸이 이 사건 계약서를 작성하였다는 사실을 증명할 아무런 증거도 없게 됩니다.

현대건설이 '계약자현황'의 내용에 배치되는 A의 증언 내용에 증명력을 부여하려면, '계약자현황'의 내용이 사실이 아니라든가, 혹은 '계약자현황'에 기재된 글씨가 A의 필체가 아니라는 사실을 증명해야 할 것입니다. 이것이 바로 법학에서 말하는 증거법칙이고 논리법칙입니다.

이 사건 계약서가 2000년 9~10월에 작성된 것이 아니라는 점에 대한 증거는 '계약자현황' 서류 외에도 여러 객관적인 증거들이 차고 넘칩니다. 그렇다고 '계약자현황'에 기재된 대로 기노걸이 1999년 12월 10일에 이 사건 계약서에 서명 날인을 한 것도 아닙니다. 왜냐하면 유진종합건설은 2000년 7월 28일 기노걸에게 그때까지 계약을 체결하지 않았다는 통지를 한 사실이 있기 때문입니다<증거자료14,15 등 참조>.

약 16년 동안 사건을 담당해 온 변호사로서 객관적인 증거를 토대로 이 사건의 전반을 설명하면 다음과 같습니다.

1999년 12월 10일 경 이지학은 기노걸 몰래 이 사건 계약서를 작성하여 유진종합건설 전무이사 A에게 교부하였을 것입니다〈증거자료 16-1〉. 왜냐하면 당시 기노걸은 현대건설과의 매매계약 체결을 강력하게 반대하였기 때문입니다. 당시 이지학(하우공영)은 하루빨리 계약체결 용역(총 23건)을 완결한 관련 계약서를 유진종합건설에게 넘겨주고, 유진종합건설은 다시 이를 현대건설에게 넘겨준 다음 약 73억5,000만 원의 토지대금을 지급받는 일이 급했기 때문에 어쩔 수 없었을 것입니다.

이와 같은 이유로 이지학은 1999년 12월 내지 2000년 1월경, 동아건설과의 계약체결을 대행하면서 받아 두었던 기노걸의 개인정보 자료를 활용하여 기노걸 명의의 이 사건 계약서를 위조했고, 또한 허창 명의의 부동산매매계약서도 위조하여 총 23건의 계약서를 유진종합건설로 전달하고, 유진종합건설은 다시 이를 현대건설로 순차적으로 전달합니다. 실제로 현대건설은 2000년 1월 24일까지 총액 약 73억5,000만 원의 토지대금(용역대금)을 유진종합건설에게 지급하였고, 유진종합건설은 그 중 약 10억 원을 이지학(하우공영)에 지급하였다는 기록도 확보하여 증거자료로 제출하였습니다〈증거자료 14,15 참조〉.

아마도 이지학은 기노걸과 허창 명의의 계약서 위조했다는 점이 마음에 걸렸을 것이고, 나중에라도 이를 만회하려는 생각으로 2000년 7월 28일자 통고서를 두 사람에게 발송하였을 것입니다〈증거자료 4,8참조〉. 그러나 2000년 6~7월 이후 현대건설은 극심한 재정위기를 맞으면서 유진종합건설에서 보관 중이던 토지 매매대금 자금까지 모두 회수해 버렸고, 더 이상 기노걸, 허창과는 매매계약 체결 건은 진행할 수가 없었을 것입니다<증거자료13 신문기사 참조>. 한편 현대건설은 재정위기가 심각해지면서 향산리 주택건설사업 착수를 기약할 수 없게 되자, 2000년 12월 20일 경에는 유진건설로부터 넘겨받은 매매계약서를 근거로 기노걸과 허창 부동산에 처분금지가처분 결정을 받아 둡니다. 아마 이때까지도 현대건설은 기노걸, 허창 명의의 계약서가 위조되었다는 사실을 몰랐을 수도 있습니다.

그런데 2001년 5월경 이지학은 갑자기 심장마비로 사망함에 따라, 그동안 이지학 등이 향산리 주민들 몰래 계약서를 위조했다는 사실들이 드러나게 되고<증거자료11, 12 등 참조>, 그 무렵 허창 명의의 부동산매매계약서도 위조되었다는 사실까지 드러나면서 현대건설은 비로소 기노걸의 이 사건 계약서도 위조되었다는 사실을 알게 되었을 것입니다. 그러나 당시 기노걸은 뇌출혈로 병석에 누워있는 상황이었고, 그 자녀들도 모두 외부로 출타 중(군인, 유학 등)이었기에 기노걸 명의의 계약서가 위조되었다는 사실을 적극적으로 주장하거나 이를 밝힐 사람은 없었던 것입니다.

그 후 2004년 8월 기노걸은 사망하였고, 장남인 기의호는 상속재산을 등기하는 과정에서 비로소 이 사건 토지에 현대건설 명의로 부동산처분금지가처분등기가 되어있다는 사실을 알게 됩니다. 이에 기의호는 현대건설에게 가처분등기의 원인이 무엇인지를 밝히라는 통지서를 발송하지만 현대건설은 묵묵부답입니다. 이에 기의호는

2005. 8. 9. 현대건설을 상대로 처분금지가처분 등기에 대한 이의신청을 제기했고, 현대건설은 이에 대한 응소 및 기노걸을 상대로 이 사건 제1심 소송을 제기하면서 보관하고 있던 이 사건 계약서 날짜란에 "1999년 11월 24일"이라는 글자를 기재하여 증거로 제출합니다〈증거자료1-1〉.

즉 현대건설은 이지학과 기노걸이 모두 사망하였다는 점에 착안하여, 이 사건 계약서 작성일자 란에 "1999년 11월 24일"이라고 임의로 기재해 넣었고(변조), 그 외 유진종합건설 전무이사인 A에게는 "1999년 11월 24일에 이지학과 기노걸이 이 사건 계약서를 작성하는 현장을 목격하였다"는 내용의 허위 내용의 진술서를 작성하도록 하여 이를 증거로 제출하였으며, 또한 현대건설 직원 B에게도 "1999년 11월 24일 유진종합건설에게 동아건설 인수대금 36억 원을 지급하는 동시에 이 사건 계약서를 교부받았다"는 허위 내용의 진술서를 작성하도록 하여 이를 증거로 제출합니다〈증거자료1-2〉.

그런데 재판 진행 중 기의호가 보관하고 있던 2000년 7월 28일자 통고서가 증거로 제출됩니다〈증거자료4〉. 즉 현대건설로서는 임의로 계약서 날짜란에 "1999년 11월 24일"로 기재한 부분이 오히려 문제가 된 것입니다. 그뿐이 아닙니다. 뒤이어 이 사건 계약서에 기재된 기노걸의 계좌번호가 1997년 9월 24일자로 예금계약을 해지된 사실이 밝혀지고, 이 사건 계약서에 기재된 계좌번호 글씨도 이지학의 글씨가 아닌 사실도 밝혀지고, 다시 이 사건 계약서를 작성한 사람은 이지학이 아니라 C라는 사실까지 밝혀집니다〈증거자료5 등〉. 다시 말하면 그동안 이 사건 계약서 작성 과정을 지켜본 유일한 증인이라고 한 A의 법정진술, 그리고 이를 뒷받침 하려는 현대건설 직원 B의 법정 진술은 차례대로 거짓이라는 사실이 밝혀집니다.

요약하면, 애초 현대건설은 이지학과 기노걸이 사망한 사실을 십분 활용하여 A와 B의 허위 진술을 앞세워 이 사건 계약서는 기노걸이 작성한 것처럼 법원을 속이려 계획하였는데, 이 과정에서 결정적으로 최소한 세 가지 실수를 범하고 맙니다.

첫째, 이지학은 유진종합건설 명의로 2000년 7월 28일자로 기노걸과 허창에게 내용증명 우편으로 통고서를 보냈었다는 사실을 간과했습니다〈증거자료4,8〉.

둘째, 기노걸과 허창은 1997년 동아건설과의 계약체결 이후 종전 사용하던 예금계좌를 해지하고 새로운 통장을 발급해 사용했다는 사실을 간과했습니다〈증거자료5〉.

셋째, 이지학은 기노걸과 허창의 계약서를 직접 위조한 것이 아니라, 당시 하우공영 총무로 근무하던 C를 시켜서 이를 위조하였다는 사실도 간과했습니다〈증거자료10 등〉.

기의호를 대리했던 나는, 소송 과정에서 현대건설이 간과했던 3가지 사실들의 실체를 객관적인 증거를 통해 모두 증명했고, 급기야는 A가 2000년 2월경에 작성한 것으로 보이는 '계약자현황'까지 찾아냈습니다. 뜻밖의 복병을 만난 현대건설로서는 크게 당황할 수밖에 없었을 것입니다. 그럼에도 불구하고 현대건설은 이러한 장애물을 무난히 헤쳐 나갑니다. 그들만이 누릴 수 있는 특유의 힘과 조직에 기반한 특권과 반칙과 차별의 정신(?)으로써 눈 앞에 펼쳐진 난관을 극복하려고 시도했고, 안타깝게도 우리 사법현실은 이를 막지 못합니다.

즉, 현대건설은 이 사건 계약서와 관련한 주장은 처음부터 끝까지 모두 거짓으로 일관하였고, 재판과정에서 그 실체가 대부분 드러났음에도 법원은 묵묵히 그리고 계속해서 현대건설의 손을 들어줍니다. 우리 사회에서 가장 유능하고 똑똑하다고 평가받는 수많은 법관들의 지식과 이성과 지혜와 양심을 침묵시키게 하는 '그 무엇'의 실체는 정말로 존재하는 것일까요?

2019년 9월 29일 변론기일, 재판부는 내가 신청한 B와 C에 대한 증인 신청을 허락하지 않습니다. 이에 나는 추가 변론기일 지정을 요청하며, 당사자(기의호)는 이 사건의 실체를 밝히기 위하여 무려 16년 동안의 삶을 소비하고 있고, 사법에 대한 신뢰 회복을 위해서도 매우 중요한 사안이니 만큼 실체진실을 제대로 살펴달라고 요청하였고, 이에 재판장은 이렇게 말합니다.

"피고(기의호)가 원하는 것은 정의일 것이고, 원고(현대건설)가 원하는 것은 평화이겠지요."

긴 여운을 남기는 말이었습니다. 그렇습니다. 적어도 제대로 기록을 살펴본 재판부라면 이 사건의 실체진실이 무엇이고 정의가 무엇인지를 알고 있을 것입니다. 이 정도의 증거자료가 제출되었는데 실체진실이 무엇인지를 모른다면 그건 대한민국 법관이 아닙니다. 대한민국 법관 개개인의 우수성이야 세계 어디에 내놓아도 뒤떨어지지 않습니다. 이제까지의 이 사건 관련 일련의 재판을 담당한 약 70여 명의 법관들 중 98%가 이른바 최고 학벌이라는 SKY 출신들이고, 그 중 90% 이상이 자타공인 최고의 엘리트라고 일컫는 S대 법대 및 의대 등 출신들입니다. 이들이 우리 사회에서 가장 성실하고 유능한 인재들임은 두말할 필요도 없습니다. 물론 이러한 학벌과 무관한 다른 법관들도 마찬가지입니다. 이들은 도덕성과 정의감에 있어서도 최소한 우리사회의 평균 이상일 것입니다. 누가 뭐래도 이들은 우리 사회를 이끌어 가는 사회지도층입니다.

헌법 제103조는 "법관은 헌법과 법률에 의하여 그 양심에 따라 독립하여 심판한다"라고 규정하고 있습니다. 즉 우리나라 사법시스템은 공정한 재판을 위해서는 법관의 양심이 제대로 작동해야만 하는 시스템입니다. 어떻게 하면 유능하고 성실한 법관들의 양심이 제대로 작동하도록 할 수 있을까요? 생각건대, 법관의 신분을 보장해주고, 재판 독립을 선언하는 것만으로 부족할 것으로 보입니다. 이는 지금의 우리 사법현실이 말해주는 바이기도 합니다. 법관에 대한 대우를 더욱 향상시키는 방법도 근본적인 대책은 될 수 없을 것입니다. 유능한 법관들로 하여금 그들의 재능을 십분 발휘하도록 하는 방법 중 하나는 어떤 식으로든지 중립적인 일반 국민을 재판과정에 참여시키는 길을 마련하는 것이라고 봅니다. 다시 말하면 재판과정이 오로지 법관들만의 재판이 되지 않게 하는 것이 하나의 방법이라고 봅니다. 일반 국민이 법관과 함께 사법절차에 참여함으로써 일반 국민의 정의감도 더욱 투철해 질 것이며, 더불어 법관의 역할은 더욱 선명하고 중요해지는 동시에 재판은 더욱 공정하고 정의로울 뿐만 아니라 국민들로부터 신뢰를 얻게 될 것입니다.

모든 심급의 판결이 오로지 법관의 양심에 따라 좌우되도록 하고, 법원 판결은 헌법소원의 대상에서도 제외되며, 모든 심판의 합의마저 공개되지 않는(법원조직법 제65조) 지금의 사법시스템은, 어떤 면에서는 법관의 양심을 헌법과 법률보다도 더 우위에 두고 있다는 느낌마저 들게 합니다. 이와 같은 사법시스템에서는 법관의 양심이 제대로 작동할 수 없습니다.

예컨대, "1997. 9. 24.자로 예금계약을 해지한 계좌번호를, 75세의 고령으로 병석에 누워 있는 기노걸이 2000년 9~10월경에 이 사건 계약서를 작성하면서 잘못 불러줄 가능성도 있다"는 법관의 판단이 아무런 견제를 받지 않고, 이 사건 계약서에 기재된 농협계좌번호가 이지학의 글씨가 아니라는 가장 중요한 증거가 법관의 판단에서 제외되어도 아무런 제재를 받지 않으며, 법정을 온통 거짓말 경연장으로 만들어 버린 C의 증언을 근거로 다른 증명력이 인정되는 증거를 배척하여도 이를 막을 수 없는 사법시스템이 바로 현재의 우리 사법시스템입니다.

판사를 영어로 번역하면 Justice라고도 합니다. 이는 판사가 곧 '정의'라는 의미이기도 합니다. 결국 서울고등법원은 기의호의 제

3차 재심의 소를 각하합니다. 기의호가 원하는 정의는 실현되지 않았고, 현대건설이 원하는 평화가 실현되었습니다. 뒤이어 대법원도 기의호의 상고를 심리불속행기각합니다. 그즈음 나는 새로운 증거자료와 제3차 재심이 소에 대한 소회를 담은 『전관예우 보고서』를 출간합니다.

정의를 실현함에는 용기가 필요할 것입니다. 평화를 유지하는데도 그만한 대가와 희생이 필요할 것입니다. 피명 자욱이 선명한 기의호의 시간과 삶과 재산이 현대건설과 법원이 바라는 평화의 대가로써 희생되었습니다. 왜 기의호가 대기업 현대건설이 원하는 평화의 희생양이 되어야 하는지는 법원이 용기 있게 말해주어야 합니다. 어떤 것이 진실인지를 알려고 하지 않고, 기존의 관행대로 다른 판결에서 판단한 대로 똑같은 결론에 이르는 것이 올바른 재판절차일 수 없습니다. 조금만 더 깊게 생각하면서 다른 시각과 다른 각도에서 바라보았다면 진실과 정의는 금방 실현되었을 것입니다. 법원은 제3차 재심의 소를 끝으로 기의호 사건 관련 사법정의의 진실을 다시금 깊이 묻어버렸습니다. 그러나 진실이 사라진 것은 아닙니다.

● 재심의 소에 대한 배심원 재판의 필요성

나는 이 사건 관련 소송을 어언 16여 년 동안이나 이어왔습니다. 법원은 매번 현대건설에 치우친 판결을 하였고, 나는 그때마다 새로운 증거를 찾아내어 법원 판결의 오류를 지적했습니다. 그럼에도 불구하고 법원은 단 한 번도 법원의 잘못을 인정하는 모습을 보이지 않았습니다. 오히려 동료 판사의 잘못을 덮는 데만 급급한 태도로 일관했습니다. 지금에 와서 돌아보면, 법복을 입고 판결을 선고하는 그들의 모습은 너무도 어색했습니다. 아마도 그들 스스로도 그렇게 느꼈을 것입니다. 마치 그리스 신화에 나오는 프로크루소테스의 틀처럼, 정해진 결론을 도출하기 위해 기의호에게 유리한 증거들은 모두 잘라 버리고, 현대건설에게 조금이라도 유리한 증거는 늘리고 확대하여 판결을 선고했습니다. 존재하는 사실과 실체를 그대로 바라보고 판단하려는 의지가 없었습니다. 아마도 어느 시기에 이르러 실체를 제대로 바라보게 되면, 법원 조직이 망신을 당하게 될 것이라고 생각했을 지도 모릅니다.

여기서 재심의 소의 사실 및 법리판단도 모두 법관에게 맡기는 우리 사법제도의 모순성을 지적하지 않을 수 없습니다. 재심의 소는 선행 판결의 오류를 바로잡는 소송입니다. 선행 판결의 오류는 법관들이 범한 것입니다. 재심법원 법관은 선행 판결에서 동료 법관의 잘못된 오판을 지적해 내야 합니다. 법원의 잘못을 법원 스스로가 인정해야 합니다. "누구도 자신의 사건에 심판관이 될 수 없다(Nemo debet esse judex in propia causa)"는 법언이 있습니다. 이러한 법언은 대한민국 재심의 소에는 적용되지 않고 있습니다. 과연 재심법원은 선행 재판에서의 동료 법관들의 오류를 있는 그대로 가감 없이 밝혀낼 것으로 기대할 수 있을까요? 재심법원은 오히려 동료 법관들의 잘못을 숨기고 덮는 데 집중할 것이라는 의심을 완전히 지울 수 있을까요? 너무도 뻔한 '모든 법관은 독립하여 재판할 뿐'이라는 공허한 말 뒤에 더 이상 숨으려 하지는 마시기 바랍니다.

이 사건 제1심 법원은 증인 A의 증언 즉, "2000년 9~10월경 이 사건 계약서를 작성하는 과정에서, 이지학은 기노걸이 불러주는 계좌번호를 직접 계약서에 기재하였고, 이어서 기노걸이 건네주는 도장을 계약서에 날인하는 것을 보았다"는 진술을 신빙성 있는 증거로 채택합니다. 이를 근거로 이 사건 계약서는 기노걸이 작성한 것으로 판단합니다. 이 사건 계약서에 기재된 기노걸의 계좌번호는 1997년 9월에 예금계약이 해지된 것임이 드러났는데도 A의 위 진술을 사실이라고 판단합니다. 결과적으로 제1심 법원의 판단은 오판이었음이 명백히 드러납니다.

제2심 법원 역시 마찬가지입니다. 특히 제2심 법원은 이 사건 계약서에 기재된 글씨는 이지학의 글씨가 아니라는 필적감정서까지 무시하면서, "2000년 9~10월경 75세의 고령이었던 기노걸이 착오로 1997년 9월 24일자로 예금계약을 해지한 농협 계좌번호를 잘못 불러 줄 가능성도 있다"고 판단합니다. 판결이유에 기재된 사실판단도 명백한 오판이었거니와, 재판 과정에서 가장 중요한 증거를 누락하는 등 절차상의 문제점도 명확히 드러났습니다.

이 사건 계약서에 기재되어 있는 기노걸의 계좌번호는 A의 증언과는 달리 이지학의 글씨도 아니었고, 기노걸이 이지학에게 계좌번호를 불러준 사실도 없었으며, 2000년 9~10월경에 기재된 것도 아니었습니다. 무려 십 수 년 전에 있었던 숨겨진 진실 중 일부의 사실이 천신만고 끝에 실체를 드러낸 것입니다. 그렇다면 A는 무엇을 보았던 것일까요? 정말로 A는 무언가를 보았을까요? 자칭 유일한 목격자라는 A의 증언 자체가 거짓말이었던 건 아닐까요? A는 왜 계좌번호와 관련하여 명백한 거짓말을 했을까요? 거짓말로 숨기려 한 진실은 무엇이며, 거짓말로 증명하고자 한 실체는 과연 무엇이었을까요?

A를 법정 증언대에 세운 건 현대건설입니다. 현대건설은 A가 현대건설에 유리한 증언을 해 주기를 바랐을 것입니다. 현대건설은 A가 기노걸과 이지학이 매매계약을 체결하는 현장을 보았다고 말해 주기를 원했습니다. 이지학이 기노걸의 도장을 찍는 현장을 보았다고 진술해 주기를 원했습니다. A는 현대건설이 원하는 대로 진술서를 작성해 주고, 또 증인으로 출석하여 증언까지 했습니다. 날짜가 틀리면 번복해 주고, 내용이 틀리면 다시 보완하는 방법으로 진술을 번복합니다. 한결같이 현대건설이 유리한 대로 움직였습니다.

A는 이 사건 계약서를 작성한 사람이 C였다는 사실을 숨기려고 하지는 않았을 것입니다. 다만, C가 계약서를 작성한 사실 자체를 모르고 거짓 증언을 하였을 것입니다. A는 현대건설이 원하는 대로 움직인 것입니다. 현대건설이 원하는 대로 기노걸과 이지학이 매매계약을 체결하는 현장을 보았다고 하였을 것입니다. 애초 진술서 내용도 현대건설이 보내준 문안대로 도장만 날인해 주었다고 자인하였습니다. 현대건설은 A에게, 이지학과 기노걸이 이미 사망하였으니 거짓말을 해도 된다고 종용하였을 것입니다. A가 자진해서 법정에서 계좌번호 관련 명백한 거짓말을 하지는 않았을 것입니다.

A가 거짓말을 통해 증명하려고 한 것은 기노걸과 이지학이 매매 계약을 체결하였다는 허위 사실일 것입니다. 존재하지도 않는 사실을 그럴듯하게 꾸며내려고, 당시 기노걸이 이지학에게 직접 계좌번호를 불러 주고, 이지학은 이를 계약서에 기재해 넣는 현장을 보았다고 그럴듯하게 꾸며댔던 것입니다. 기노걸과 이지학이 모두 사망했고, 또한 증언 당시 기준으로 약 6년 전 과거의 일인데, 설마 이러한 거짓말이 드러날 것이라고는 상상도 하지 못했을 것입니다.

법원의 오판은 명백했지만 현대건설은 A의 거짓말을 가려줄 새로운 증거를 전혀 제출하지 못했습니다. 그럼에도 법원은 무려 16년에 걸친 30여 차례의 재판에서 매번 헛다리를 짚습니다. 매번 오판을 한 것입니다. 매번 대기업 현대건설의 손을 들어주고 기의호에게 가혹한 판단을 내립니다. 매번 판사 출신 변호사, 대형로펌이 대리하는 현대건설의 손을 들어 주었습니다. 아마도 법원으로서는 동료 법관들의 명백한 오판을 자인하기가 쉽지 않았을 것입니다.

다른 한편, 법원이 판단을 바꾸지 않는 이면에는 나름 믿는 구석이 있었을 수도 있습니다. 사법권은 법원에 있고, 재판권은 법관이 독점하고 있으며, 재심의 소의 재판진행도 법관이 담당할 수밖에 없기 때문입니다. 16년 동안 약 70여 명의 법관들이 재판부를 바꾸어 가면서 오판을 하여도, 법원 구성원인 담당 법관이 앞선 동료법관의 오판을 인정하지 않으면 그만입니다. 서로 눈치껏 재판을 진행하면서 서로 담합하고 카르텔을 형성하면 그 누구도 어찌하지 못합니다.

/ 확증편향 /

실제로 이런 일들이 일어났습니다. 법원은 단 한 번도 동료 법관의 잘못을 인정하지 않았습니다. 이제까지의 판결에는 어떠한 오류도 없었다고 억지 논리로 동료 법관들의 잘못을 덮었습니다. 판결이유는 바람에 나부끼는 나뭇잎보다 가볍게 흩날립니다. 그것은 논리나 법칙이 아니라 어느새 권력자가 되어버린 법관의 힘이었습니다. 제1차 재심법원은 C의 앞뒤 모순된 법정 진술을 이유로 A의 제1심 법정에서의 거짓증언과 위증죄는 아무것도 아니라고 얼버무립니다. 기의호는 할 수 없이 C를 고소하여 위증죄 유죄를 받아냅니다. 그럼에도 제2차 재심법원은 C의 제1차 재심법정에서의 거짓말과 위증죄는 A의 증언과는 무관하다고 다시 꼬리를 잘라 버립니다. A의 필체로 된 '계약자현황'이라는 제목의 서류도 찾아내어 제3차 재심의 소를 제기했습니다. 그러자 제3차 재심법원은 아예 실체 판단을 하지 않고 각하해 버립니다. 명백하게 드러난 A의 필체로 된 '계약자현황'의 내용을 들여다보지 않겠다는 것입니다.

판결이유는 그야말로 미로 찾기 퍼즐입니다. 어떻게 하면 일반 국민들이 판결이유를 알아보지 못하게 할까, 어떻게 하면 법원의 오판을 눈치 채지 못하도록 할까 하는 고민의 흔적들이 역력합니다. 논리에 맞지 않는 판결이유를 작성하려니 앞뒤 말이 길어지고, 때로는 논리를 뛰어넘는 과감한 생략과 비약으로 춤을 춥니다. 동료 법관들의 잘못을 절대로 인정하지 않겠다는 고집만은 더욱 선명하게 보입니다. 법원이 십여 차례에 걸쳐서 오판을 했다는 부끄러움을 세상에 드러내지 않겠다는 의지가 결연합니다. 억지 판결로 법원의 치부를 잠시 동안 가릴 수는 있을 것입니다. 그러나 그 결과

법원과 판결에 대한 신뢰는 끝없이 추락하게 될 것입니다.

　법원이 이러한 태도를 고수한다면, 법원의 오판을 대상으로 하는 재심의 소는 더 이상 법관들에게만 맡겨서는 안 됩니다. 법관들이 잘못 판단한 판결을 다시 법관들에게 담당시키는 것은 법관의 재판독점을 넘어 법관 파쇼를 초래할 뿐입니다. 이런 경우 재판의 진행은 법관에게 맡기되, 재심사유 등 중요한 사실 및 법리판단은 일반 시민들 중에서 무작위로 선출한 배심원들에게 맡기는 방안을 검토해 보아야 합니다. 일반 국민은 가장 중립적일 수밖에 없고, 가장 중립적인 배심원의 판단은 신뢰할 수 밖에 없습니다. 이렇게 함으로써 비로소 법원과 판결에 대한 신뢰도 회복되고, 국민의 기본권도 더욱 철저하게 보장될 수 있습니다. 판결로 인하여 선량한 국민이 억울하게 희생되는 것을 최소화할 수 있을 것입니다. 아마도 우리나라 법관들은 배심원들이 실체진실에 올바르게 접근하여 공정하고 정의로운 결론을 이끌어 내도록 견인하는 데 탁월한 역량을 발휘하면서, 재심 재판에 대한 신뢰를 크게 향상시킬 것입니다.

／ 확증편향 ／

Part III

글을 마치며

책을 다시 쓰기로 하면서 생각해 보았습니다. 지금의 결심은 직업 변호사이자 일반 시민으로서의 인내가 충분히 녹아 있는 것일까? 그러한 인내와 결단은 법치주의에 대한 미덕과 지혜를 충분히 함의한 것일까?

2005년 8월 9일부터 시작된 이 사건 진행과정에서 숱한 일들이 있었습니다. 이유도 모른 채 쉽게 소모되고, 소비되며, 버려지고, 사라지며, 잊혀져가는 안타까움의 연속이었습니다. 재판뿐만 아니라 재판 외의 생활도 마찬가지였습니다. 너무도 오랜 시간 빈번하고 큰 시련을 겪으면서 한쪽 귀퉁이로 몰린 채 웅크려 있기도 하였습니다. 모든 것이 점점 도구화되고, 구조화되며, 형식절차화되면서, 정작 무엇이 진실이고 무엇이 실체인지에 대하여는 서로가 무관심해 가는 듯 했습니다. 어쩌면 고도로 자본화되어가는 현대사회의 숙명인지도 모르겠습니다. 그럼에도 불구하고 아직 변호사로서의 티끌만한 자존심이 남아있고, 사법정의에 대한 겨자씨 만큼의 믿음이라도 남아있다면 우리가 살아가는 세상에 대한 희망을 놓을 수가 없습니다. 우리 사회에는 여전히 의로운 사람들이 넘쳐나고 있을 것이며, 한 사람의 작은 용기가 우리 사회를 한 발자국이라도 앞으로 나아가게 할 것이라 믿습니다.

2004년 8월에 사망한 기노걸이 정말 이 사건 계약서를 작성한 것일까요?

법원은 현대건설의 주장을 받아들여 기노걸이 이 사건 계약서를 작성했다고 판단했습니다. 그러나 그 이유는 석연치 않습니다. 정식으로 계약서를 작성했다면 기노걸은 당연히 자필로 인적사항을 기재하고 인감도장을 찍었을 것입니다. 그런데 이 사건 계약서에는 기노걸의 자필도 없고 막도장이 날인되어 있습니다.

2000년 9~10월경 계약을 체결하면서, 기노걸이 불러주는 계좌번호를 이지학이 계약서에 적어 넣는 것을 보았다는 A의 법정 증언은 거짓이었습니다. A는 처음부터 현대건설의 사주를 받고 거짓 증언을 했을 가능성이 매우 높습니다. B도 아무런 이유 없이 갑자기 진술을 번복했습니다. C도 현대건설 직원 B를 만나고 난 뒤부터 갑자기 태도를 바꾸었습니다.

기노걸이 이 사건 계약서를 작성하지 않았다면 법원은 심각한 오판을 한 것입니다. 지금까지 나온 증거들에 따르면 법원은 심각한 오판을 하였습니다. 대기업 현대건설은 거짓 주장과 거짓 증거를 앞

/ **확증편향** /

세워 법원을 속여 막대한 이익을 챙겼습니다. 그만큼 기의호는 손해를 입었고 또한 오랜 송사에 시달리면서 삶 자체가 망가졌습니다.

현대건설은 2000년 10월 부도를 맞으면서 공적자금을 투입해 회생한 기업입니다. 국민의 세금을 투입해 살려놓은 기업입니다. 국민이 살려놓은 기업이 아니더라도 이 같은 불법행위를 저질러서는 안 됩니다. 아무런 감정도, 책임감도 느끼지 못하는 법인(法人, 주식회사)이라는 인격을 앞세워 심각한 불법행위를 범하면서도 그 누구도 죄책감을 느끼지 않습니다. 윤리경영이라는 슬로건이 그야말로 공허한 구호일 뿐이었습니다. 현대건설의 승소는 결단코 진정한 승리가 될 수 없을 것입니다.

이 사건에서 가장 큰 패배자는 법원 및 사법부입니다. 법원과 사법부는 이 사건으로 사실상 매우 큰 상처를 입었습니다. 판결에 대한 신뢰를 크게 상실했기 때문입니다. 먼저 당사자인 기의호와 그 가족들은 향후 법원 판결을 신뢰하지 않을 것입니다. 아마도 그 상처와 불신의 골은 시간이 갈수록 깊어질 것입니다. 또한 증인으로 출석한 A와 B, 그리고 C를 비롯한 소송관계인들도 향후 법원의 판결을 믿지 않을 것입니다. 그토록 뻔히 드러날 거짓 증언을 쏟아냈는데도 계속해서 어그러진 판단을 하는 법원을 보면서, 오히려 불안감에 몸을 떨고 있을 것입니다. 추후 자신들이 대기업 등 힘 있는 자로부터 소송을 당하게 되면 그들도 꼼짝없이 당할 수밖에 없을 것이라는 근거 있는 두려움에 휩싸일 것입니다. 법원 판결은 이성(理性)과 합리성에 바탕을 둔 신뢰가 생명입니다. 이성과 합리성을 상실한 판결은 폭력이고 야만일 뿐입니다. 폭력과 야만으로 신뢰를 얻을 수는 없습니다. 권력화 된 법원의 폭력을 지켜본 사람들이라면 그 누구를 막론하고(심지어 법관 자신까지도) 법원을 신뢰하지 않을 것입니다.

입맛에 맞는 판결을 받아낸 현대건설 역시 마찬가지입니다. 비록 외형상 승소 판결로 사건은 마무리된 듯하지만, 엿가락처럼 굽어버린 재판 과정을 직접 지켜보면서 오히려 혼란에 빠졌을 것입니다. 사건에서 승소했어도 마냥 기뻐할 수는 없을 것입니다. 고민도 더욱 깊어질 것입니다. 판결에 대한 불신은 더욱 깊게 뿌리를 내렸을 것입니다. 아마도 현대건설은 국내 기업 중 법원에서 가장 많은 사건을 진행하고 있을 겁니다. 두려운 나머지 더 많은 범법행위로 나아갈지 모르겠습니다. 한번 시작된 거짓말은 시간이 지날수록 계속해서 자신을 옭아맬 것입니다. 얼마간의 시간이 지난 뒤에서야 부정하게 취한 이득은 오히려 독(毒)이라는 사실을 깨닫게 될 것입니다.

왜곡된 하나의 사건은 수많은 이들의 마음속에 불신의 뿌리를 내리고, 시간이 갈수록 더 깊고 광범위하게 똬리를 트게 될 것입니다. 뿌리와 가지를 뻗어나가며 결국 우리 사회 전반을 무너뜨릴 수도 있습니다. 경제적 성장과 물질적 풍요에도 불구하고 시민들의 정의(justice) 관념은 점점 희박해지고, 계층 간 갈등의 골도 깊어질 것입니다. 정직과 성실이라는 기본적 덕목마저 무시될 것입니다. 아이들을 어떻게 가르칠지 고민도 깊어질 것입니다. 거짓 주장을 일삼고 거짓 증언과 증거를 만들어 내는 사람들이 모여서 건강하고 행복한 사회를 이룰 수는 없습니다.

대부분의 판결은 공정하고 정의로울 것이라 믿습니다. 대부분의 법원 및 검찰 구성원들은 공의를 위하여 오늘도 성실하게 업무에 임하고 있을 것입니다. 그러나 이러한 사실을 이유로 명백하게 잘못된 판결을 덮어서는 안됩니다. 이를 사회 어느 분야에나 존재하는 불가피한 일로 과소 평가해서도 안 됩니다. 잘못된 관행과 습속이라면 더더욱 당당하게 마주하면서 대화를 시도하고 하루빨리 청산해 나가야 합니다. 그래야 우리 사회가 조금이라도 앞으로 나아갈 수 있습니다.

헌법이 법관에게 재판독립과 신분을 보장하고 있는 이유는 법관이 공정하게 판결할 것이라는 믿음 때문입니다. 이 믿음은 우리 사회의 근간을 이루고 있습니다. 정의와 공정의 기준을 형성합니다. 사법에 대한 신뢰는 조금만 흔들려도 우리 사회의 근간을 무너뜨립니다. 정의와 공정의 기준이 무너지고 큰 혼란과 갈등을 야기하게 됩니다. 잘못된 판결은 아무리 작은 흠결이라도 바로잡아야 하는 이유가 여기에 있습니다. 법원이 바로잡지 못하면 변호사가 나서서 바로잡아야 합니다. 법률가들이 제 역할을 하지 못하면, 어쩔 수 없이 국민들이 직접 나서게 되면서 더 큰 혼란과 갈등이 야기될 것입니다.

변호사로서 무려 16년이라는 세월을 이 사건에 매달렸습니다. 너무도 실망스럽고 고된 날들이었습니다. 세상을 원망하기도 하였습니다. 매번 책을 쓰는 일은 두렵고 공포스럽습니다. 첫 번째 책 『18번째 소송』을 출간한 뒤에는 어떠한 홍보도 하지 못했습니다. 법원과 법관이 너무도 무서웠기 때문입니다. 변호사가 법관을 무서워하고 있습니다. 『고백 그리고 고발』, 『찢어진 예금통장』, 『전관예우 보고서』를 출간하는 일도 마찬가지였습니다. 법관들이 이러한 사실을 알고 괘씸히 여겨 다른 판결에서 불이익을 줄 수도 있을 것이라는 극도의 불안감과 공포에 사로잡히기도 하였습니다.

그렇습니다. 우리 사법시스템에서 법관은 이른바 '종이호랑이(Paper tiger)'가 아닙니다. 변호사마저도 법관이 무서워서 할 말을 제대로 못하고 있는 실정입니다. 법이 무섭거나 재판을 두려워하는 것이 아니라, 별다른 견제를 받지 않으면서 재판권한을 독점하고 있는 법관을 무서워하고 있습니다. 국가권력을 사법권, 입법권, 행정권으로 분리해 놓는 것만으로 당연히 견제와 균형이 이루어지는 것도 아닙니다. 권력이란 외형상 아무리 분리해 놓아도 그 속성상 언제든지 담합할 수 있습니다. 더구나 우리 사법시스템에서 별다른 견제를 받지 않는 사법권은 언제든지 다른 사회권력과 유착하여 재판권을 남용할 수 있는 위험성을 배제할 수 없습니다. 법관은 어느덧 우리 사회에서 가장 무섭고 공포감을 주는 강력한 권력자가 되었습니다. 그만큼 일반 국민들의 기본권 보장은 쉽게 무시되고 침해될 위험성도 높아졌습니다. 대한민국 사법시스템에서 몽테스키외가 생각한 '재판관의 무권력화'는 철저히 실패했습니다.

변호사라는 직업은 억울함을 당한 사람의 고민을 들어주고 법률

확증편향

적 해법을 제시하며 함께 풀어나가는 직업입니다. 시민의 기본적 인권을 옹호하고 사회정의를 실현해야 하며, 그러한 과정에서 마주치는 잘못된 제도나 관행을 개선하는 데도 앞장서야 합니다. 현실이 어렵다고 해서 마냥 이를 회피해서도 안 됩니다. 가장 해서는 안될 일은, 부정한 현실 앞에 그대로 멈춰 서 있는 것입니다. 멈춰 서있으면 영원히 그 자리를 벗어날 수 없습니다. 작더라도 지금 할 수있는 일을 시작해야 합니다. 아무리 발버둥 쳐도 변하지 않을 것이라고 미리 결과를 낙담할 필요도 없습니다. 힘들더라도 우리 사회의 건강한 공동체적 가치를 믿어야 합니다. 그 누구도 세상을 혼자서 살아가지 않기 때문입니다. 두려움을 떨치고 당당히 마주하면서, 공동체와 대화를 시작해야 합니다. 건강하고 건전한 논리의 힘을 믿어야 합니다.

변호사는 법원 판결을 존중함이 마땅합니다. 그러나 법원이 스스로 권력자가 되어 부당하게 재판 권력을 남용한다면 이에 대해 분명하게 맞서야 합니다. 변호사는 부당한 권력에 맞설 때 가장 변호사스럽습니다. 변호사가 법관 및 법원의 재판권 남용을 견제하지 못하고 머뭇거리면 선량한 일반 국민(의뢰인)은 의지할 곳이 없게됩니다. 의지할 곳 없는 일반 국민은 피켓을 들고 거리로 나가 더크게 사법불신을 외치게 될 것입니다. 국민들을 황야로 내몰아서는안됩니다. 그들이 황야에 나가면 불을 지르거나 폭력을 행사하는등 우리 사회가 극단적 위험 상황에 노출될 수도 있습니다. 점점 더법원 판결을 믿지 않으려 할 것이며, 아무리 올바른 판결을 내어 놓더라도 각자의 입장과 입맛에 따라 서로 편을 갈라서 비방하며 갈

등을 야기하려 할 것입니다.

　그러나 변호사라고 해서 법관의 재판권 남용으로 인한 왜곡된 판결에 대항할 뾰족한 방법이 있는 것은 아닙니다. 다만, 재판권 남용을 가장 잘 아는 변호사까지 침묵하면 우리 사회의 사법불신은 더 이상 해법이 없다는 말씀을 드리는 것입니다. 그러니 가급적 많은 변호사들이 각자의 자리에서 경험한 재판권 남용 사례를 가감 없이 지적해 내고, 더 나아가 이를 기록으로 남기는 일이 필요합니다. 그 과정에서 판결문이 원문 그대로 공개될 수도 있을 것입니다. 변호사가 본래의 사명에 충실할 때 비로소 이른바 법조삼륜의 한 축으로서 우리 사회의 사법신뢰의 최소한이라도 담보할 수 있게 될 것입니다. 작은 의지가 법원을 변화시키고 우리 사회를 신뢰 사회로 이끌게 될 것입니다. 같은 고민을 하시는 많은 변호사님들의 동참과 시민들의 호응을 기대하며 글을 마칩니다.

증거자료
·
추가판결문

증거자료1-1 : 기노걸 명의의 부동산매매계약서(이 사건 계약서, 갑3호증의 3)

※ 不動産의 表示

소재지	지번	지목	면적(㎡)	소유권자	비고
경기도 김포시 고촌면 향산리	65-2	대	255	기노걸	지상물일체 포함
	65-5	대	36		
	65-8	대	539		
	65-12	전	284		
	65-20	대	322		
	67-1	대	1,815		
계			3,251(983.4평)		

상기 표시 부동산의 매도인인 상기 소유권자(이하 '갑')와 매수인 현대건설 주식회사 대표이사 김 규(이하 '을')는 아파트 신축 사업용 토지매매를 위하여 상호간에 신의와 성실을 원칙으로 아래와 같이 부동산 매매계약을 체결한다.

- 아   래 -

第 1 條 (契約의 主內容)

가. '갑'은 위 표시부동산의 정당한 소유자임을 확인하여 본 계약서에 명시된 의 제반의무를 책임진다.

나. '갑'이 1997. 9. 1.동아건설산업(주)와 체결한 부동산 매매계약을 '을'이 1999. 11. 5.승계 인수함에 따라 이를 재확인하고, 기수수대금 승계 및 잔대금 지불방법을 정한다. (인감)

다. '갑'과 '을'은 '갑' 소유 표시 부동산에 '을'이 아파트를 신축할수 있도록 매매 하고저 제2조 이하의 내용으로 표시 부동산의 매매계약을 체결한다.

라. 이 승계계약 체결후 '갑'은 '을'의 동의 없이 표시부동산을 제3자에게 양도하 거나 제한물권 설정 등의 행위를 할 수 없다.

第 2 條 (賣買代金 支給條件)

가. 대금총액 : 一金일십구억육천육백만원整(₩1,966,000,000)

나. 매매대금의 지급 일정

구 분	지급기일	금 액	비 고
계 약 금	1997. 9. 1	₩196,600,000	1조 나항 참조
1차 중도금	1997. 9. 1	₩98,300,000	1조 나항 참조
2차 중도금	1997.11. 5	₩688,100,000	소유권이전시
잔 금	승계계약후 6개월	₩983,000,000	어음지급,지급보증
합 계		₩1,966,000,000	

1999. 11. 24.

52

[증거자료1-1 기노걸 명의의 이 사건 계약서 제1면]

계약서 제1조에는 1999년 11월 5일 인수인계를 확인한다고 기재되어 있고, 제2조에서는 승계계약 후 6개월 이내에 현대건설이 기노걸에게 983,000,000원의 잔금을 지급하는 것으로 기재되어 있습니다.

/ 확증편향 /

다. 확정 측량 결과 매매면적이 변경될 시 상기 '가'항 금액을 매매면적으로
나눈 금액으로 정산키로 한다.

라. 매매대금 지불관련 특약

1) 매매대금중 계약금(10%) 및 1차중도금(5%)은 계약일로부터 5일 이내
에 '갑'이 지정하는 은행계좌로 '을'이 입금하기로 한다.

(농협 은행 : 241084-56-002254)

2) 계약금 지급후 '을'은 동 금액에 대한 채권확보를 위하여 가처분을 할
수 있으며, '을'의 요청시 총 지급액의 130% 범위내에서 근저당권 설정
또는 소유권 이전 가등기 신청을 위한 서류를 '을'에게 교부하기로 한다.

第 3 條 (契約擔保 및 土地使用承諾 等)

본 계약 체결과 동시에 '갑'은 '을'의 인허가에 필요한 제반서류(토지사용
승락서, 인감증명서 등)를 ~~~~~로 한다.

第 4 條 (所有權 移轉 및 명도 時期)

가. '갑'은 '을'로부터 제2조 토지잔대금을 수령하거나, '을'의 서면통보에 의하
여 잔대금 지불기일에 지불할 것을 명시한 약속어음 또는 금융기관의 지불
보증서로 지불할 경우 소유권 이전에 필요한 일체의 서류를 '을'에게 교부
하고 부동산을 명도하기로 한다.

나. 명도시 부동산 등기상에 기재되지 않은 하자는 명도후에도 '갑'의 책임과
비용으로 처리하기로 한다.

第 5 條 (設定權利의 抹消)

가. 본 계약 체결 당시의 '갑'의 등기상에 설정된 소유권 이외의 모든 권리는
'갑'의 책임하에 제4조의 잔대금 지급일전까지 말소하여야 한다.

나. 본 계약 체결일 이후 '갑'은 위 표시부동산에 '갑'의 소유권 이외의 어떠한
권리도 설정할 수 없으며, '갑'의 의지와 관련없이 행하여진 소유권을 제한
하는 권리(임차권, 가처분, 가압류, 지상권 등 일체의 권리)는 '갑'의 책임하
에 제4조 잔대금 지불기일 전까지 말소하여야 한다.

다. 상기 '가'항 및 '나'항의 설정권리 말소가 기한내에 완료되지 못할시 '을'은
중도금 또는 잔금의 지급을 연기하거나 권리의 말소를 직접 행할 수 있으며
이에 투입된 비용은 '갑'의 부담으로 하며 토지대금에서 상계 처리한다.

53

[증거자료1-1 기노걸 명의의 이 사건 계약서 제2면]

매매대금 지불관련특약 란에는 계약금 등을 기노걸이 지정하는 〈농협 241084-56-
002254〉계좌로 계약일로부터 5일 이내에 입금하기로 기재되어 있습니다. 그러나 위 농
협계좌는 기노걸이 1997년 9월 24일자로 예금계약을 해지한 것임이 드러나고, 글씨도 C
의 필체임이 드러납니다.

第 6 條 (地作物 等 支障物에 관한 事項)

　　가. '갑'은 표시 부동산상의 지장물 일체(미등기 건축물 및 기타 농작물과 지하구
　　　　조물을 포함한다.)를 제4조 잔대금 지불기일전까지 '갑'의 책임과 비용으로 철
　　　　거, 거주자의 퇴거 및 건물의 멸실등을 완료하여 토지 명도에 하등의 지장이
　　　　없도록 조치하여야 하며, '을'은 일반구조를 철거를 책임지고 철거한다.

第 7 條 (行爲 制限)

　　이 계약 체결후 계약자중 일방이 다음과 같은 행위를 할 경우 사전에 상대방
　　의 서면 승낙을 얻어야 하며 승락없이 행한 행위의 모든 책임은 행위자가 부
··　담한다.

　　1) '을'의 동의없는 표시부동산의 대금청구권 양도 및 소유권 이전
　　2) 이 계약서에 대한 질권등 제한물권의 설정 및 담보 제공
　　3) 상대방의 승인없이 이 계약서를 제3자에게 공개
　　4) '을'의 동의없는 매매,증여,전세권,저당권,임차권의 설정 기타 일체의 처분
　　　행위

第 8 條 (諸稅 公課金)

　　표시부동산에 대한 제세금 및 공과금은 과세기준일을 기준하여 제4조의 소유
　　권 이전일 이전까지 발생된 부과분은 명의에 관계없이 '갑'이 부담하고 그 이
　　후에는 '을'이 부담한다.

第 9 條 (違約에 따른 賠償)

　　가. '갑'과 '을'이 본 계약을 위반하였을 경우, 상대방은 상당한 기간을 정하여
　　　　상대방에게 그 이행을 최고한 후 본 계약을 해지할 수 있다.

　　나. 본 계약을 '갑'이 위약시는 계약금의 2배액을 변상하며 '을'이 위약시는 계
　　　　약금은 '갑'에게 귀속되고 반환을 청구할 수 없으며, 계약 해지 및 해제로
　　　　입은 상대방의 피해는 별도 보상 및 배상키로 한다.

　　다. '을'이 아파트 사업을 위한 사업승인을 접수한 후 '갑'의 책임있는 사유로
　　　　본계약의 이행이 불가능하거나 이행이 지체될 경우 '갑'은 상기 '가' 항
　　　　내지 '나' 항의 배상과 별도로 '을' 의 기투입비용 및 예상 사업수익을
　　　　배상한다.

第 10 條 (特約 事項)

　　가. 본 계약의 내용은 '갑'과 '을'의 상속인 또는 포괄승계인에게 자동 승계된다.

　　나. 본 계약과 관련된 부동산의 소유권이전 및 지장물의 철거 등의 '갑'의 모든
　　　　책임은 계약 당사자인 '갑' 과 상속인 또는 포괄승계인 모두가 연대
　　　　하여 부담한다.

54

／확증편향／

第 11 條 (契約의 解釋 및 管轄地)

　　가. 본 계약서상에 명시되어 있지 아니한 사항은 일반 상거래 관행에
　　　　의하여 해석한다.

　　나. 본 계약에 따른 분쟁에 관하여 법률적 사안이 발생할 경우 소송
　　　　관할법원은 서울지방법원 본원으로 한다.

　　위와 같은 계약을 체결함에 있어 '갑'과 '을'은 위 계약조건을
충실히 이행할 것을 입증하기 위하여 이 계약서에 날인하여 각1부
씩 보관키로 한다.

1999. 11/24.

2000.
~~1999.~~

賣渡人 (갑) : 경기도 김포시 고촌면 향산리 67
　　　　　　　 261123 - 1223615
　　　　　　　 기 노 걸 ㊞

買受人 (을) : 서울시 종로구 계동 140-2
　　　　　　　 (110111-0007909)
　　　　　　　 현 대 건 설 주 식 1 사
　　　　　　　 대 표 이 사 김 윤 규

立 會 人 : 안양시 동안구 관양동 1508
　　　　　　 유 진 종 합 건 4 주 식 1 사
　　　　　　 대 표 이 사 김요환, 정하경

55

[증거자료1-1 기노걸 명의의 이 사건 계약서 제4면]

매도인란에는 기노걸의 주소, 주민등록번호, 성명, 계약일자 등이 기노걸의 자필이 아닌
누군가의 글씨로 기재되어 있고, 기노걸의 한글 막도장이 날인되어 있습니다.

[증거자료1-2 입금표 및 영수증]

1999년 11월 24일 현대건설은 유진종합건설에게 36억 원의 토지대를 지급하고, 유진종합건설은 위 36억 원을 동아건설에게 승계토지대로 지급한 입금증 및 영수증입니다.

증거자료2 : 기노걸 명의의 영수증

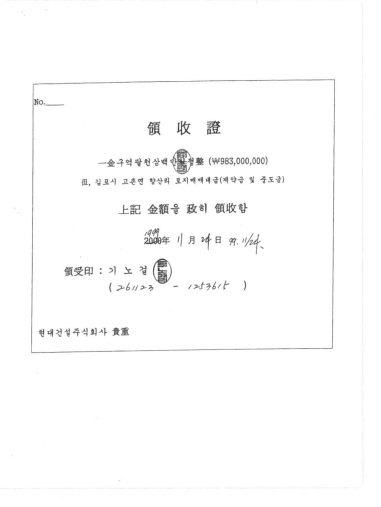

[증거자료2 기노걸 명의의 영수증]

현대건설은 기노걸의 자필이 아닌 누군가의 글씨로 기노걸의 성명, 주민등록번호를 기재하고, 기노걸의 막도장을 날인한 영수증을 증거로 제출하였습니다. 뒤에 위 영수증에 기재된 글씨는 C의 필체임이 밝혀집니다.

[증거자료3 동아건설과의 부동산매매계약서에 기재된 기노걸의 자필 및 인감도장]

기노걸은 1997년 9월 동아건설과 부동산매매계약서를 작성하면서 직접 한문 자필로
성명, 주소, 주민등록번호를 기재하고, 한문으로 된 인감도장을 날인하였습니다.

증거자료4 : 유진종합건설이 2000. 7. 28. 기노걸에게 보낸 통고서

통 고 서

수신인 : 경기도 김포시 고촌면 향산리 67번지
　　　　기 노 걸 귀하

발신인 : 김포시 사우동 256-7 경동빌딩3
　　　　유진종합건설(주) 대표이사 김○○

당사는 1997년 3월 향산취락지구 저밀도 변경승인이 완료된 시점에서부터 개발계획을 다시 수립하여 현재까지 사업을 진행해 온 바 막대한 개발사업비를 부담하면서 향산리 개발에 노력하였으나 당사가 동아건설(주)로부터 양도 승계받은 부동산 양도권리를 인정하지 않음에 따라 개발이 지연되어 이 내용증명을 발송합니다.

현 향산리의 개발면적은 93,000평으로 도시계획도로 및 학교, 공원 등 33,000평을 기부체납하여야 하며 공동주택용지로 60,000평을 사용하게 됩니다. 또한 현부지는 윗산리 일부와 아랫산리 반이상이 군사시설보호지역으로 되어 있어 군시설에 대한 대체시설물 이전비 등 개발자의 사업비 부담이 가중되어 있고 104번 군도로로 사용하게 될 도로개설비, 사우지구 우회도로와 연결되는 향산IC 공사비(약 50억) 등 순수 토지비로 산정시 귀하의 토지평수의 절반이 기부체납 또는 개발비 부담으로 되어 있습니다. 따라서 귀하 토지가의 2배에 상당한 사업비가 지출되는 셈입니다. 지금까지 도로를 70만원, 전답을 80만원, 대지는 100만원(건물비 별도 보상) 선에서 협의 매입을 해온 바 90% 이상의 주민이 이에 동의하고 계약을 완료한 반면, 귀하는 이에 불응하고 개인의 이익만을 추구하고 있음으로 먼저 내용증명으로 당사의 사업경위와 취지를 설명하고 도시개발법 21조의 2/3이상 토지매입 및 토지소유자 총수의 2/3 이상 동의한 근거에 따라 동법제13조에 의거 토지수용권을 부여받아 사업시행을 하고자 합니다. 이러한 사태는 귀하의 비협조와 터무니 없이 높은 토지가격을 요구함으로 당사로 하여금 불가피한 선택을 하도록 한 것입니다.

지금까지 당사의 개발비 부담으로 향산리 전체의 막대한 개발이익을 가져다 준 공로를 인정하지 못하는 귀하에게 섭섭함을 표하며 아무런 물리적 마찰없이 해결되기를 기대합니다. 안녕히 계십시오.

붙임 : 사업추진경위서 1부. 끝.

이 우편물은 2000/07/28 제 151150
호에 의하여 내용증명우편물로
발송하였음을 증명함
김포우체국장

2000년　　월　　일

[증거자료4 유진종합건설이 2000. 7. 28. 기노걸에게 보낸 통고서]

유진종합건설은 2000년 7월 28일 기노걸에게 "승계계약에 협조해 주지 않아 토지수용권을 발동하겠다"는 내용의 통고서를 발송하였습니다. 이는 곧 기노걸이 2000년 7월 28일까지 현대건설과의 매매계약을 거부하고 있다는 의미입니다. 유진종합건설은 같은 일자에, 같은 내용의 통고서를 허창에게도 발송하였습니다〈증거자료8 참조〉.

증거자료5 : 기노걸이 1997. 9. 24 예금계약을 해지한 통장의 표지 및 내용

[증거자료5 기노걸이 1997년 9월 24일자로 예금계약을 해지한 통장의 표지]

기노걸은 1997년 9월 24일 이 사건 계약서에 기재된 농협 241084-56-002254 예금계약을 해지하고, 통장 마그네틱선 제거를 위하여 통장 뒷면 표지 절반을 훼손해 놓았습니다. 그런데 제1심 증인 A는 '기노걸이 2000년 9~10월 경에 통장을 보고 이지학에게 계좌번호를 불러주는 것을 현장에 입회하여 보았다고 증언합니다.

확증편향

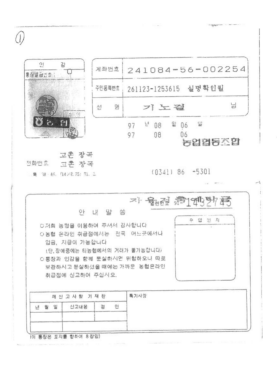

[증거자료5 기노걸이 1997년 9월 24일 예금계약을 해지한 통장의 첫째 장]

통장 첫째 장에는 농협 계좌번호(241084-56-002254)와 기노걸의 주민등록번호
(261126-1253615), 그리고 통장 개설일(1997년 8월 6일)이 기재되어 있습니다.

년 월 일	찾으신금액	예입하신금액	잔 액	적 요	취급점
계좌번호: 241084-56-002254 신규 첫거래 감사합니다 !!					
97·08·06		¥10,000	¥10,000	현금	241084
97·09·01 김정철	¥94,900,000		¥94,910,000	자기앞41	241083
97·09·01 김정철	¥100,000,000		¥194,910,000	자기앞41	241083
97·09·01 김정철	¥100,000,000		¥294,910,000	자기앞41	241083
97·09·24	¥70,000,000	26722761-10	¥224,910,000	대체	241084
97·09·24	¥224,910,000		¥0	해지	241084

	원 금	¥224,910,000
	예금이자	¥557,522
	소득세	¥83,620
	법인세	¥0
	주민세	¥8,360
	농특세	¥0
	세금합계	¥91,980
	환경기금	¥0
	차감이자	¥465,542
	현금지급	¥465,542
	기노걸 님 농협을 이용해주셔서 감사합니다	

적요란 설명
K 기장   J 장청   B 부두지급
X 취소   INT 이자   11~43 타점환
CD 현금입출기   A석 자동이체   마음은 농촌 저축은 농협

[증거자료5 기노걸이 1997년 9월 24일 예금계약을 해지한 통장의 둘째 장]

기노걸은 위 계좌를 1997년 9월 24일에 해지한 다음 모든 예금을 당시 개설한 다른 계좌로 대체한 내용이 기재되어 있습니다. 그럼에도 법원은 '계좌의 폐쇄여부는 통장의 마지막면을 보아야 알 수 있으므로 당시 75세인 기노걸이 착오로 폐쇄된 계좌를 잘못 불러주었을 수도 있다'고 판시합니다.

/ 확증편향 /

증거자료6 : 허창 명의의 부동산매매계약서(증거자료1과 대비)

不動産 賣買契約書

※不動産의 表示

소재지	지번	지목	면적(㎡)	소유권자	비고
경기도 김포시 고촌면 향산리	61-2	전	1,184	허	지상물일체 포함
	61-3	잡	374		
	61-4	전	588		
	65-1	대	943		
	65-7	대	438		
	65-11	잡	602		
계			4,129(1,249평)		

상기 표시 부동산의 매도인인 상기 소유권자(이하 '갑')와 매수인 현대건설 주식회사
대표이사 김 규(이하 '을')는 아파트 신축 사업용 토지매매를 위하여 상호간에 신의와
성실을 원칙으로 아래와 같이 부동산 매매계약을 체결한다.

- 아   래 -

第 1 條 (契約의 主內容)
　　가. '갑'은 위 표시부동산의 정당한 소유자임을 확인하며 본 계약서에 명시된 '갑'
　　　　의 제반의무를 책임진다.
　　나. '갑'이 1997. 9. 1.동아건설산업(주)와 체결한 부동산 매매계약을 '을'이
　　　　1999. 11. .승계 인수함에 따라 이를 재확인하고, 기수수대금 승계
　　　　및 잔대금 지불방법을 정한다.
　　다. '갑'과 '을'은 '갑' 소유 표시 부동산에 '을'이 아파트를 신축할수 있도록 매매
　　　　하고저 제2조 이하의 내용으로 표시 부동산의 매매계약을 체결한다.
　　라. 이 승계계약 체결후 '갑'은 '을'의 동의 없이 표시부동산을 제3자에게 양도하
　　　　거나 제한물권 설정 등의 행위를 할 수 없다.

第 2 條 (賣買代金 支給條件)
　　가. 대금총액 : 一金이십억육천팔오만원整(₩2,060,850,000)
　　나. 매매대금의 지급 일정

구 분	지급기일	금 액	비 고
계 약 금	1997. 9. 1	₩192,765,000	1조 나항 참조
1차 중도금	1997. 9. 1	₩96,382,500	1조 나항 참조
2차 중도금	승계계약후 4개월	₩885,851,250	소유권이전시
잔 금	2차 중도금 지급후 6개월	₩885,851,250	어음지급,지급보증
합 계		₩2,060,850,000	

[증거자료6 허창 명의의 부동산매매계약서 제1면〈증거자료1-1과 대비〉]
이 사건 계약서와 동일한 형식으로 작성된 현대건설-허창 명의의 부동산매매계약서가
발견됩니다. 현대건설은 위 계약서를 이용하여 2000년 12월 허창의 부동산에 처분금지
가처분을 하였으나, 추후 위조된 부동산매매계약서임을 인정되어 가처분은 취소됩니다.

다. 확정 측량 결과 매매면적이 변경될 시 상기 '가'항 금액을 매매면
적으로 나눈 금액으로 정산키로 한다.

라. 매매대금 지불관련 특약

1) 매매대금중 계약금(10%) 및 1차중도금(5%)은 계약일로부터 5일
이내에 '갑'이 지정하는 은행계좌로 '을'이 입금하기로 한다.
(국민 은행 : 079 - 21 - 0525 - 482)

2) 계약금 지급후 '을'은 동 금액에 대한 채권확보를 위하여 가등기
을 할 수 있으며, '을'의 요청시 총 지급액의 130% 범위내에서
근저당권 설정 또는 소유권 이전 가등기 신청을 위한 서류를
'을'에게 교부하기로 한다.

第 3 條 (契約擔保 및 土地使用承諾 등)

본 계약 체결과 동시에 '갑'은 '을'의 인허가에 필요한 제반서류(토
지사용승락서, 인감증명서 등)를 제공하기로 한다.

第 4 條 (所有權 移轉 및 명도 時期)

가. '갑'은 '을'로부터 제2조 토지잔대금을 수령하거나, '을'의 서면통
보에 의하여 잔대금 지불기일에 지불할 것을 명시한 약속어음 또
는 금융기관의 지불보증서로 지불할 경우 소유권 이전에 필요한
일체의 서류를 '을'에게 교부하고 부동산을 명도하기로 한다.

나. 명도시 부동산 등기상에 기재되지 않은 하자는 명도 후에도 '갑'
의 책임과 비용으로 처리하기로 한다.

第 5 條 (設定權利의 抹消)

가. 본 계약 체결 당시의 '갑'의 등기상에 설정된 소유권 이외의 모든
권리는 '갑'의 책임하에 제4조의 잔대금 지급일전까지 말소하여
야 한다.

나. 본 계약 체결일 이후 '갑'은 위 표시부동산에 '갑'의 소유권 이외
의 어떠한 권리도 설정할 수 없으며, '갑'의 의지와 관련 없이 행
하여진 소유권을 제한하는 권리(임차권, 가처분, 가압류, 지상권
등 일체의 권리)는 '갑'의 책임하에 제4조 잔대금 지불기일 전까
지 말소하여야 한다.

[증거자료6 허창 명의의 부동산매매계약서 제2면〈증거자료1-1과 대비〉]

매매대금 지불관련 특약 란에는 허창의 국민은행 079-21-0525-482 계좌번호가 기재되
어 있습니다. 그러나 위 계좌번호는 허창이 1997년 12월에 예금계약을 해지한 계좌임이
확인됩니다.

/ 확증편향 /

다. 상기 '가'항 및 '나'항의 설정권리 말소가 기한내에 완료되지 못
할시 '을'은 중도금 또는 잔금의 지급을 연기하거나 권리의 말소
를 직접 행할 수 있으며 이에 투입된 비용은 '갑'의 부담으로 하
며 토지대금에서 상계 처리한다.

第 6 條 (農作物 等 支障物에 관한 事項)

가. '갑'은 표시 부동산상의 지장물 일체(입목, 무허가 및 미등기 건축
물, 분묘 및 기타 농작물과 지하구조물을 포함한다.)를 제4조 잔
대금 지불기일전까지 '갑'의 책임과 비용으로 이식, 철거, 이장,
거주자의 퇴거 및 건물의 멸실 등을 완료하여 토지 명도에 하등
의 지장이 없도록 조치하여야 한다.

나. 만약 '갑'이 상기 '가'항 기한 내에 소정의 조치를 완료하지 못 할
경우 '갑'의 중대한 계약 위반사항으로 간주하며, 필요시 '을'이
임의로 '갑'을 대위하여 '갑'의 명의등을 사용하여 이식, 벌목, 철
거, 퇴거조치, 이장 등 일체의 행위를 하여도 '갑'은 민형사상 하
등의 이의를 제기할 수 없으며 이에 투입되는 모든 비용은 '갑'의
부담으로 하여 토지 대금에서 상계처리하기로 한다.

다. 본 계약의 이행과 별도로 상기 '가'항의 지장물 일체의 처리가 잔
대금 지불기일까지 완료되지 못할 시 그 처리가 완료될 때까지
'을'은 '갑'에게 지불할 잔금의 지급을 연기(면체료는 부담하지 않
는다)할 수 있으며, '갑'은 매지체일수에 대하여 계약
금 및 중도금 등 '을'로부터 기수령한 금액의 1/1000에 해당하는
금액을 1일 손해배상으로 정하여 '을'에게 지급하기로 하며, '을'
은 위 손해배상금을 '갑'에게 지불할 토지대금에서 상계 처리할
수 있다.

第 7 條 (行爲 制限)

이 계약 체결후 계약자중 일방이 다음과 같은 행위를 할 경우 사
전에 상대방의 서면 승낙을 얻어야 하며 승낙 없이 행한 행위의
모든 책임은 행위자가 부담한다.

1) '을'의 동의 없는 표시부동산의 대금청구권 양도 및 소유권 이전
2) 이 계약서에 대한 질권등 타한물권의 설정 및 담보 제공
3) 상대방의 승인 없이 이 계약서를 제3자에게 공개
4) '을'의 동의 없는 매매, 증여, 전세권, 지당권, 임차권의 설정 기타
   일체의 처분 행위

第 8 條 (諸稅 公課金)

　본 부동산에 대한 제세금 및 공과금은 과세기준일을 기준하여 제
4조의 소유권 이전일 이전까지 발생된 부과분은 명의자 '갑'이
이 '갑'이 부담하고 그 이후에는 '을'이 부담한다.

第 9 條 (違約에 따른 賠償)

　가. '갑'과 '을'이 본 계약을 위반하였을 경우, 상대방은 상당한 기간을
　　　정하여 상대방에게 그 이행을 최고한 후 본 계약을 해지할 수 있
　　　다.

　나. 본 계약을 '갑'이 위약 시는 계약금의 2배액을 배상하며 '을'이 위
　　　약시는 계약금은 '갑'에게 귀속되고 반환을 청구할 수 없으며, 계
　　　약 해지 및 해제로 입은 상대방의 피해는 별도 보상 및 배상키로
　　　한다.

　다. '을'이 아파트 사업을 위한 사업승인을 접수한 후 '갑'의 책임 있
　　　는 사유로 본계약의 이행이 불가능하거나 이행이 지체될 경우 '갑'
　　　은 상기 '가'항 내지 '나'항의 배상과 별도로 '을'의 기투입비용 및
　　　예상 사업수익을 배상한다.

第 10 條 (特約 事項)

　가. 본 계약의 내용은 '갑'과 '을'의 상속인 또는 포괄승계인에게 자동
　　　승계 된다.

　나. 본 계약과 관련된 부동산의 소유권이전 및 지장물의 철거 등의
　　　'갑'의 모든 책임은 계약 당사자인 '갑'과 상속인 또는 포괄승계인
　　　모두가 연대하여 부담한다.

　　　본 계약 체결후 '을'의 계약상의 권리 보존을 위한 모든 행위는
　　　'을'이 단독행위로 행할 수 있으며 '갑'은 이에 이의를 제기치 않
　　　는다.

　다. 본 계약과 관련된 합의는 서면으로 행하며 서면이외에는 효력이
　　　없다. 서면은 계약시 주소지로 행하며 주소지 변경시 즉시 상대방
　　　에게 통보하여야 하며 주소지 변경 미통보로 인해 발생되는 모든
　　　책임은 당사자가 부담한다.

第 11 條 (契約의 解釋 및 管轄地)

　가. 본 계약서상에 명시되어 있지 아니한 사항은 일반 상거래 관행에
　　　의하여 해석한다.

　나. 본 계약에 따른 분쟁에 관하여 법률적 사안이 발생할 경우 소송
　　　관할법원은 서울지방법원 본원으로 한다.

　　위와 같은 계약을 체결함에 있어 '갑'과 '을'은 위 계약조건을
충실히 이행할 것을 입증하기 위하여 이 계약서에 날인하여 각1부
씩 보관키로 한다.

　　　　　　　　　　　　　　　　　2000. 1. 7.
　　　　　　　　　　　　　　　　　~~1999.~~

　　　賣渡人 (갑) : 경기도 김포시 고촌면 향산리 67
　　　　　　　　　　460122 -
　　　　　　　　　　허　　　　　　(인)

　　　買受人 (을) : 서울시 종로구 계동 140-2
　　　　　　　　　　(110111-0007909)
　　　　　　　　　　현 대 건 설 주 식 회 사
　　　　　　　　　　대 표 이 사 김　　규

　　　立 會 人 : 안양시 동안구 관양동 1508
　　　　　　　　　유 진 종 합 건 설 주 식 회 사
　　　　　　　　　대 표 이 사 김 환, 정 경

[증거자료6 허창 명의의 부동산매매계약서 제4면〈증거자료1-1과 대비〉]

허창의 주소, 성명, 주민등록번호, 계약일자가 기재되어 있는데, 기노걸의 이 사건 계약서
에 기재된 글씨와 동일한 필체임이 확인됩니다. 또한 날인된 허창의 막도장도 이 사건 계
약서에 날인된 막도장과 동일한 형태였습니다. 필체는 C의 글씨임이 추후 확인됩니다.

증거자료7 : 허창 명의의 영수증(증거자료2와 대비)

```
No._____

                  領 收 證

  一金 이억팔천구백일십사만칠천오백원整 (₩289,147,500)

  但, 김포시 고촌면·향산리· 토지매매대금

        上記 金額을 政히 領收함

        2000年 / 月 7日

  領受印 : 허  [印]
       ( 460122 -         )


  현대건설주식회사 貴重
```

[증거자료7 허창 명의의 영수증〈증거자료2와 대비〉]

허창의 주민등록번호가 기재되고, 막도장이 날인된 영수증입니다. 증거자료2에서 본 기노걸의 영수증과 동일한 필체, 동일한 형태의 막도장이 날인되어 있습니다.

증거자료8 : 유진종합건설이 2000. 7. 28. 허창에게 보낸 통고서(증거자료4와 대비)

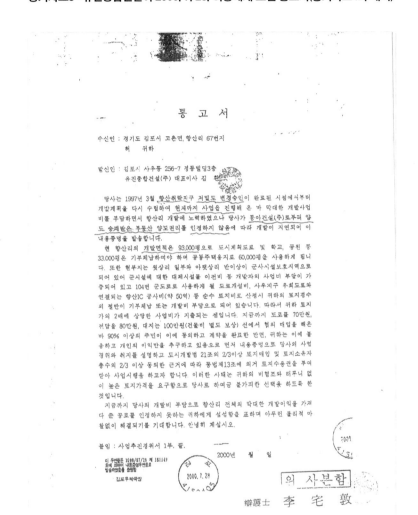

[증거자료 8. 28.자로 허창에게 보낸 통고서〈증거자료4와 대비〉]

유진종합건설은 2000년 7월 28일 허창에게도 "승계계약에 협조해 주지 않아 토지수용권을 발동하겠다"는 내용의 통고서를 발송하였습니다.

증거자료9 : 허창이 2001. 4. 17. 현대건설에게 보낸 소취하요청서

수　신 :　현대건설(주)
　　　　　서울 종로구 계동 140의 2(소관 : 민간사업본부 영업부)
　　　　　대표이사 김　　규

발　신 :　허

　　　　　김포시 고촌면 향산리 67

제　목 :　소취하 요청서

　　　　　귀사의 번영을 기원합니다.

1.　귀사는 본인 소유 토지 6필지(김포 향산리)를 매매, 일대 근저당권설
　　정을 하지 못 하도록 가처분을 하였습니다.
　　(서울지방법원 2000카합 3535. 가처분)(2000. 12. 20.)

2.　귀사와 본인은 아무 거래가 없었습니다. 귀사는 다만 동아건설산업
　　(주)로부터 본인과의 거래 관계에 따른 권리를 양도 받았음을 근거로
　　하고 있는 줄 압니다.

3.　그러나 그 어떤 권리를 양도받았다 해도 매도인인 본인의 승낙이 없
　　었던 이상 본인에 대하여 그 권리를 주장할 수 없으며, 이는 상식일
　　뿐 아니라 별첨 판례에도 명백한 바입니다.

4.　이에 본인은 귀사가 별첨 판례 등을 참고 심사숙고하여 이후 15일
　　내에 소를 취하지 아니할 경우 귀사의 부당 소송으로 인한 본인의
　　물심양면의 피해를 보상하기 바랍니다.

5.　귀사는 이미 온 국민의 지탄을 받은 양국적 기업체임이 발각되었거
　　니와 양민을 이렇게 더 이상 피롬히지 말기 바랍니다.

　　　　　　　　　　　　　　　　　　　　2001.　4.　17.
　　　　　　　　　　　　　　　　　　　　위　허

[증거자료9 허창이 2001. 4. 17. 현대건설에게 보낸 소취하 요청서]

허창은 2001년 4월 17일 경, 현대건설이 자신의 부동산에 2000. 12. 20. 서울지방법원
2000카합3535호로써 처분금지가처분을 하였다는 사실을 알게 되었고, 이에 현대건설
과는 아무런 거래관계가 없으므로 가처분을 취소해 줄 것을 요청하였고, 그 후 위 가처분
은 취소됩니다. 왼쪽 하단에는 현대건설이 2001년 4월 19일자로 이를 접수하였다는 날
인이 있습니다.

증거자료10 : 필적감정서(이 사건 계약서와 이지학의 필적 대조)

감 정 서

(筆　　跡)

1. 의 뢰 인

　　　서울특별시 서초구 서초동 1554-8

　　　안　천　식

2. 감 정 물

　　　(가) 부동산 매매계약서 사본 1부

　　　(나) 이재학 필적 사본 4매　　**이하여백**

3. 감 정 사 항

　　　위의 부동산 매매계약서에 기재된 감정 대상 필적과 이재학 필적의 이동(異同) 여부　　**이하여백**

4. 감 정 방 법

　　　위의 필적 감정을 위하여 입체 현미경, 고정밀 영상 투영기, 계측기 등 과학 기기를 이용하여 필의 구성과 배자의 형태, 운필 방향과 각도, 필획 간에 연결되는 위치와 간격, 자음과 모음의 구성, 기필 부분

150

[증거자료10 필적감정서(이 사건 계약서와 이지학의 필적 대조)]

정밀 대조한 결과 이 사건 계약서의 필적과 이지학의 필적은 운필구성과 배자의 형태, 기재 방향과 각도 등에서 뚜렷한 차이점이 관찰되므로 각기 다른 필적이라는 감정결과입니다.

파 종필 처리 형태 등을 비교 검사하고, 기재 과정상의 변화 상태 및 개인의 잠재 습성과 사본 과정상의 변화 등을 종합적으로 검사하였음.

5. 감 정 소 견

(가) 위의 부동산 매매계약서에 기재된 감정 대상 필적은 안정되고 숙련된 필적으로서 개인의 특성이 나타나 있었고, 이재학의 필적도 숙련된 필적이지만 기재할 때마다 기재 과정상의 변화가 있으며, 각 필적은 동일 내용의 문자는 부족하지만 상호 동일 내용의 문자와 동일 내용의 자음과 모음을 기준하여 각 필적의 특징을 정밀 대조하였음. **이하여백**

(나) 위의 각 필적은 첨부된 사진 제 1, 2, 3, 4, 5, 6호의 상하 녹선 표시와 같이, 외형상의 숙련 상태에서는 유사성 있는 부분은 있으나 정밀 대조에서 운필 구성과 배자의 형태, 기재 방향과 각도 등에서 각각 차이점이 관찰되었고, 특정 필획의 길고 짧은 형태, 필획 간에 연결되는 위치와 간격, 자음과 모음의 구성에서도 차이점이 있으며, 특히 모음 "ㅓ, ㅕ, ㅏ, ㅑ, ㅣ" 등 모음 상단의 곡선적인 세리프 형태, "김"자 "ㅁ"의 기재 방향, "포"자의 연결 형태, "면"자의 필획 형태와 방향, "경"자의 기재 방향과 각도, "걸, 협"의 받침 형태에서는 개인의 기재 습성의 차이점이 관찰되었고, 부동산 매매계약서의 필적은 전체적으로 길이와 간격이 고른 형태의 필적이지만 이재학의

302

필적은 부분적으로 모음을 길게 기재하는 습성의 차이도 있으며, 이재학의 필적은 변화점 중에서도 공통점이 있으나, 부동산 매매계약서의 필적과는 특징 상사점이 관찰되지 아니하였음.　　이하여백

　　　　(첨부 사진 제 1, 2, 3, 4, 5, 6호 참조)

6. 감 정 결 과

　　　이상의 감정 소견과 같이, 위의 부동산 매매계약서에 기재된 감정 대상 필적과 이재학 필적은 각각 차이점 있는 필적으로 사료됨.

　　　　　　　　　　　　2007. 8. 17.

붙임. 감정물 일체

第 一 文 書 鑑 定
서울特別市 瑞草區 瑞草洞 1699─
(서원빌딩 403 호)
文書鑑定士　金　炯

1505

上. 부동산 매매계약서 은행 계좌 부분 필적, 下. 이재학 필적 부분 확대 사진
녹선 표시는 상하에 기재된 필적의 차이점 부분

第 一 文 書 鑑 定 院

필적, 인영, 지문, 변조, 작성년도

/5/1

/확증편향/

나눈 금액으로 정산키로 한다.

라. 매매대금 지불관련 특약

1) 매매대금중 계약금(10%) 및 1차중도금(5%)은 계약시 ~~~~~
에 '갑'이 지정하는 은행계좌로 '을'이 입금하기로 한다.

(농협 은행 : 741084-56-002294)

2) 계약금 지급후 '을'은 통 금액에 대한 채권확보를 위하여 가처분을 할
수 있으며, '을'의 요청시 총 지급액의 130% 범위내에서 근저당권 설정
또는 소유권 이전 가등기 신청을 위한 서류를 '을'에게 교부하기로 한다.

第 3 條 (契約擔保 및 土地使用承諾 等)

본 계약 체결과 동시에 '갑'은 '을'의 인허가에 필요한 제반서류(토지사용
승락서, 인감증명서 등)를 ~~~~로 한다.

第 4 條 (所有權 移轉 및 명도 時期)

가. '갑'은 '을'로부터 제2조 토지잔대금을 수령하거나, '을'의 서면통보에 의하
여 잔대금 지불기일에 지불할 것을 명시한 약속어음 또는 금융기관의 지불
보증서로 지불할 경우 소유권 이전에 필요한 일체의 서류를 '을'에게 교부
하고 부동산을 명도하기로 한다.

나. 명도시 부동산 등기상에 기재되지 않은 하자는 명도후에도 '갑'의 책임과
비용으로 처리하기로 한다.

第 5 條 (設定權利의 抹消)

가. 본 계약 체결 당시의 '갑'의 등기상에 설정된 소유권 이외의 모든 권리는
'갑'의 책임하에 제4조의 잔대금 지급일전까지 말소하여야 한다.

나. 본 계약 체결일 이후 '갑'은 위 표시부동산에 '갑'의 소유권 이외의 어떠한
권리도 설정할 수 없으며, '갑'의 의지와 관련없이 행하여진 소유권을 제한
하는 권리(임차권, 가처분, 가압류, 지상권 등 일체의 권리)는 '갑'의 책임하
에 제4조 잔대금 지불기일 전까지 말소하여야 한다.

다. 상기 '가'항 및 '나'항의 설정권리 말소가 기한내에 완료되지 못할시 '을'은
중도금 또는 잔금의 지급을 연기하거나 권리의 말소를 직접 행할 수 있으며
이에 투입된 비용은 '갑'의 부담으로 하며 토지대금에서 상계 처리한다.

표기한 누군은 감정 대상부분임.

1519

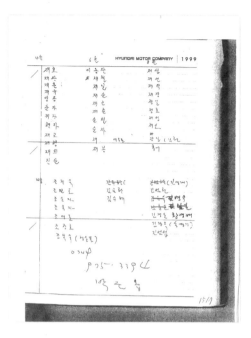

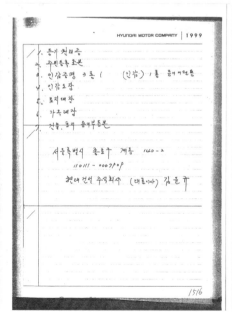

1. 등기 권리증
2. 주민등록 초본
3. 인감증명 3통 ((인감)) 1통 등기 기입용
4. 인감도장
5. 토지 대장
6. 가옥 대장
7. 건물. 토지 등기부 등본

서울특별시 종로구 계동 140-2
110111 - 0007?0?
현대 건설 주식회사 (대표이사) 김은?

306 / 확증편향 /

증거자료11 : 정일석이 2001. 8. 31. 현대건설에게 보낸 통고서

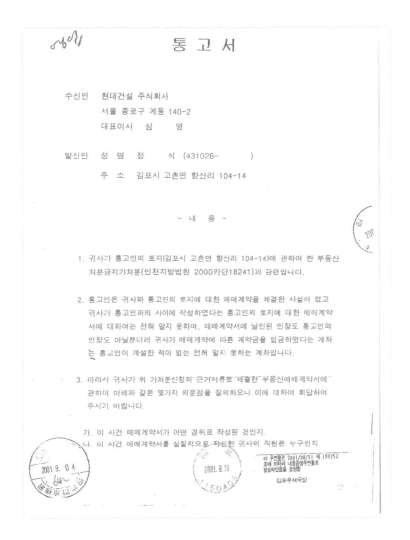

통 고 서

수신인   현대건설 주식회사
        서울 종로구 계동 140-2
        대표이사 심   영

발신인   성 명 정   석 (431026-   )
        주 소   김포시 고촌면 향산리 104-14

- 내 용 -

1. 귀사가 통고인의 토지(김포시 고촌면 향산리 104-14)에 관하여 한 부동산
   처분금지가처분(인천지방법원 2000카단18241)과 관련입니다.

2. 통고인은 귀사와 통고인의 토지에 대한 매매계약을 체결한 사실이 없고
   귀사가 통고인과의 사이에 작성하였다는 통고인의 토지에 대한 매매계약
   서에 대하여는 전혀 알지 못하며, 매매계약서에 날인된 인장도 통고인의
   인장도 아닐뿐더러 귀사가 매매계약에 따른 계약금을 입금하였다는 계좌
   는 통고인이 개설한 적이 없는 전혀 알지 못하는 계좌입니다.

3. 따라서 귀사가 위 가처분신청의 근거서류로 제출한 부동산매매계약서에
   관하여 아래와 같은 몇가지 의문점을 질의하오니 이에 대하여 회답하여
   주시기 바랍니다.

   가. 이 사건 매매계약서가 어떤 경위로 작성된 것인지.
   나. 이 사건 매매계약서를 실질적으로 작성한 귀사의 직원은 누구인지

2001. 9. 04

2001. 8. 31

이 우편물은 2001/08/31 제 199252
호에 의하여 내용증명우편물로
발송하였음을 증명함
김포우체국장

[증거자료11 정일석이 2001. 8. 3. 현대건설에게 보낸 통고서]
2001년 7월, 향산리 주민 정일석 등 4명은 현대건설이 자신들의 부동산에 처분금지가처
분을 해 두었다는 사실을 알게 됩니다. 이에 정일석 등은 누군가가 자신들의 부동산매매계
약서를 위조하였다고 주장하면서 현대건설에게 두 차례에 걸쳐서 통고서를 발송합니다.
왼쪽 하단에 현대건설의 접수인이 날인되어 있습니다.

다. 매매계약서 매도인란의 매도인의 성명과 주소를 기재하고 인장을 날인
   한 사람이 누구인지.
라. 매도인 명의의 인장의 출처
마. 이 사건 매매계약에 관하여 통고인의 의사를 확인한 사실이 있는지.
   (있다면) 누구에게 어떤 방법으로 확인하였는지.
바. 귀하가 송금한 예금계좌에 대한 자료는 누구로부터 받은 것인지.

4. 위 3.항에 대한 답변을 2001. 9. 15.까지 주시기 바라며 위 기일까지
   이에 대한 답변을 주지 않으면 통고인으로서는 이 사건 매매계약서의
   작성명의자인 귀사의 대표이사가 통고인의 명의를 함부로 모용하여 이
   사건 매매계약서를 위조한 것으로 볼 수 밖에 없어 귀사의 당시 대표이사
   를 사문서 위조 및 동행사죄로 고소할 수 밖에 없음을 알려드리니 서로간
   에 불미스러운 일이 발생하지 않도록 사실관계를 밝혀 주시기 바랍니다.

                    2001. 8. 31

                      통고인   정   석

          확증편향

증거자료12 : 필적감정서(정일석 명의 부동산매매계약서와 A의 필적 대조)

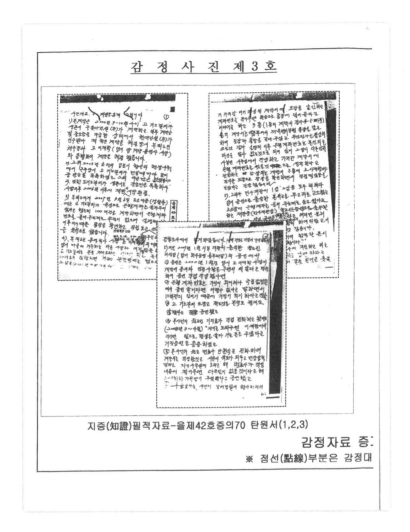

[증거자료12 필적감정서(정일석 명의 부동산매매계약서 등과 A의 필적 대조)]
증인A는 자신의 위증형사사건에서 자필탄원서를 제출하였는데, 정일석 등의 부동산매매
계약서에 기재된 주소, 주민등록번호, 성명 등의 글씨는 A의 필체임이 밝혀집니다. 결국 A
는 이지학과 함께 이들의 부동산매매계약서도 위조한 것으로 보입니다.

감 정 사 진 제 4 호

김포시 고촌면 향산리 104.-30
정   석

문증[을제44호증1 계약서 매도인 부분]필적

김포시 고촌면 향산리 104-33
천   숙

문증[을제44호증2 계약서 매도인 부분]필적

문증[각(各) 계약서 매도인 부분]필적

문증(問證)[각(各) 계약서 매도인 부
※「적색(赤色)점선은 유사(類似)하게 나

증거자료13 : 기사

[증거자료13 2000년 9~10월 전후 현대건설에 관한 신문기사]

현대건설은 2000년 7월 이후 극심한 유동성 위기에 직면하였고, 2000년 10월에는 전체 임원이 사표까지 제출하면서 백방으로 현금을 구하였으나 결국 10월 31일 현금 40억 원이 부족하여 제1차 부도까지 맞이해야 하는 시기였습니다. 현대건설은 이러한 시기에 기노걸에게 현금 9억8,300만 원을 지급하겠다고 하면서 이 사건 계약을 체결하였다고 주장하였습니다.

증거자료14-1 : 향산리토지매입 및 검토서

[증거자료14-1 향산리부지매입 및 계약사항 검토(1999. 11. 현재)]

1999년 11월 유진종합건설이 동아건설로부터 24건의 토지매매계약을 인수하면서 작성한 부동산매매계약 목록입니다. 기노걸은 16번 항목에, 허창은 19번 항목에 기재되어 있습니다.

／확증편향／

증거자료14-2 :향산리토지매입 및 검토서(현대건설 서명 날인)

[증거자료14-2 향산리부지매입 및 계약사항 검토(1999. 11. 현재)]

그후 현대건설은 유진종합건설로부터 23건의 부동산매매계약을 인수받으면서 관련 토지대를 지급하였다는 내용을, 앞서 본 증거자료14-1 매매목록 우측 하단에 기재하고 서명 날인합니다.

"상기 기지급 금액(24번 제외, 약73억5,000만 원)을 당사에서 승계하여 지급하였음을 확인함 현대건설 대표이사 심OO"

증거자료15 : 확인서(동아건설 관련 토지대금 지급확인, 현대건설 서명 날인)

확 인 서

위치: 김포시 고촌면 향산리 57-1외 59필지
면적 : 60,893㎡(18,420평)

　동아건설㈜와 토지 소유주들과 부동산 매매계약을 맺은 위 토지를 매입하는
데에 금7,355,904,500원을 다음과 같이 지급하였음을 확인한다.

- 다　　음 -

1. 은행명 : 한국외환은행

2. 지급내역

지 급 일 자	지 급 금 액	수 표 번 호	매　　수
1999년 11월 24일	3,600,000,000		
2000년 11월 27일	92,550,000		
1999년 12월 15일	1,500,000,000	29147493-29147500	1억원 8매
		29147701-29147707	1억원 7매
2000년 01월 07일	1,000,000,000	29146472-29146480	1억원 9매
		29146481-29146490	1천만원 10매
2000년 01월 19일	500,000,000	29144060-29144064	1억원 5매.
2000년 01월 24일	663,354,500	29144406	1매
합　　계	7,355,904,500		

2003 년 1 월 22 일

확인인 : 서울시 종로구 계동 140 - 2
현 대 건 설 주 식 회 사
대표이사　심　　영

유진종합건설주식회사 귀하

[증거자료15 확인서(현대건설의 토지대 지급 일정 확인)]

현대건설은 2000년 1월 24일까지 동아건설 관련 승계 토지대금 약 73억5,000만원을 유
진종합건설에게 지급하였다는 확인서입니다. 위 확인서는 현대건설 직원 B가 2003년 1
월 24일 작성한 것입니다.

／확증편향／

증거자료16-1 : 계약자 현황(이 사건 계약서 작성시기)

계약자 현황

계약자	지번	평수	계약금	중도금	잔금	계약일자	비고

[증거자료16-1 계약자현황]

가장 최근에 발견된 증거로서, 기노걸의 부동산매매계약서는 1999년 12월 10일에 작성되었고, 잔금지급일자는 2000년 5월 10일이라는 내용의 계약자 현황 목록표입니다. 필적감정 결과 위 계약자현황 목록을 작성한 자는 다름 아닌 A(유진종합건설 전무이사, 제1심 증인)인 것으로 밝혀졌습니다. 결국 "2000년 9~10월 경에 기노걸과 이지학이 이 사건 계약을 체결하는 것을 보았다"는 A의 증언은 거짓임이 명확히 드러난 것입니다.

증거자료16-2 : 필적감정서(계약자현황과 A의 필적 대조)

鑑 定 書
(필 적 감 정)

國際法科學鑑定院

문 서 감 정 연 구 소

우 06644 서울 서초구 반포대로 30길 86, 202호서초동 교대빌딩) 국제법과학감정원
Tel : 02)3789-4186, Fax : 02)6455-4186, E-mail : lhi4186@naver.com

[증거자료16-2 필적감정서(계약자현황과 대조)]

나. 의뢰된 감정자료는 사본(寫本)으로 복사(複寫)과정에서 세부 특징이 마멸(磨滅)되거나 변형(變形)되었을 가능성과 원본(原本)필적에서 나타나는 필압(筆壓)이나 자획의 떨림 등과 같은 세부 특징의 확인이 불가능한 점 등을 고려하여 사본(寫本)필적의 허용성(許容性) 범위 내에서 형태적 특징을 중심으로 비교 감정하였으며, 사본(寫本)의 상태에 따라서는 원본(原本)의 감정결과와 배치(背馳)될 수도 있으므로 보다 명확한 감정결과를 도출하기 위해서는 반드시 감정자료의 원본(原本)확인이 요망됨.

5. 감정결과

필적은 필기자의 손목과 팔, 어깨의 동작으로 써지기 때문에 동일한 사람의 필적이라도 인쇄문자와 같이 똑같을 수 없으며, 기재 시 여러 조건에 따른 필적의 변화가능성을 내포하고 있는 점 등을 고려하고 감정한 결과,

[계약자 현황]필적과 [2009.3.6.자 진술서]필적은 전체적인 배자형태와 필세 및 조형미 등이 비슷하고, 자획구성과 필순, 방향, 간격, 각도, 획의 직선성과 곡선성의 특징, 기필부와 종필부의 처리방법 등에서도 유사점(類似點)이 현출되며, 특히 동일글자의 세부 자획에서 상사(相似)하게 나타나는 특징은 다음과 같음.

가. "기"자의 전체적인 운필방법 등.

나. "노"자의 전체적인 운필방법 등.

다. "길"자의 전체적인 운필방법 등.

라. "송, 소"자에서 초성자음 'ㅅ'과 모음 'ㅗ'의 운필방법 등.

마. "송, 용, 봉, 봉, 중, 총, 승, 창, 행"자 등에서 종성자음 'ㅇ'의 운필방법 등.

바. "환, 호, 화"자 등에서 초성자음 'ㅎ'과 모음 'ㅘ, ㅗ'의 운필방법 등.

사. "득, 드, 두, 도"자 등에서 초성자음 'ㄷ'의 운필방법 등.

- 2 -

아. "우, 용"자 등에서 초성자음 'ㅇ'의 운필방법 등.

자. "우, 부, 붕, 중, 무"자 등에서 모음 'ㅜ'의 운필방법 등.

차. "부, 붕, 봉, 본"자 등에서 초성자음 'ㅂ'의 운필방법 등.

카. "세"자의 전체적인 운필방법 등.

타. "원, 월"자에서 초성자음 'ㅇ'과 중성모음 'ㅝ'의 운필방법 등.

파. "양, 향"자에서 중성모음 'ㅑ'와 종성자음 'ㅇ'의 운필방법 등.

하. "승, 소"자 등에서 초성자음 'ㅅ'의 운필방법 등.

갸. "고"자의 전체적인 운필방법 등.

냐. "현"자의 전체적인 운필방법 등.

댜. "창, 참"자 등에서 초성자음 'ㅊ'과 중성모음 'ㅏ'의 운필방법 등.

랴. 아라비아 숫자 " 0, 1, 2, 3, 5, 6, 7, 8, 9"자 등의 운필방법 등.

먀. "?, ""의 운필방법 등.

※ 다만 아라비아 숫자 "4"자의 운필방법에서는 차이점(差異點)도 관찰됨.

(별지 감정사진 제1~12호 참조)

6. 감정소견

의뢰된 감정자료 범위 내에서 이상의 감정결과를 종합 검토한 결과,

[계약자 현황]필적과 [2009.3.6.자 진술서]필적은 동일인(同一人)의 필적으로 추정됨.

7. 비 고

가. 본 건의 감정 설명을 위해 감정사진 12매와 감정자료 사진을 첨부함.

나. 감정자료는 감정서와 함께 송부함.

- - - 이 하 여 백 - - -

- 3 -

/확증편향/

감정자료 나

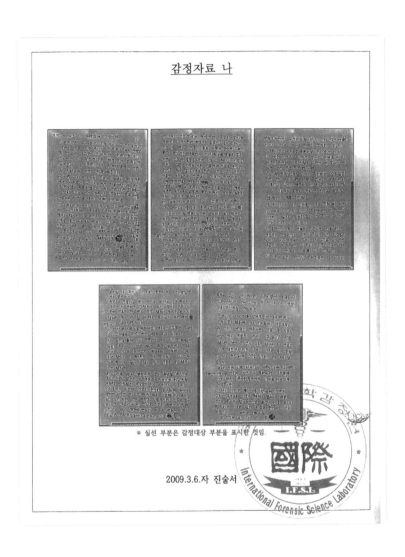

※ 실선 부분은 감정대상 부분을 표시한 것임.

2009.3.6.자 진술서

감정자료 가

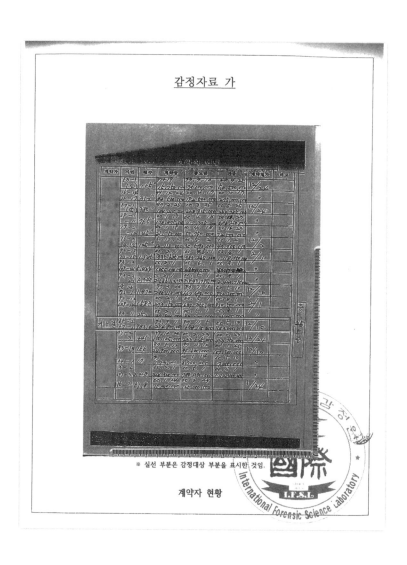

※ 실선 부분은 감정대상 부분을 표시한 것임.

계약자 현황

증거자료17 : 현대건설 등이 위법하게 변조한 것으로 보이는 계약서 날자 부분

피고인 A의 변호인이 서울중앙지방법원 2008고단3739호 위증(피고인 A) 공판기일에 증거로 제출한 항산리 주민 K와의 부동산매매계약서 중 날자 부분 발췌본입니다(위 사진 참조). 당시 A의 변호인은 위 증거자료를 제출하면서, 현대건설과 K와의 부동산매매계약서 날자란에도 "1999. 11. 24."로 기재되어 있는데, 이는 현대건설이 기노걸의 이 사건 계약서와 마찬가지로 날자 부분을 동아건설과의 인수계약 일자에 맞추어 일괄 기재하였기 때문이라고 주장하였습니다.

그러나 확인한 바에 의하면, 현대건설이 보관하고 있던 K와의 다른 부동산매매계약서(보통 2매의 매매계약서를 작성합니다)에는 그 일자 란에 "2000. 1. 14."로 기재되어 있는 사실을 확인하였습니다(아래의 사진 참조). 즉, 현대건설은 K명의의 부동산매매계약서를 증거로 제출하면서 "2000"부분을 두 줄로 지우고, 월 부분의 "1"자 앞(혹은 뒤)에 다른 "1"자를 추가하는 방법으로 "11"로 변조하고, 일자 부분의 "14" 중 "1"부분의 아래와 위 부분에 가필을 하는 방식으로 "24"로 변조한 다음 이를 법원에 증거자료로 제출한 것으로 보입니다(위의 사진 참조). 결국 현대건설(또는 A의 변호인)은 A의 위증 범죄사실을 방어하기 위하여 위법하게 변조한 증거자료를 법정에 제출한 것으로 추정할 수 있습니다.

추가 판결서

서울고등법원 2012재나235호
대법원 2014다86437호
서울고등법원 2019재나111호
대법원 2019다447370호

서 울 고 등 법 원
제 1 민 사 부
판　결

사　　　　건　　　2012재나235 소유권이전등기등

원고(재심피고), 피항소인

　　　　　　　현대건설 주식회사

　　　　　　　대표이사 김O희

　　　　　　　소송대리인 법무법인 (유) 태평양

　　　　　　　담당변호사 정강준, 이상민

피고(재심원고), 항소인

　　　　　　　기의호

　　　　　　　소송대리인 법무법인 씨에스

　　　　　　　담당변호사 안천식

제 1 심판결　　　서울중앙지방법원 2006. 12. 12. 선고 2005가합

　　　　　　　99041 판결

재심대상판결　　서울고등법원 2007. 10. 11. 선고 2007나5221 판결

　　　　　　　서울고등법원 2010. 3. 24. 선고 2009재나372 판결

변 론 종 결　　　2012. 7. 20.

판 결 선 고   2012. 9. 7.

주   문

1. 피고(재심원고)의 재심청구를 모두 기각한다.
2. 재심소송비용은 피고(재심원고)가 부담한다.

청구취지, 항소취지 및 재심청구취지

1. 청구취지

가. 주위적으로, 피고(재심원고, 이하 '피고'라고만 한다)는 원고(재심피고, 이하 '원고'라고만 한다)에게 별지 토지 목록 기재 각 토지에 관하여 2000. 9. 일자 미상 매매를 원인으로 한 소유권이전등기절차를 이행하고, 위 각 토지를 인도하며, 별지 건물 목록기재 각 건물을 철거하라.

나. 예비적으로, 피고는 파산자 동아건설산업 주식회사의 파산관재인 정용인에게 별지 토지 목록 기재 각 토지에 관하여 1997. 9. 1. 매매를 원인으로 한 소유권이전등기 절차를 이행하고, 위 각 토지를 인도하며, 별지 건물 목록 기재 각 건물을 철거하라.

2. 항소취지

제1심 판결을 취소한다. 원고의 청구를 기각한다.

3. 재심청구취지

주위적으로, 서울고등법원 2010. 3. 24. 선고 2009재나372 판결을 취소한다. 원고의 피고에 대한 청구 중 별지 건물 목록 기재 제2항,

제3의 가 내지 라.항 건물 철거 청구 부분을 각하한다. 원고의 나머지 청구를 모두 기각한다.

예비적으로, 서울고등법원 2010. 3. 24. 선고 2009재나372 판결, 서울고등법원 2007. 10. 11. 선고 2007나5221 판결을 모두 취소한다. 원고의 피고에 대한 청구 중 별지 건물 목록 기재 제2항, 제3의 가 내지 라.항 건물 철거 청구 부분을 각하한다. 원고의 나머지 청구를 모두 기각한다.

이　　유

1. 기초사실

가. 서울고등법원 2007. 10. 11. 선고 2007나5221 판결의 확정 및 그 내용

1) 원고는 2005. 11. 2. 피고를 상대로 서울중앙지방법원 2005가합99041호로 위 청구취지 기재와 같이 소유권이전등기절차 등을 이행하라는 내용의 소를 제기하여, 2006. 12. 12. 위 법원으로부터 원고 승소판결을 받았다. 피고가 이에 불복하여 서울고등법원 2007나5221호로 항소하였으나, 2007. 10. 11. 위 법원으로부터 피고의 항소를 기각하는 판결(이하 '제1재심대상판결'이라 한다)을 받았다. 피고가 이에 불복하여 대법원 2007다74607호로 상고하였으나, 2008. 1. 17. 위 법원으로부터 피고의 상고를 기각하는 판결을 받았고, 제1재심대상판결은 2008. 1. 23. 그대로 확정되었다.

2) 원고는 제1재심대상사건의 청구원인으로 "원고의 대리인 이지학이 2000. 9.경 기노걸의 진정한 의사를 확인한 후 기노걸을 대신

하여 서명, 날인하는 방식으로 원고와 기노걸 사이에 별지 토지 목록 기재 각 토지(이하 '이 사건 토지'라고 한다)에 관한 부동산매매계약서(갑 제3호증의 3, 이하 '이 사건 계약서'라고 한다)가 작성됨으로써 이 사건 계약서와 같은 내용의 매매계약이 체결되었으므로 기노걸로부터 이 사건 토지의 소유권 및 매도인의 지위를 상속한 피고는 원고에게 이 사건 토지에 관한 소유권이전등기 및 인도, 이 사건 토지 위의 별지 건물 목록 기재 각 건물(이하 '이 사건 건물'이라고 한다)을 철거할 의무가 있다"고 주장하였고, 이에 대하여 피고는 "이 사건 계약서와 기노걸이 원고로부터 이 사건 토지의 매매대금으로 983,000,000원을 지급받았다는 영수증(을 제4호증, 이하 '이 사건 영수증'이라 한다)은 모두 이지학 등에 의하여 위조된 것"이라고 다투었다.

3) 이에 대하여 제1재심대상판결은 "아래 가), 나)와 같은 이유로 이 사건 계약서와 영수증의 진정성립을 인정한 다음, 이 사건 계약서의 기재에 의하여 원고는 2000. 9.경 기노걸과 사이에, 기노걸과 동아건설산업 주식회사(이하 '동아건설'이라고만 한다) 사이의 이 사건 토지에 관한 1997. 9. 1.자 매매계약을 승계하되, 승계계약 후 6개월 이내에 잔금 983,000,000원을 지급하고, 기노걸은 잔금 수령 시 소유권이전등기서류를 교부하고, 토지를 인도하며, 잔금 지불기일 전까지 지상물 일체(미등기 건축물 포함)를 책임지고 철거하기로 하는 내용의 계약을 체결한 사실을 인정하고, 기노걸로부터 이 사건 토지의 소유권 및 매도인의 지위를 상속한 피고는 원고에게 이 사건 토지에 관한 소유권이전등기 및 인도, 이 사건 건물을 철거할 의무가 있다"고 판단하였다.

가) 피고의 친구인 이지학이 2000. 9.경 기노걸과 사이에 이 사건 토지의 매매에 관한 합의를 하고, 이지학의 사무실에서 작성하여 온 기노걸의 이름, 주소, 주민등록번호가 기재된 이 사건 계약서에 기노걸로부터 막도장을 건네받아 날인을 하고, 기노걸이 가르쳐준 농협 계좌번호를 적었다는 취지의 제1심 증인 A의 증언, 이지학 등으로부터 위와 같이 작성된 계약서를 받아 원고가 유진종합건설 주식회사(이하 '유진종합건설'이라고만 한다)에게 대금을 지급한 날짜로 맞추어 이 사건 계약서의 작성일자란에 1999. 11. 24.로 기재하였다는 취지의 제1심 증인 B 증언, 기노걸이 2004. 8. 20. 사망하기 전부터 피고가 기노걸을 대신하여 원고에게 잔금지급을 요청하였고, 이에 원고가 엠지코리아 주식회사(이하 '엠지코리아'라고만 한다)에게 이 사건 토지와 관련한 모든 권리를 양도한 사실을 알려주면서 위 회사와 상의해보라고 하자, 피고가 엠지코리아에게 대금지급을 요구하여 엠지코리아로부터 2003. 7. 25. 500만 원, 2003. 8. 22. 500만 원, 2003. 12. 15. 1,000만원, 2004. 2. 26. 500만원, 2004. 5. 24. 1,000만원, 2004. 7. 5. 500만원 합계 4,000만 원을 지급받은 사실을 인정할 수 있는 갑 제6호증의 1 내지 6, 갑 제22호증의 1 내지 5의 각 기재, 제1심 증인 최0철의 증언(이에 대하여 피고는, 위 돈은 매매대금이 아니라 엠지코리아 대표이사인 최0철로부터 개인적으로 빌린 돈에 불과하다는 취지로 주장하나, 위에서 든 증거들에 변론 전체의 취지를 종합하면, 피고와 최0철은 위 아파트 건설사업을 하는 과정에서 처음 만나 알게 된 사이이고, 위 돈을 입금한 명의인은 최0철이 아닌 엠지코리아인 사실을 알 수 있고, 여기에 피고는 차용증서도 제출하지 못하고 있는 점에 비추어 보면, 피고의 위 주장

/ 확증편향 /

은 믿기 어렵다)에 변론 전체의 취지를 종합하면 이 사건 계약서와 영수증이 기노걸의 진정한 의사에 의하여 작성된 것이라고 봄이 상당하다.

나) 비록 갑 제3호증의 1, 2, 3, 갑 제10호증, 을 제1호증, 을 제11, 12호증의 각 1, 2, 을 제16, 17, 19호증, 을 제20호증의 1 내지 7, 을 제21호증, 을 제25호증의 1, 2의 각 기재에 의하면, 기노걸과 동아건설 사이에 작성된 다른 계약서(갑 제3호증의 1, 2)에 기재된 기노걸의 서명 및 인영은 한자로 되어 있지만 이 사건 계약서에 기재된 기노걸의 이름은 한글로 적혀 있고, 인영도 소위 막도장에 의한 것으로서 그 안의 이름도 한글로 되어 있으며, 입회인인 유진종합건설의 날인이 없는 점, 이 사건 계약서에 매매대금의 입금계좌로 기재된 농협 241084-56-002254 계좌는 1997. 9. 1. 동아건설로부터 계약금 및 1차 중도금 294,900,000원이 송금 된 후 1997. 9. 24. 해지되어 폐쇄된 계좌이고, 기노걸은 같은 날 농협 241084-56-002402 계좌를 개설하여 1997. 11. 5. 동아건설로부터 2차 중도금 688,100,000원을 송금받은 점, 이 사건 계약서를 작성한 이지학이 경영하는 주식회사 하우공영(이하 '하우공영'이라고만 한다)과 유진종합건설 사이의 토지매매계약에 관한 용역대행계약서의 작성시기는 2000. 2. 무렵으로 이 사건 계약서의 작성일자로 기재되어 있는 1999. 11. 24. 이후인 점, 유진종합건설은 2000. 7. 28.경 기노걸에게 '동아건설로부터 승계받은 부동산 양도권리를 인정하지 않음에 따라 개발이 지연되고 있고, 토지 수용권을 부여받아 사업을 시행하고자 한다'는 취지가 담긴 내용증명우편을 보낸 점, 원고가 2000. 12. 13. 기노걸의 옆집에 사는 허창 소유의 김포시 고촌면 향산리 61-2 전394평 등

6필지 토지에 관하여 위 각 토지를 매수한 동아건설로부터 위 각 토지에 관한 매수인의 지위를 승계하였음을 이유로 이에 관한 계약서 및 영수증(이 사건 계약서 및 영수증과 형식이 동일하고, 매도인 및 영수인 허창 옆에 소위 한글 막도장이 찍혀 있으며 작성일자는 각 2000. 1. 7.로 되어 있다)을 첨부하여 부동산처분금지가처분신청을 하여 2000. 12. 20. 서울지방법원 2000카합3535호로 위 각 토지에 관하여 부동산처분금지가처분결정이 내려졌으나, 허창이 2001. 4. 17.경 위와 같은 원고의 지위 승계를 승낙한 바 없고, 위 계약서 등은 위조된 것이라고 주장하면서 원고에게 소취하를 요구한 후 원고가 법원의 제소명령에도 불구하고 소를 제기하지 않아 2001. 8. 13. 서울지방법원 2001카합1537호로 위 부동산처분금지가처분결정이 취소된 점을 인정할 수 있다 하더라도, 유진종합건설 등이 다른 지주와 체결한 원고 명의의 매매계약서로서 위조되지 않은 것으로 보이는 계약서 중에도 매도인의 도장이 막도장으로 되어 있거나, 입회인의 날인이 없는 계약서가 존재하는 점(갑 제16호증의 1, 6), 피고는 현재까지도 위 폐쇄된 농협계좌의 통장을 소지하고 있어(다툼이 없는 사실) 기노걸도 이사건 계약서 작성 당시 위 2개의 통장을 모두 소지하고 있었을 것으로 보이고, 계좌번호는 통장의 첫 장을 넘기면 바로 알 수 있지만 계좌의 폐쇄여부는 통장의 마지막 면을 보아야 알 수 있는 관계로, 이 사건 계약당시 75세의 고령이던 기노걸이 착오로 폐쇄된 계좌번호를 불러줄 가능성도 존재하는 점, 만약 원고, 유진종합건설이나 이지학이 동아건설로부터 받았거나 매매계약 대행과정에서 이미 알고 있던 기노걸의 계좌번호를 이용하여 이 사건 계약서를 위조하였다면 위와 같이 폐쇄된 계좌가 아니라 2차 중도금이 지급된 계좌번호를 적었을 것으로 보이는 점, 이 사건 계약서의 실제 작성시기는 2000. 9. 일자 미상경으로서 계약서상 작성일자는 소급하여 기재된 점(제1심 증인 A, B), 허창에 관한 위와 같은 사정만으로는 허창에 관한 위 계약서가 위조되었다고 단정하기는 어려울 뿐만 아니라 가사 허창에 관한 위 계약서가 허창의 승낙을 받지 않고 작성되어 위조된 것이라 하더라도, 이지학은 2000.경 매매계약의 체결을 위해 허창 및 기노걸의 집을 수차례 방문하였는바(갑 제31호증, 을 제25호증의 1), 기노걸은 이 사건 계약서의 작성을 승낙하였을 수도 있는 점 등에 비추어, 그러한 사정만으로 이와 달리 보기 어렵다.

나. 서울고등법원 2010. 3. 24. 선고 2009재나372 판결의 확정 및 그 내용

1) 피고는 2009. 6. 4. 원고를 상대로 서울고등법원 2009재나372호로 "제1재심대상판결 및 제1심 판결을 각 취소한다. 원고의 청구를 기각한다. 원고는 피고에게 이 사건 토지에 관하여 인천지방법원 부천지원 김포등기소 2008. 2. 18. 접수 제8285호로 마친 각 소유권이전등기의 말소등기절차를 이행하라."는 내용으로 재심의 소를 제기하여, 2010. 3. 24. 위 법원으로부터 피고의 재심청구를 기각하는 판결(이하 '제2재심대상판결'이라 한다)을 받았다. 피고가 이에 불복하여 대법원 2010다32085호로 상고하였으나, 2010. 7. 15. 위 법원으로부터 피고의 상고를 기각하는 판결을 받았고, 제2재심대상판결은 2010. 7. 19. 그대로 확정되었다.

2) 피고는 제2재심대상사건의 재심청구원인으로 "제1재심대상판결은 제1심 증인 A의 증언을 증거로 삼아 갑 제3호증의 3의 진정성립을 인정하고 이를 바탕으로 기노걸이 원고와 사이에 이 사건 토지에 관하여 매매계약을 체결하였다고 하여 원고의 피고에 대한 청구를 인용한 제1심 판결을 유지하고 피고의 항소를 기각하는 판결을 선고하였으나, 그 후 제1심 증인 채수증의 증언에 대하여 위증의 유죄판결이 확정되었으므로 제1재심대상판결에는 민사소송법 제451조 제1항 제7호 소정의 재심사유가 있다."고 주장 하였다.

3) 이에 대하여 제2재심대상판결은 아래와 같은 이유로 피고의 재심청구는 이유 없다고 판단하였다.

가) 위증의 유죄확정판결과 재심사유

갑 제39호증, 을 제37호증, 을 제38호증, 을 제39호증, 을 제41호증의 25, 을 제42호증의 7, 20, 24, 47, 71, 72, 75, 을 제43호증의 24, 을 제56호증의 각 기재 및 재심후 당심 증인 C의 증언에 변론 전체의 취지를 종합하면, 유진종합건설에 근무하던 제1심 증인 A의 일부 증언이 위증이라 하여 서울중앙지방법원 2008고단 3739호 사건에서 2009. 5. 22. 유죄판결이 선고되어 2009. 5. 30. 확정된 사실을 인정 할 수 있다.

그러나, 민사소송법 제451조 제1항 제7호 소정의 재심사유인 '증인의 거짓 진술이 판결의 증거가 된 때'라 함은 증인의 거짓 진술이 판결 주문에 영향을 미치는 사실인정의 자료로 제공되어 만약 그 거짓 진술이 없었더라면 판결 주문이 달라질 수 있는 개연성이 인정되는 경우를 말하는 것이므로, 그 거짓 진술이 사실인정에 제공된 바 없

확증편향

다거나 나머지 증거들에 의하여 쟁점사실이 인정되어 판결 주문에 아무런 영향을 미치지 않는 경우에는 비록 그 거짓 진술이 위증으로 유죄의 확정판결을 받았다 하더라도 재심사유에 해당하지 않는다.

나) A의 위증이 제1재심대상판결의 주문에 영향을 준 것인지 여부

(1) 제1심에서 A이 한 증언 내용의 요지

① 증인과 이지학 등은 10여 차례 기노걸의 자택을 방문하여 계약체결을 협의한 바 있었으나 기노걸은 아들과 상의하고 계약을 하겠다고 하면서 잘 응하지 않았다. 그러다가 2000년 9월 또는 10월경 증인과 이지학이 기노걸의 자택을 방문하여 인수매매계약이 성사되었는데 이때 기노걸은 동아건설과의 매매계약 금액보다 좀 더 올려줄 것을 요구하였으나 증인과 이지학은 당시로서는 최고금액에 해당하여 곤란하다고 설득하여 종전금액대로 계약이 성사되었다.

② 당시 기노걸은 노환으로 몸이 불편하여 서랍에서 도장을 가져와 이지학에게 주었고, 이지학은 건네받은 도장으로 기노걸의 이름과 주소, 주미등록번호를 미리 기재하여 가지고 온 토지매매계약서에 날인을 하였으며, 증인은 옆에서 이를 모두 지켜보았다. 기노걸이 서랍에서 꺼낸 도장은 막도장이었다. 기노걸이 피고의 친구인 이지학에게 반말로 도장이 여기 있으니 찍으라고 하였다. 기노걸이 도장을 준 것이 맞다.

③ 위 토지매매계약서상의 계좌번호는 계약서 작성 당시 기노걸로부터 직접 듣고 이지학이 기재한 것으로 기억한다. 계좌번호는 기노걸로부터 듣고 현장에서 적은 것이다. 기노걸이 불러주는 대로 이지학이 적는 것을 틀림없이 봤다. 증인이 참여한 가운데 기노걸이 불러주는 계좌번호를 기재하였기 때문에 이지학이 임의로 기재했다

는 것은 있을 수 없는 것으로 알고 있다. 증인이 옆에서 보고 있었고 이지학이 직접 썼다.

(2) A의 위증에 대한 유죄확정판결의 내용

을 제39호증, 을 제42호증의 7, 75의 각 기재에 의하면, 위 A의 증언 중 ②, ③ 부분에 관하여 위증으로 공소가 제기되었으나, 그 중 ② 부분에 대하여는 증거부족을 이유로 무죄가 선고되어 확정되었고, ③ 부분에 한하여 유죄의 확정판결이 있었던 사실을 인정할 수 있다. 즉, A이 선고받은 위증죄 확정판결의 내용은, A은 사실은 2000. 9. 또는 10.경 이지학이 기노걸에게 찾아가 토지매매계약서에 기노걸이 불러주는 계좌번호를 기재하는 것을 본 사실이 없는데도 불구하고 그 기억에 반하여 위 ③ 증언 내용과 같이 허위의 진술을 하였다는 것이고, 위 ② 증언 부분은 증거부족을 이유로 무죄가 선고되었다.

(3) 판단

(가) 앞서 본 제1재심대상판결의 내용에서 갑 제3호증의 3의 진정성립을 인정하기에 이른 경위와 위에서 본 제1심 증인 A의 증언, 그 중 무죄로 된 진술 내용 및 유죄로 인정된 허위 진술 내용에 비추어 보면, A의 증언 중 허위의 진술로 인정된 부분은 갑 제3호증의 3의 진정성립에 관한 간접적인 사항으로서 토지매매계약서에 기재된 계좌번호가 당시 이미 폐쇄된 계좌의 번호임이 밝혀져 그 증명력이 약한 반면, 오히려 무죄로 된 진술 내용은 갑 제3호증의 3의 진정성립에 관한 직접적인 사항으로서 증명력이 높은 것이어서 유죄로 인정된 A의 허위 진술 부분을 제외한 나머지 증언 및 변론 전체의 취지에 의하더라도 갑 제3호증의 3의 진정성립을 인정하기에 충

분하므로, 결국 A의 위증 부분은 제1재심대상판결의 사실인정과 판결 주문에 아무런 영향을 미친 바 없다.

(나) 한편, 갑 제3호증의 3이 위조되었다는 피고의 주장에 부합하는 을 제36호증, 을 제42호증의 27-②, 을 제43호증의 21-②, 을 제56호증의 각 기재는 재심후 당심 증인 C의 증언 및 을 제42호증의 47의 기재에 비추어 믿기 어렵고, 재심후 당심에서 증거까지 살펴보아도 달리 이를 인정할 만한 증거가 없다.

2. 이 사건 재심사유의 존부

가. 피고의 주장

1) 주위적 청구

가) 제2재심대상판결은 "C의 서울중앙지방법원 2008고단3739호 A에 대한 위증 형사사건에서의 증언[+] 및 제2재심대상판결 재판과정에서의 증언을 증거로 삼아 제1심 증인 A의 위증 부분이 제1재심대상판결의 사실인정과 판결 주문에 아무런 영향을 미친 바 없고, 갑 제3호증의 3이 위조되었다는 피고의 주장에 부합하는 을 제36호증, 을 제42호증의 27-②, 을 제43호증의 21-②, 을 제56호증의 각 기재를 믿기 어렵고 달리 이를 인정할 만한 증거가 없다"고 하고 피고의 재심청구를 기각하였으나, 그 후 C의 위 각 증언에 대하여 위증의 유죄판결이 확정되었으므로, 제2재심대상판결에는 민사소송법 제451조 제1항 제7호가 정한 재심사유가 있다.

나) 또한, C은 2011. 4. 11. 검찰 피의자신문 당시 제2재심대상판

[+] "을제42호증의 47(C에 대한 증인신문조서)의 기재"를 의미하는 것으로 보인다.

결 재판과정에서의 증언 중 "2004. 4. 4.자 진술서의 기노걸 인장 부분에 관한 진술은 처음부터 허위인 점을 알고 있었지만, 기의호의 회유와 안천식 변호사의 협박에 의하여 오로지 돈을 받을 목적으로 허위 내용의 진술서를 작성해 준 것이다."는 진술 부분과 "안천식 변호사를 최종적으로 방문한 것은 2008. 6.경으로서 B을 만나기 전이다."는 진술 부분이 각 허위임을 자백하였고, 제1심 증인 B의 "이지학 등으로부터 위와 같이 작성된 계약서를 받아 원고가 유진종합건설에게 대금을 지급한 날짜로 맞추어 이 사건 계약서와 작성일자란에 1999. 11. 24.로 기재하였다."는 취지의 증언이 위증일 가능성도 높다. 이러한 점에서도 제2재심대상판결에는 민사소송법 제451조 제1항 제7호가 정한 재심사유가 있다.

2) 예비적청구

가) C의 위와 같은 위증은 제2재심대상판결 및 제1재심대상판결에 대하여도 민사소송법 제451조 제1항 제7호가 정한 재심사유에 해당한다.

나) 또한, 제1재심대상판결은 제1심 증인 A의 증언을 증거로 삼아 갑 제3호증의 3의 진정성립을 인정하고 이를 바탕으로 기노걸이 원고와 사이에 이 사건 토지에 관하여 매매계약을 체결하였다고 하여 원고의 피고에 대한 청구를 인용한 제1심 판결을 유지하고 피고의 항소를 기각하는 판결을 선고하였으나, 그 후 제1심 증인 A의 증언에 대하여 위증의 유죄판결이 확정되었으므로 제1재심대상판결에는 민사소송법 제451조 제1항 제7호 소정의 재심사유가 있다.

/ 확증편향 /

나. 주위적 청구에 관한 판단

1) 위증의 유죄확정판결과 재심사유

을 제61호증, 을 제62호증의 1, 2, 을 제65호증의 각 기재에 변론 전체의 취지를 종합하면, 인천지방법원 2011고단3402호 C의 위증 형사사건에서 2011. 11 .3. C의 2009. 1. 21. 서울중앙지방법원 2008고단3739호 A에 대한 위증 형사사건 및 2009. 10. 14. 제2재심 대상판결 재판과정에서의 각 일부 증언이 위증이라하여 유죄판결이 선고되었고, C과 검사가 이에 불복하여 위 법원 2011노3923호로 항소하였으나, 2012. 2. 9. 위 법원은 C과 검사의 항소를 모두 기각하였으며, C과 검사가 이에 불복하지 않은 상태에서 상고제기기간이 도과함으로써 2012. 2. 17. 위 인천지방법원 2011고단 3402 판결이 확정된 사실을 인정할 수 있다.

그러나, 민사소송법 제451조 제1항 제7호 소정의 재심사유인 '증인의 거짓 진술이 판결의 증거가 된 때'라 함은 ① 증인이 직접 재심의 대상이 된 소송사건을 심리하는 법정에서 허위로 진술하고 그 허위진술이 판결주문의 이유가 된 사실인정의 자료가 된 경우를 가리키는 것이지, 증인이 재심대상이 된 소송사건 이외의 다른 민ㆍ형사 관련사건에서 증인으로서 허위진술을 하고 그 진술을 기재한 조서가 재심대상판결에서 서증으로 제출되어 이것이 채용된 경우는 재심사유에 해당하지 않고(대법원 1997. 3. 28. 선고 97다3729 판결 등 참조), ② 증인의 거짓 진술이 판결 주문에 영향을 미치는 사실인정의 자료로 제공되어 만약 그 거짓 진술이 없었더라면 판결 주문이 달라질 수 있는 개연성이 인정되는 경우를 말하는 것이므로, 그 거짓 진술이 사실인정에 제공된바 없다거나 나머지 증거들에 의하여 쟁점사실이 인정되어 판결 주문에 아무런 영향을 미치지 않는 경우에는 비록 그 거짓 진술이 위증으로 유죄의 확정판결을 받았다 하더라도 재심사유에 해당하지 않는다 할 것이다.

2) C의 위증이 제2재심대상판결에 대한 재심사유에 해당하는지 여부

가) 인정사실

을 제36호증, 을 제42호증의 27-②, 을 제43호증의 21-②, 을 제42호증의 47, 을 제56호증, 을 제61호증, 을 제62호증의 1, 2, 을 제65호증의 각 기재, 제2재심대상 사건 증인 C의 증언에 변론 전체의 취지를 종합하면 아래 각 사실이 인정된다.

(1) C은 2008. 4. 4. 안천식 변호사에게 "이 사건 계약서의 인장은 당시 이지학이 가지고 있던 막도장을 날인한 것으로 기업합니다."고 기재한 진술서(을 제36호증, 을 제42호증의 27-②, 을 제43호증의 21-②)를 작성해 주었다.

(2) C은 2008. 4. 18. A에 대한 위증 피의사건에 관한 경찰 참고인 진술 당시 "이 사건 계약서에 인장을 찍은 것은 이지학이 소지하고 있던 기노걸의 막도장으로 찍은 것을 분명히 보았다."고 진술하였다(을 제56호증).

(3) C은 2009. 1. 21. 서울중앙지방법원 2008고단 3739호 A에 대한 위증 형사사건에서 "① 안천식 변호사에게 준 2008. 4. 4.자 진술서에 이지학이 도장을 날인한 것을 보았다는 내용이 기재되어 있다는 사실을 2008. 6. 말경 B과 전화통화를 하고 알게 되었다. ② 2008. 4. 4. 안천식 변호사 사무실에서 '이지학 본인이 직접 도장을 꺼내서 날인했다'고 진술했는데 당시 착각하고 잘못 진술한 것이고,

방배경찰서에서는 안천식 변호사에게 진술한 내용을 그대로 진술했던 것이다. ③ 안천식 변호사에게 이지학이 도장 찍는 것을 본 것 같다는 말을 하지 않았고, 승계계약이 24건이라거나 막도장 찍은 내용은 안천식 변호사가 얘기해 주어서 그런가 보다 했다."는 등으로 증언하였다(을 제42호증의 47).

(4) C은 2009. 10. 14. 제2재심대상판결 재판과정에서 "① 안천식 변호사를 마지막으로 방문한 2008. 9.경 안천식 변호사에게 돈을 차용해 달라는 이야기를 하지 않았다. ② 서울중앙지방법원 2008고단3739호 A에 대한 위증 형사사건에서 '이지학이 주민동의서 작성을 위하여 향산리 주민들의 막도장을 가지고 있었던 것은 맞다'고 진술한 것은 잘못된 기억이다. ③ 2008. 4. 4.자 진술서의 기노걸 인장 부분에 관한 진술은 처음부터 허위인 점을 알고 있었지만, 기의호의 회유와 안천식 변호사의 협박에 의하여 오로지 돈을 받을 목적으로 허위 내용의 진술서를 작성해 준 것이다. ④ 안천식 변호사를 최종적으로 방문한 것은 2008. 6.경으로서 B을 만나기 전이다."는 등으로 증언하였다.

(5) C에 대한 인천지방법원 2011고단3402호 위증 형사사건에서 C의 서울중앙지방법원 2008고단3739호 A에 대한 위증 형사사건에서의 위 ① 증언 부분 및 제2재심대상사건에서의 위 ①, ② 증언 부분에 대하여는 위증의 유죄판결이 확정되었으나, 서울중앙지방법원 2008고단3739호 A에 대한 위증 형사사건에서의 위 ②, ③ 증언 부분에 대하여는 무죄판결이 확정되었다.

나) 판단

앞서 본 서울중앙지방법원 2008고단3739호 A에 대한 위증 형사사건에서의 C의 증언 중 허위의 진술로 인정된 "① 안천식 변호사에게 준 2008. 4. 4.자 진술서에 이지학이 도장을 날인한 것을 보았다는 내용이 기재되어 있다는 사실을 2008. 6. 말경 B과 전화통화를 하고 알게 되었다."고 진술한 부분은 제2재심대상사건 법정에서의 허위의 진술이 아니어서 재심사유에 해당하지 않는다.

또한, 앞서 본 제2재심대상판결의 내용에서 A의 위증 부분이 제1재심대상판결의 사실인정과 판결 주문에 아무런 영향을 미친 바 없다고 판단하기에 이른 경위와 위에서 본 서울중앙지방법원 2008고단3739호 A에 대한 위증 형사사건 및 제2재심대상판결 재판과정에서의 C의 각 증언 중 유죄가 인정된 허위 진술 부분의 내용에 비추어 보면, 제2재심대상판결 재판과정에서의 C의 증언 중 허위의 진술로 인정된 "① 안천식 변호사를 마지막으로 방문한 2008. 9.경 안천식 변호사에게 돈을 차용해 달라는 이야기를 하지 않았다."고 진술한 부분과 "② 서울중앙지방법원 2008고단3739호 A에 대한 위증 형사사건에서 '이지학이 주민동의서 작성을 위하여 향산리 주민들의 막도장을 가지고 있었던 것은 맞다'고 진술한 것은 잘못된 기억이다."고 진술한 부분은 모두 갑 제3호증의 3의 진정성립에 관한 간접적인 사항이어서 그 증명력이 약하므로, 유죄가 인정된 C의 허위 진술 부분을 제외한 나머지 증언 및 변론 전체의 취지에 의하더라도 제1심 증인 A의 위증 부분이 제1재심대상판결의 사실인정과 판결 주문에 아무런 영향을 미친 바 없다고 판단하고, 가정적ㆍ부가적으로 갑 제3호증의 3이 위조되었다는 피고의 주장에 부합하는 을 제36호증, 을 제42호증의 27-②, 을 제43호증의 21-②, 을 제56호증의 각 기재를 믿기 어렵고 달리 이를 인정할 만한 증거가 없다고 판단하기에 충분한 것이므로, 결국 C의 위증 부분은 제2재심대상판결의 사실인정과 판결 주문에 아무런 영향을 미친 바 없다.

3) C의 검찰 피의자신문 당시 위증 자백 및 제1심 증인 B의 위증 가능성이 제2재심대상판결에 대한 재심사유에 해당하는지 여부

C의 제2재심대상판결 재판과정에서의 위 ③, ④ 증언과 제1심 증인 B의 "이지학 등으로부터 위와 같이 작성된 계약서 받아 원고가 유진종합건설에게 대금을 지급한 날짜로 맞추어 이 사건 계약서의 작성일자란에 1999. 11. 24.로 기재하였다."는 취지의 증언에 대해 위증의 유죄확정판결이 있었다는 점에 대한 주장, 증명이 없는 이상, C이 2011. 4. 11. 자신에 대한 위증 피의사건에 관한 검찰 피의자신문 당시 제2재심대상판결 재판과정에서의 위 ③, ④ 증언이 각 허위임을 자백하였고, 제1심 증인 B의 위 증언이 위증일 가능성이 높다는 피고의 주장만으로 제2재심대상 판결에 민사소송법 제451조 제1항 제7호가 정한 재심사유가 있다고 할 수 없다.

4) 소결론

결국, C의 위증이 제2재심대상사건 법정에서의 허위의 진술이 아니거나, 제2재심대상판결의 주문에 영향을 미치는 사실인정의 자료로 제공되었다고 할 수 없어, 제2재심대상판결에 민사소송법 제451조 제1항 제7호가 정한 재심사유가 있다고 할 수 없다. 따라서, 제2재심대상판결에 민사소송법 제451조 제1항 제7호가 정한 재심사유가 있음을 전제로 하는 피고의 주위적 청구는 이유 없다.

다. 예비적 청구에 관한 판단

1) 제2재심대상판결에 대한 재심사유의 존부

C의 위증이 제2재심대상사건 법정에서의 허위의 진술이 아니거나, 제2재심대상판결의 주문에 영향을 미치는 사실인정의 자료로 제공되었다고 할 수 없어, 제2재심대상판결에 민사소송법 제451조 제1항 제7호가 정한 재심사유가 있다고 할 수 없음은 앞서 본 바와 같다.

2) 제1재심대상판결에 대한 재심사유의 존부

가) C의 위증을 재심사유로 주장하는 부분

피고의 이 부분 주장 자체에 의하더라도, 제1재심대상판결이 2008. 1. 23. 확정된 이후인 C의 2009. 1. 21. 서울중앙지방법원 2008고단3739호 A에 대한 위증 형사사건 및 2009. 10. 14. 제2재심대상판결 재판과정에서의 각 일부 위증은 제2재심대상사건 법정에서ᅴ 허위의 진술이 아니거나, 제1재심대상사건의 판결 주문에 영향을 미치는 사실인정의 자료로 제공되었다고 할 수 없다. 따라서, 제1재심대상판결에 C의 위증을 이유로 하는 민사소송법 제451조 제1항 제7호가 정한 재심사유가 있다고 할 수 없다.

나) A의 위증을 재심사유로 주장하는 부분

앞서 본 바에 의하면, A의 위증이 제1재심대상판결의 주문에 영향을 미치는 사실인정의 자료로 제공되었다고 할 수 없어, 제1재심대상판결에 A의 위증을 이유로 하는 민사소송법 제451조 제1항 제7호가 정한 재심사유가 있다고 할 수 없다. (더구나, 피고가 2009. 6. 4. 원고를 상대로 A의 위증을 재심청구원인으로 하여 재심의 소를 제기하여 피고의 위 재심청구를 기각하는 제2재심대상판결이 2010. 7. 19. 확정되었음은 앞서 본 바와 같은 바, 피고로서는 늦어도 2009. 6. 4.경에는 A의 위증을 알았다고 봄이 상당하므로, 피고가 이 사건에서 A의 위증을 제1재심대상판결에 대한 재심사유로 다시 주장하는 부분은 민사소송법 제456조 제1호가 정한 재심제기기간인 '재심의 사유를 안 날부터 30일 이내'를 도과하여 재심의 소를 제기한 것이다.)

3) 소결론

결국, 제2재심대상판결 및 제1재심대상판결에 민사소송법 제451조 제1항 제7호가 정한 재심사유가 있다고 할 수 없다. 따라서, 제2재심대상판결 및 제1재심대상판결에 민사소송법 제451조 제1항 제7호가 정한 재심사유가 있음을 전제로 하는 피고의 예비적 청구도 이유 없다.

3. 결론

그렇다면, 피고의 이 사건 재심청구는 모두 이유 없으므로 이를 기각하기로 하여, 주문과 같이 판결한다.

재판장	판사	정종관
	판사	김복형
	판사	김상우

토지 목록

1. 김포기 고촌면 향산리 62-2 대 255㎡

1. 김포기 고촌면 향산리 62-5 대 36㎡

1. 김포기 고촌면 향산리 65-8 대 539㎡

1. 김포기 고촌면 향산리 65-12 전 284㎡

1. 김포기 고촌면 향산리 65-20 대 322㎡

1. 김포기 고촌면 향산리 67-1 대 1,815㎡. 끝.

건물 목록

1. 가. 김포기 고촌면 향산리 65-2 지상 목조 주택 34㎡

   나. 김포시 고촌면 향산리 65-2 외 1필지 지상 조적조 주택
      85.59㎡

2. 김포시 고촌면 향산리 65-8 지상 목조 주택 36㎡, 목조 주택
   17.52㎡

3. 가. 김포시 고촌면 향산리 67-1 지상 토담 주택 36.93㎡

   나. 김포시 고촌면 향산리 67-1 지상 목조 주택 44.63㎡ 목조 주택
      45.36㎡

   다. 김포시 고촌면 향산리 67-1 지상 목조 주택 14.76㎡

   라. 김포시 고촌면 향산리 67-1 지상 목조 주택 39.58㎡, 목조 주택
      18.75㎡. 끝.

대 법 원

제 2 부

판 결

사　　건　　　2012다86437　소유권이전등기등

원고(재심피고), 피상고인

　　　　　　　현대건설 주식회사

　　　　　　　대표이사 김0희

　　　　　　　소송대리인 법무법인 (유) 태평양

　　　　　　　담당변호사 정강준, 이상민

피고(재심원고), 상고인

　　　　　　　기의호

　　　　　　　소송대리인 법무법인 씨에스

　　　　　　　담당변호사 안천식

원 심 판 결　　서울고등법원 2012. 9. 7. 선고 2012재나235 판결

　　　　　　　서울고등법원 2010. 3. 24. 선고 2009재나372 판결

판 결 선 고　　2014. 7. 10.

주 문

상고를 기각한다.

상고비용은 피고(재심원고)가 부담한다.

이   유

　상고이유(상고이유서 제출기간이 경과한 후에 제출된 상고이유보충서 등의 기재는 상고이유를 보충하는 범위 내에서)를 판단한다.

1. 상고이유 제1,2점에 대하여

　민사소송법 제451조 제1항 제7호 소정의 재심사유인 '증인의 거짓진술이 판결의 증거가 된 때'라 함은, 그 거짓진술이 판결주문에 영향을 미치는 사실인정의 자료로 제공된 경우를 말하는 것으로서 만약 그 거짓진술이 없었더라면 판결의 주문이 달라질 수도 있을 것이라는 개연성이 있는 경우가 이에 해당한다고 할 것이므로 그 거짓진술을 제외한 나머지 증거들만에 의하여도 판결주문에 아무런 영향도 미치지 아니하는 경우에는 비록 거짓진술이 위증으로 유죄의 확정판결을 받았다 하더라도 재심사유에 해당되지 아니한다고 할 것이다(대법원 2004. 10. 28. 선고 2004다34783판결 등 참조).

　원심은 그 판시와 같은 이유로 제2재심대상판결의 재판과정에서 증언한 C의 증언 중 위증의 유죄 확정판결이 선고된부분이 제2재심대상판결의 사실인정과 판결주문에 아무런 영향을 미친 바 없다고 판단하여 위 C의 증언 중 위증의 유죄판결이 확정된 부분을 이유로 한 피고(재심원고, 이하 '피고'라고만 한다)의 재심청구를 받아들이지 아니하였다.

　앞서 본 법리와 기록에 비추어 보면, 원심의 위와 같은 판단은 정당한 것으로 수긍이 가고, 거기에 상고이유의 주장과 같이 재심사유

／확증편향／

인정에 있어 법률에 없는 추가요건을 제시함으로써 재판청구권의 본질적 부분을 침해하였다거나 민사소송법 제451조 제1항 제7호 소정의 '증인의 거짓진술이 판결의 증거가 된 때'에 관한 법리를 오해하는 등의 위법이 없다.

2. 상고이유 제3점에 대하여

가. 당사자가 변론종결 후 주장·증명을 제출하기 위하여 변론재개신청을 한 경우 당사자의 변론재개신청을 받아들일지 여부는 원칙적으로 법원의 재량에 속한다. 그러나 변론재개신청을 한 당사자가 변론종결 전에 그에게 책임을 지우기 어려운 사정으로 주장·증명을 제출할 기회를 제대로 갖지 못하였고, 그 주장·증명의 대상이 판결의 결과를 좌우할 수 있는 관건적 요증사실에 해당하는 경우 등과 같이 당사자에게 변론을 재개하여 그 주장·증명을 제출할 기회를 주지 않은 채 패소의 판결을 하는 것이 민사소송법이 추구하는 절차적 정의에 반하는 경우에는 법원은 변론을 재개하고 심리를 속행할 의무가 있다(대법원 2010. 10. 28. 선고 2010다20532 판결 참조).

나. 기록에 의하면, 위 C의 증언 중 '2008. 4. 4.자 진술서의 기노걸 인장 부분에 관한 진술은 처음부터 허위인 점을 알고 있었지만 기의호의 회유와 안천식 변호사의협박에 의하여 오로지 돈을 받을 목적으로 허위 내용의 진술서를 작성해 준 것이다.'는 부분 및 '안천식 변호사를 최종적으로 방문한 것은 2008. 6.경으로서 B을 만나기 전이다.'라는 부분의 위증혐의에 관한 불기소결정이 원심 변론종결 후인 2012. 8. 10. 있었던 사실, 그 불기소이유는 '위 각 증언과 이미 위증

의 유죄판결이 확정된 증언이 동일한 기일에 C에 의하여 이루어진 증언으로서 포괄일죄를 구성하여 위 유죄판결의 기판력이 위 각 증언에도 미치므로, 공소권이 없다.'는 취지인 사실, 이에 피고는 '위 C의 증언 중 위증의 유죄판결이 확정된 부분을 이유로 한 재심사유가 인정되지 아니한다고 판단될 경우에는 변론을 재개하여 위 불기소결정이 민사소송법 제451조 제2항 소정의 증거부족 외의 이유로 유죄의 확정판결을 할 수 없는 때에 해당한다는 점에 관한 주장·입증의 기회를 달라.'는 내용이 기재된 참고서면을 원심법원에 제출된 사실은 인정된다.

그러나 제2재심대상판결은 'A이 위증의 유죄 확정판결을 받은 사실'을 인정하는 근거 중 하나로서 위 C의 증언을 들고 있을뿐 달리 위 C의 증언을 사실인정의 자료로 삼은 바 없다. 다만 제2재심대상판결은 그 재판과정에서 추가로 제출된 증거들을 배척하는 근거 중 하나로서 위 C의 증언을 들고 있으나, 위와 같이 배척된 증거들은 모두 위 C의 증언 전에 작성된 C의 진술서 또는 C에 대한 수사기관의 진술조서인데 각각 서로 반대 내지 모순되는내용들이 기재되어 있어 그 자체로 신빙성을 부여하기 어려운 증거들이다. 따라서 C의 위즌 혐의에 관한 위 불기소결정은 원심의 판결을 좌우할 수 있는 관건적 요증사실에 해당한다고 보기 어렵고, 이는 위 불기소결정이 민사소송법 제451조 제2항의 요건을 충족시키는 것이라 하더라도 마찬가지이며, 달리 원심이 변론을 재개하여 피고에게 주장·증명의 기회를 주지 않은 것이 절차적 정의에 반한다고 볼 만한 사정도 보이지 아니한다.

결국 원심판결에 민사소송법 제451조 제2항의 요건에 관한 법리오해나 변론재개의무위반 및 심리미진 등의 위법이 있다는 취지의 이 부분 상고이유 주장도 받아들일 수 없다.

3. 상고이유 제4점에 대하여

이 부분 상고이유는 제1재심대상판결의 본안에 관한 판단을 비판하는 취지로서 재심사유가 인정되지 아니한다는 원심판단에 대한 적법한 상고이유가 아니라고 할 것이다.

4. 상고이유 제5점에 대하여

이 부분 상고이유는 원심이 예비적 청구원인에 관한 주장을 오해하여 잘못 판단하였다는 취지이나, 제2재심대상판결에 관한 재심사유의 존재가 인정되지 아니하는 이상 위 재심사유의 존재를 전제로 제1재심대상판결까지 취소하여 달라는 취지의 예비적 청구원인이 인정될 수 없음은 분명하므로, 이를 받아들일 수 없다.

5. 결론

상고를 기각하고 상고비용은 패소자가 부담하기로 하여, 관여 대법관의 일치된 의견으로 주문과 같이 판결한다.

재판장	대법관	이상훈
	대법관	신영철
	대법관	김용덕
주 심	대법관	김소영

서 울 고 등 법 원

제 6 민 사 부

판   결

사   건   2019재나111 소유권이전등기등

원고(재심피고), 피항소인

        현대건설 주식회사

        대표이사 박0욱

        소송대리인 법무법인 태평양(담당변호사 정강준,

        정한별)

피고(재심원고), 항소인

        기의호

        소송대리인 법무법인 씨에스(담당변호사 안천식)

제 1 심판결   서울중앙지방법원 2006. 12. 12. 선고 2005가합

        99041 판결

재심대상판결   서울고등법원 2007. 10. 11. 선고 2007나5221 판결

        서울고등법원 2010. 3. 24. 선고 2009재나372 판결

        서울고등법원 2012. 9. 7. 선고 2012재나235 판결

변 론 종 결   2019. 10. 18.

판 결 선 고   2019. 11. 15.

주   문

1. 이 사건 재심의 소를 모두 각하한다.

/ 확증편향 /

2. 재심소송비용은 피고(재심원고)가 부담한다.

청구취지, 항소취지 및 재심청구취지

1. 청구취지

가. 주위적으로,

피고(재심원고, 이하 '피고')는 원고(재심피고, 이하 '원고')에게 [별지1] 토지 목록 기재 각 토지(이하 '이 사건 각 토지')에 관하여 2000. 9. 일자 미상 매매를 원인으로 한 소유권이전등기절차를 이행하고, 위 각 토지를 인도하며, [별지2] 건물 목록 기재 각 건물(이하 '이 사건 각 건물')을 철거하라.

나. 예비적으로,

피고는 파산자 동아건설산업 주식회사의 파산관재인 정0인에게 이 사건 각 토지에 관하여 1997. 9. 1. 매매를 원인으로 한 소유권이 전등기 절차를 이행하고, 이 사건 각 토지를 인도하며, 이 사건 각 건물을 철거하라.

2. 항소취지

제1심 판결을 취소한다. 원고의 청구를 기각한다.

3. 재심청구취지

서울고등법원 2007. 10. 11. 선고 2007나5221 판결(이하 '제1 재심대상판결'), 서울고등법원 2010. 3. 24. 선고 2009재나372 판결(이하 '제2 재심대상판결'), 서울고등법원 2012. 9. 7. 선고 2012재나235판결(이하 '제3 재심대상판결')을 각 취소하고, 원고의 청구를 모두 기각한다.

이 유

1. 이 사건 각 재심대상판결의 확정

가. 제1 재심대상판결의 확정 및 그 내용

1) 제1 재심대상판결의 확정

원고는 2005. 11. 2. 피고를 상대로 서울중앙지방법원 2005가합 99041 사건으로 위 청구취지 기재와 같이 소유권이전등기절차 등을 구하는 소를 제기하여, 2006. 12. 12. 위 법원으로부터 원고 승소판결(이하 '제1심판결')을 받았다. 이에 피고가 제1심 판결에 불복하여 2006. 12. 26. 서울고등법원 2007나5221 사건(이하 '제1 재심대상사건')으로 항소하였으나, 2007. 10. 11. 위 법원으로부터 피고의 항소를 기각하는 제1 재심대상판결을 선고받았다. 이어서 피고가 제1 재심대상판결에 불복하여 대법원 2007다74607 사건으로 상고하였지만, 2008. 1. 17. 대법원으로부터 그 상고가 심리불속행 기각되어, 제1 재심대상판결은 2018. 1. 23. 확정되었다.

2) 제1 재심대상판결의 내용

가) 원고는 제1 재심대상사건의 청구원인으로 "원고의 대리인 이지학이 2000. 9.일자 미상경 기노걸의 진정한 의사를 확인한 후 기노걸을 대신하여 서명, 날인하는 방식으로 원고와 기노걸 사이에 이 사건 각 토지에 관한 부동산매매계약서(갑 제3호증의 3, 이하 '이 사건 계약서')가 작성됨으로써 매매계약이 체결되었으므로, 기노걸로부터 이 사건 토지의 소유권 및 매도인의 지위를 상속한 피고는 원고에게 이 사건 각 토지에 관한 소유권이전등기절차 이행 및 이 사건 각 토지의 인도, 그 지상의 건물 철거 의무가 있다"는 취지로 주

／**확증편향**／

장하였고, 이에 대하여 피고는 "이 사건 계약서 및 기노걸이 원고로부터 이 사건 토지의 매매대금으로 983,000,000원을 지급받았다는 영수증(을 제4호증, 이하 '이 사건 영수증')에 있는 기노걸의 서명 및 인영은 위조된 것이다"라는 취지로 다투었다.

나) 이에 대하여 제1 재심대상판결은 아래와 같은 이유로 이 사건 계약서 및 영수증의 진정성립을 인정한 다음, "이 사건 계약서에 따라 기노걸로부터 이 사건 각 토지의 소유권 및 매도인의 지위를 상속한 피고는 매수인인 원고에게 이 사건 각 토지에 관하여 2000. 9. 일자 미상 매매를 원인으로 한 소유권이전등기절차 이행 등의 의무가 있다"는 취지로 판단하였다.

나. 제2 재심대상판결의 확정과 그 내용

□ 피고의 친구인 이지학이 2000. 9.경 기노걸과 사이에 이 사건 각 토지의 매매에 관한 합의를 하고, 이지학의 사무실에서 작성하여 온 기노걸의 이름, 주소, 주민등록번호가 기재된 이 사건 계약서에 기노걸로부터 막도장을 건네받아 날인을 하고, 기노걸이 가르쳐준 농협 계좌번호를 적었다는 취지의 증인 A의 증언,

□ 이지학 등으로부터 위와 같이 작성된 계약서를 받아 원고가 유진종합건설에 대금을 지급한 날짜로 맞추어 이 사건 계약서의 작성일자란에 1999. 11. 24.로 기재하였다는 취지의 증인 B 증언,

□ 기노걸이 2004. 8. 20. 사망하기 전부터 피고가 기노걸을

대신하여 원고에게 잔금지급을 요청하였고, 이에 원고가 엠지코리아 주식회사(이하 '엠지코리아')에 이 사건 토지와 관련한 모든 권리를 양도한 사실을 알려주면서 위 회사와 상의해보라고 하자, 피고가 엠지코리아에게 대금지급을 요구하여 엠지코리아로부터 2003. 7. 25. 500만 원, 2003. 8. 22. 500만 원, 2003. 12. 15. 1, 000만 원, 2004. 2. 26. 500만 원, 2004. 5. 24. 1,000만 원, 2004. 7. 5. 500만 원 합계 4,000만 원을 지급받은 사실을 인정할 수 있는 갑 제6호증의 1~6, 갑 제22호증의 1~5의 각 기재, 증인 최0철의 증언(이에 대하여 피고는, 위 돈은 매매대금이 아니라 엠지코리아 대표이사인 최0철로부터 개인적으로 빌린 돈에 불과하다는 취지로 주장하나, 위에서 든 증거들에 변론 전체의 취지를 종합하면, 피고와 최0철은 위 아파트 건설사업을 하는 과정에서 처음 만나 알게 된 사이이고, 위 돈을 입금한 명의인은 최0철이 아닌 엠지코리아인 사실을 알 수 있고, 여기에 피고는 차용증서도 제출하지 못하고 있는 점에 비추어 보면, 피고의 위 주장은 믿기 어렵다)

□ 비록 갑 제3호증의 1~3, 갑 제10호증, 을1, 21호증, 을11, 12, 25호증의 각 1,2, 을16, 17, 19호증, 을20호증의 1~7 각 기재에 의하면, 아래의 ⓐ~ⓔ의 사정을 인정할 수 있다 하더라도, 아래의 ⓕ~ⓙ의 사정 등에 비추어, ⓐ~ⓔ의 사정만으로 이와 달리 보기 어려움

　ⓐ 기노걸과 동아건설 사이에 작성된 다른 계약서(갑 제3호증의 1, 2)에 기재된 기노걸의 서명 및 인영은 한자로

되어 있지만 이 사건 계약서에 기재된 기노걸의 이름은 한 글로 적혀 있고, 인영도 소위 막도장에 의한 것으로서 그 안의 이름도 한글로 되어 있으며, 입회인인 유진종합건설 의 날인이 없는 점,

ⓑ 이 사건 계약서에 매매대금의 입금계좌로 기재된 농 협 241084-56-002254 계좌는 1997. 9. 1. 동아건설로부터 계약금 및 1차 중도금 294,900,000원이 송금 된 후 1997. 9. 24. 해지되어 폐쇄된 계좌이고, 기노걸은 같은 날 농협 241084-56-002402 계좌를 개설하여 1997. 11. 5. 동아건 설로부터 2차 중도금 688,100,000원을 송금받음 점,

ⓒ 이 사건 계약서를 작성한 이지학이 경영하는 하우공영 과 유진종합건설 사이의 토지매매계약에 관한 용역대행계 약서의 작성시기는 2000. 2. 무렵으로 이 사건 계약서의 작성일자로 기재되어 있는 1999. 11. 24. 이후인 점,

ⓓ 유진종합건설은 2000. 7. 28.경 기노걸에게 '동아건설 로부터 승계받은 부동산 양도권리를 인정하지 않음에 따 라 개발이 지연되고 있고, 토지 수용권을 부여받아 사업을 시행하고자 한다'는 취지가 담긴 내용증명우편을 보낸 점,

ⓔ 원고가 2000. 12. 13. 기노걸의 옆집에 사는 허창 소유 의 김포시 고촌면 향산리 61-2 전394평 등 6필지 토지에 관하여 위 각 토지를 매수한 동아건설로부터 위 각 토지에 관한 매수인의 지위를 승계하였음을 이유로 이에 관한 계 약서 및 영수증(이 사건 계약서 및 영수증과 형식이 동일 하고, 매도인 및 영수인 허창 옆에 소위 한글 막도장이 찍

혀 있으며 작성일자는 각 2000. 1. 7.로 되어 있다)을 첨부하여 부동산처분금지가처분신청을 하여 2000. 12. 20. 서울지방법원 2000카합3535호로 위 각 토지에 관하여 부동산처분금지가처분결정이 내려졌으나, 허창이 2001. 4. 17.경 위와 같은 원고의 지위 승계를 승낙한 바 없고, 위 계약서 등은 위조된 것이라고 주장하면서 원고에게 소취하를 요구한 후 원고가 법원의 제소명령에도 불구하고 소를 제기하지 않아 2001. 8. 13. 서울지방법원 2001카합1537호로 위 부동산처분금지가처분결정이 취소된 점,

ⓕ 유진종합건설 등이 다른 지주와 체결한 원고 명의의 매매계약서로서 위조되지 않은 것으로 보이는 계약서 중에도 매도인의 도장이 막도장으로 되어 있거나, 입회인의 날인이 없는 계약서가 존재하는 점(갑 제16호증의 1, 6),

ⓖ 피고는 현재까지도 위 폐쇄된 농협계좌의 통장을 소지하고 있어(다툼이 없는 사실) 기노걸도 이사건 계약서 작성 당시 위 2개의 통장을 모두 소지하고 있었을 것으로 보이고, 계좌번호는 통장의 첫 장을 넘기면 바로 알 수 있지만 계좌의 폐쇄여부는 통장의 마지막 면을 보아야 알 수 있는 관계로, 이 사건 계약당시 75세의 고령이던(갑2호증) 기노걸이 착오로 폐쇄된 계좌번호를 불러줄 가능성도 존재하는 점,

ⓗ 만약 원고, 유진종합건설이나 이지학이 동아건설로부터 받았거나 매매계약 대행과정에서 이미 알고 있던 기노걸의 계좌번호를 이용하여 이 사건 계약서를 위조하였다

면 위와 같이 폐쇄된 계좌가 아니라 2차 중도금이 지급된 계좌번호를 적었을 것으로 보이는 점,

ⓘ 이 사건 계약서의 실제 작성시기는 2000. 9. 일자 미상경으로서 계약서상 작성일자는 소급하여 기재된 점(증인 A, B),

ⓙ 허창에 관한 위와 같은 사정만으로는 허창에 관한 위 계약서가 위조되었다고 단정하기는 어려울 뿐만 아니라 가사 허창에 관한 위 계약서가 허창의 승낙을 받지 않고 작성되어 위조된 것이라 하더라도, 이지학은 2000.경 매매계약의 체결을 위해 허창 및 기노걸의 집을 수차례 방문하였는바(갑 제31호증, 을 제25호증의 1), 기노걸은 이 사건 계약서의 작성을 승낙하였을 수도 있는 점

1) 제2 재심대상판결의 확정

피고는 2009. 6. 4. 원고를 상대로 서울고등법원 2009재나372호(이하 '제2 재심대상사건')으로 "제1 재심대상판결 및 제1심 판결을 각 취소한다. 원고의 청구를 기각한다" 등의 재심의 소를 제기하여, 2010. 3. 24. 위 법원으로부터 피고의 재심청구를 기각하는 판결(이하 '제2 재심대상판결'이라 한다)을 선고받았다. 이에 피고가 제2 재심대상판결에 불복하여 대법원 2010다32085호로 상고하였으나, 2010. 7. 15. 대법원으로부터 그 상고가 심리불속행 기각되어, 제2재심대상판결은 2010. 7. 19. 그대로 확정되었다.

2) 제2 재심대상판결의 내용

가) 피고는 제2 재심대상사건의 재심청구원인으로 "제1 재심대
상판결은 제1심 증인 A의 증언을 증거로 삼아 이 사건 계약서의 진
정성립을 인정하고 이를 바탕으로 기노걸이 원고와 사이에 이 사건
토지에 관하여 매매계약을 체결하였다고 보고서 피고의 항소를 기
각한 것이나, 그 후 위 채수증의 증언에 대하여 위증의 유죄판결이
확정되었으므로 제1 재심대상판결에는 민사소송법 제451조 제1항
제7호 소정의 재심사유가 있다."고 주장 하였다.

나) 이에 대하여 제2재심대상판결은 "제1심 증인 A의 아래 증언
중 ②, ③부분만이 위증으로 기소되었고, 그 중 ③ 부분만이 거짓
진술로 인정되었으나, 이는 이 사건 계약서의 진정성립에 관한 간접
적인 사항으로서 이 사건 계약서에 기재된 계좌번호가 당시 이미 폐
쇄된 계좌의 번호임이 밝혀져 그 증명력이 약한 반면, 오히려 무죄
로 확정된 ② 부분의 증언내용은 이 사건 계약서의 진정성립에 관
한 직접적인 사항으로서 증명력이 높은 것이므로, 위 ③ 부분을 제
외한 나머지 증언 등에 의하더라도 이 사건 계약서의 진정성립을 인
정하기에 충분하므로, 결국 A의 위증 부분은 제1 재심대상판결에
있어서 그 사실인정과 판결주문에 아무런 영향을 미치지 아니하였
다"는 이유를 들어 피고의 재심청구를 기각하였다.

> ① 증인과 이지학 등은 10여 차례 기노걸의 자택을 방문하여
> 계약체결을 협의한 바 있었으나, 기노걸은 아들과 상의하고
> 계약을 하겠다고 하면서 잘 응하지 않았다. 그러다가 2000년
> 9. 또는 10.경 증인과 이지학이 기노걸의 자택을 방문하여 인
> 수매매계약이 성사되었는데, 이때 기노걸은 동아건설과의 매

매계약 금액보다 좀 더 올려줄 것을 요구하였으나, 증인과 이
지학은 당시로서는 최고금액에 해당하여 곤란하다고 설득하
여 종전금액대로 계약이 성사되었다.

2 당시 기노걸은 노환으로 몸이 불편하여 서랍에서 도장을
가져와 이지학에게 주었고, 이지학은 건네받은 도장으로 기노
걸의 이름과 주소, 주민등록번호를 미리 기재하여 가지고 온
토지매매계약서에 날인을 하였으며, 증인은 옆에서 이를 모두
지켜보았다. 기노걸이 서랍에서 꺼낸 도장은 막도장이었다.
기노걸이 피고의 친구인 이지학에게 반말로 도장이 여기 있으
니 찍으라고 하였다. 기노걸이 도장을 준 것이 맞다.

3 이 사건 계약서상의 계좌번호는 이 사건 계약서 작성 당시
기노걸로부터 직접 듣고 이지학이 기재한 것으로 기억한다.
계좌번호는 기노걸로부터 듣고 현장에서 적은 것이다. 기노걸
이 불러주는 대로 이지학이 적는 것을 틀림없이 봤다. 증인이
참여한 가운데 기노걸이 불러주는 계좌번호를 기재하였기 때
문에 이지학이 임의로 기재했다는 것은 있을 수 없는 것으로
알고 있다. 증인이 옆에서 보고 있었고 이지학이 직접 썼다.

다. 제3 재심대상판결의 확정 및 그 내용

1) 제3 재심대상판결의 확정

피고는 2012. 2. 21. 원고를 상대로 서울고등법원 2012재나235
사건(이하 '제3 재심대상사건')으로, 주위적으로 제2 재심대상판결
의 취소 등을 구하고, 예비적으로 제1,2 재심대상판결의 취소 등을
구하는 재심의 소를 제기하여, 2012. 9. 7. 위 법원으로부터 피고의

재심청구를 기각하는 제3 재심대상판결을 선고받았다. 피고가 이에 불복하여 대법원 2012다86437 사건으로 상고하였으나, 2014. 7. 10. 대법원으로부터 그 상고를 기각하는 판결이 선고되어, 제3 재심대상판결은 2014. 7. 10. 그대로 확정되었다.

2) 제3 재심대상판결의 내용

가) 피고는 제3 재심대상사건의 재심청구원인으로서, '제2 재심대상판결의 판단 근거가 된 C의 A을 피고인으로 한 서울중앙지방법원 2008고단3739 위증 사건에서의 증언(을42호증의 47) 및 제2 재심대상사건에서의 증언이 위증이라는 유죄의 판결이 확정되었으므로, 민사소송법 제451조 제1항 제7호의 재심사유가 있다'고 주장하였다.

한편, C에 대하여 위증의 유죄판결이 내려진 인천지방법원 2011고단3402 위증사건에서는, C이 위 A에 대한 형사사건 및 제2 재심대상사건에서 한 아래 각 증언 중 **1**~**5** 부분이 위증으로 기소되었고, 다시 그 가운데 **1**, **4**, **5** 부분은 유죄, **2**, **3** 부분은 무죄라는 판단이 내려졌고, 위 판결은 그 후 항소심인 인천지방법원 2011노3923 사건에서 C과 검사의 항소가 모두 기각되어 그대로 확정되었다(을61, 65호증, 을62호증의 1,2).

[C의 A에 대한 형사사건에서의 증언요지]

1 안천식 변호사에게 준 2008. 4. 4.자 진술서에 이지학이 도장을 날인한 것을 보았다는 내용이 기재되어 있다는 사실을 2008. 6. 말경 B과 전화 통화를 하고 알게 되었다.

2 2008. 4. 4. 안천식 변호사 사무실에서 '이지학 본인이 직접

도장을 꺼내서 날인했다.'고 진술하였는데 당시 착각하고 잘못 진술한 것이고, 방배경찰서에서는 안천식 변호사에게 진술한 내용을 그대로 진술했던 것이다.

3 안천식 변호사에게 이지학이 도장 찍는 것을 본 것 같다는 말을 하지 않았고, 승계계약이 24건이라거나 막도장 찍은 내용은 안천식 변호사가 얘기해 주어서 그런가 보다 했다.

[C의 제2 재심대상사건에서의 증언 요지]

4 안천식 변호사를 마지막으로 방문한 2008. 9. 경 안천식 변호사에게 돈을 차용해 달라는 이야기를 하지 않았다.

5 A에 대한 서울중앙지방법원 2008고단3739 위증 사건에서 '이지학이 주민동의서 작성을 위하여 향산리 주민들의 막도장을 가지고 있었던 것은 맞다'고 진술한 것은 잘못된 기억이다.

6 2008. 4. 4.자 진술서의 기노걸 인장 부분에 관한 진술은 처음부터 허위인 점을 알고 있었지만, 기의호의 회유와 안천식 변호사의 협박에 의하여 오로지 돈을 받을 목적으로 허위 내용의 진술서를 작성해 준 것이다.

7 안천식 변호사를 최종적으로 방문한 것은 2008. 6. 경으로서 B을 만나기 전이다.

나) 이에 대하여 제3 재심대상판결은 'C의 증언 중 **1** 부분은 제2 재심대상사건의 법정에서의 거짓 진술이 아니어서 재심사유에 해당하지 않고, **4**, **5** 부분은 이 사건 계약서의 진정성립에 관한 간접적인 사항이어서 그 증명력이 약하므로, 이들을 제외하더라도 제1심 증인 A의 위증 부분이 제1,2 재심대상판결의 사실 인정과 판결

주문에 아무런 영향을 미친 바 없다고 판단하기에 충분하다.'는 이유를 들어 제1, 2 재심대상판결에 민사소송법 제451조 제1항 제7호가 정한 재심사유가 있다고 볼 수 없다면서, 피고의 주위적 및 예비적 재심청구를 모두 기각하였다.

2. 이 사건 재심의 소의 적법 여부에 관한 판단

가. 피고의 주장 요지

1) 2018. 2. 22. 서울고등법원 2017초재4460 재정신청(이하 '이 사건 재정신청') 사건의 심문기일에 B의 진술에 의하여, 제1심 증인 A의 증언 중 위 ②부분이 거짓 진술이라는 것이 밝혀졌고, B의 증언 중 제1심에서의 "이 사건 계약서는 2000년 가을경 유진종합건설로부터 교부받았다"는 부분과, 제2 재심대상사건에서의 증언 중 "기노걸은 2000. 3. 경 계약대행사인 유진종합건설을 통해 이 사건 각 토지에 대하여 현대건설과 승계계약을 체결하였으니 잔근 9억 8,300만 원을 인출한 사실이 있다"는 부분은 모두 거짓 진술임이 밝혀졌다. 따라서 제1~3 재심대상판결에는 민사소송법 제451조 제1항 제7호의 '증인의 거짓 진술이 판결의 증거가 된 때'라는 재심사유가 존재한다.

2) 다만, 피고가 위와 같은 B의 위증에 대하여 서울서부지방검찰청 2017년 형제14908호 사건으로 B을 고소하였으나, 2017. 7. 21. 서울서부지방검찰청 검사는 B에 대하여 공소시효 도과 등을 이유로 한 불기소결정을 하였고, 위와 같은 A의 위증에 대하여 서울중앙지방검찰청 2019형제13409호 사건으로 A을 고소하였지만, 이 역시

2019. 3. 15. 서울중앙지방검찰청 검사가 A에 대하여 공소시효 도과를 이유로 한 불기소결정을 하였는데, 이는 민사소송법 제451조 제2항 후단의 '증거부족 외의 이유로 유죄의 확정판결이나 과태료 부과의 확정재판을 할 수 없을 때"에 해당하므로, 이 사건 재심의 소를 제기할 수 있는 것이다.

나. 제1 재심대상판결에 대한 부분의 검토

1) 민사소송법 제451조 제2항 요건의 구비 여부

가) 관련 법리

민사소송법 제451조 제1항 제7호는 '증인의 거짓 진술이 판결의 증거가 된 때'를 재심사유의 하나로 규정하면서, 그 제2항에서 '제1항 제7호의 경우에는 처벌받을 행위에 대하여 유죄의 판결이나 과태료부과의 재판이 확정된 때 또는 증거부족 외의 이유로 유죄의 확정판결이나 과태료부과의 확정재판을 할 수 없을 때에만 재심의 소를 제기할 수 있다.'고 규정하고 있는데, 이러한 민사소송법 제451조 제2항의 요건은 남소의 폐해를 방지하기 위한 것으로서 민사소송법 제1항 제7호의 재심사유에 관하여 위 제2항의 요건이 불비되어 있는 때에는 당해 사유를 이유로 한 재심의소 자체가 부적법한 것이 되므로, 위 제7호 소정의 재심사유 자체에 대하여 그 유무의 판단에 나아갈 것도 없이 각하되어야 한다(대법원 2017. 2. 3. 선고 2016재다1678판결 등 참조).

나아가 민사소송법 제451조 제2항에서 말하는 '증거부족 외의 이유로 유죄의 확정판결이나 과태료 부과의 확정재판을 할 수 없을 때'라 함은 증거흠결 외의 사유, 즉 법인의 사망, 사면, 공소시효의 완성, 심신상실의 경우 등이 없었더라면 유죄판결을 받을 수 있었을 경우를 의미하는 것이고(대법원 2006. 11. 23. 선고 2006다24155 판결 등 참조), 위 제7호 소정의 재심의 소를 제기한 당사자가 유죄의 확정판결을 받을 가능성이 있었는데 피의자가 사망하거나 공소시효가 완성되었다거나 기소유예처분을 받았거나 해서 유죄의 확정판결을 받을 수 없었다는 것을 증명해야 한다(대법원 1989. 10. 24. 선고 88다카29658 판결 등 참조).

　나) A의 위증 관련 재심사유의 경우

　① 을80호증의 1~4의 각 기재에 의하면, 원고가 2019. 2. 11. 제1심 증인 A의 위 ②부분 위증에 대하여 서울중앙지방검찰청 2019형제13409호 사건으로 A을 고소하였으나, 서울중앙지방검찰청 검사는 2019. 3. 15. '공소시효 도과되어 더 이상 수사 실익 없어 각하한다.'는 의견으로 A에 대하여 불기소처분을 한 사실이 인정된다.

　그러나 위에서 인정한 바와 같이 제1심 증인 A의 위 ②부분 증언에 대하여는 이미 피고가 A를 위증 혐의로 고소하였으나, 해당 부분에 관한 무죄의 형사판결이 확정된 바 있고(을39호증), 피고가 이 법정에서 제출한 을75호증, 을76호증의 1,2, 을78, 79호증의 각 1~3 각 기재를 살펴보더라도, 이들은 A의 위 ②부분 증언과 직접적 관련이 있다고 보기 어려운 데다가, 그에 의하여 인정되는 몇몇 간접적 사정들을 감안해 보더라도 위와 같이 무죄판결이 확정된 A의 위 ②부분 증언이 거짓 진술이라고 단정하기는 어렵다. 따라서 피고가 들고 있는 여러사정들과 이 법원에서 추가로 제출한 증거들만으로는 A이 공소시효의 완성 등이 없었더라면 위증의 유죄판결을 받을 수 있었을 것이 명백한 경우에 해당한다고 볼 수 없고, 달리 이를 인정할 만

한 뚜렷한 증거는 없다.

특히, 피고는 이 사건 재정신청의 2018. 3. 22.자 심문기일에서 B이 한 진술에 의하여 A의 제1심 증언 중 위 ②부분 증언이 거짓이라는 것이 밝혀졌다는 취지로 주장하나, 위 심문기일에서의 B의 진술내용(을75호증)에 살펴보면 B의 진술에 의하여 A의 위 ②부분 증언이 거짓이라고 단정할 만한 부분을 찾을 수 없다(아래에서 자세히 살피는 바와 같이 이 사건 재정신청의 심문기일에 B이 피고의 주장과 같이 '2000. 3. 전에 이미 이 사건 계약서가 작성되어 원고에게 교부되었다.'고 진술한 것으로 보이지도 않는다).

② 이 부분에 대하여 피고는, 민사소송법 제451조 제2항 후단의 '증거부족 외의 이유로 유죄의 확정판결을 할 수 없을 때'에는 '부실한 형사공판절차에서 증거부족을 이유로 무죄판결이 선고되고, 검사의 항소 포기로 무죄가 확정된 경우'도 포함된다는 취지로 다툰다.

그러나 앞서 본 바와 같이 민사소송법 제451조 제2항 후단에서 말하는 '증거부족 외의 이유로 유죄의 확정판결을 할 수 없을 때'라 함은 증거흠결 이외의 사유, 즉 범인의 사망, 사면, 공소시효의 완성, 심신상실이 경우 등이 없었더라면 유죄판결을 받을 수 있었을 것이 명백한 경우를 의미하는 것이지, 피고의 주장과 같이 이미 무죄판결이 확정되어 더는 유죄판결을 받을 수 있는 가능성이 아예 사라진 경우라도, 그 무죄판결이 부실한 형사공판절차에서 증거부족을 이유로 한 것이고 검사의 항소 포기로 무죄판결이 확정된 경우라면 위 규정의 '증거부족 외의 이유로 유죄의 확정판결을 할 수 없을 때'에 포함된다고 해석할 수는 없다. 따라서 피고의 위 주장은 받아들일 수 없다.

다) B의 위증 관련 재심사유의 경우

① 이 사건 기록에 의하면, 피고가 B이 제1심 및 제2심 재심대상사건에서 위증을 하였다면서 서울서부지방검찰청 2017형제14908호 사건으로 B을 고소하였으나, 서울서부지방검찰청 검사는 2017. 7. 21. 일부 혐의는 고소 각하, 일부 혐의는 혐의 없음을 이유로 B에 대하여 불기소처분을 한 사실과 이에 대하여 피고가 서울고등법원에 이 사건 재정신청을 하였으나, 2018. 4. 4. 서울고등법원으로부터 '검사의 불기소처분은 수긍이 가고, 거기에 피고가 주장하는 바와 같은 잘못이 있다고 보기 어렵다.'는 이유로 기각결정을 받은 사실은 인정된다(2019. 4. 16.자 재배당요구서에 첨부된 서울고등법원 2017초재4460 재정신청 결정 사본 참조).

그러나 범죄 혐의가 없다는 이유로 불기소처분을 받은 경우는 민사소송법 제451조 제2항 후단에서 말하는 '증거부족 외의 이유로 유죄의 확정판결을 할 수 없는 때'에 해당한다고 할 수 없는데(대법원 1999. 5. 25. 선고 99두2475 판결 등 참조), B에 대한 위 불기소처분 중 일부 혐의 없음을 이유로 한 부분은 몰론, 나머지 고소 각하 부분 가운데 공소시효 완성이 그 사유가 된 혐의가 있다고 하더라도, 이 역시 피고가 내세우는 여러 사정들과 을75호증, 을76호증의 1,2, 을78,79호증의 각 1~3의 각 기재만으로 그러한 공소시효의 완성 등이 없었더라면 B가 제1심에서 한 증언에 관하여 위증의 유죄판결을 받을 수 있었을 것이 명백한 경우에 해당한다고 볼 수 없고, 달리 이를 인정할만한 뚜렷한 증거는 없다.

② 나아가 피고는, B이 이 사건 재정신청 사건에서 2018. 3. 22. 심문기일에 '2000. 3. 전에 이미 이 사건 계약서가 작성되어 원고에

게 교부되었다.'고 진술하였다는 취지로 주장하고 있으나, 을75호증의 기재에 의하면 위 심문기일에서 B은 "2006. 3.에 돈을 인출했다고 했는데, 계약서가 들어온 것을 보고 인출했나요? 아니면 계약서를 받지 않고 돈을 인출하였나요?"라는 피고 대리인의 질문에 대하여, "도장이 안 찍힌 계약서가 있을 수는 있지만 계약서는 요건이므로 첨부되었을 것이다."라고 답변한 사실이 인정될 뿐이어서, 이를 두고 피고의 주장과 같이 B이 "2000. 3. 전에 이미 이 사건 계약서가 작성되어 원고에게 교부되었다."는 내용으로 진술한 것이라고 단정하기도 어렵다는 점을 밝혀둔다.

라) 이 부분 검토 결과의 정리

따라서 이 사건 재심의 소 중 제1 재심대상판결에 대한 부분은 민사소송법 제451조 제2항 후단의 증거부족 외의 이유로 유죄의 확정판결을 할 수 없을 때'라는 요건을 갖추지 못한 것이어서 부적법하다.

2) 재심제기 기간의 도과 여부

가) 한편, 민사소송법 제456조에 의하면 재심의 소는 당사자가 판결이 확정된 뒤 재심의 사유를 안 날부터 30일 이내에 제기하여야 하고(제1항), 판결이 확정된 뒤 5년이 지난 때에는 재심의 소를 제기하지 못하며(제3항), 재심의 사유가 판결이 확정된 뒤에 생긴 때에는 제3항의 기간은 그 사유가 발생한 날부터 계산한다(제4항).

나) 그런데 이 사건에서 피고의 항소를 기각한 제1 재심대상판결이 2007. 10. 11. 선고되어 2008. 1. 23. 확정된 사실은 앞서 본 바와 같고, 이 사건 재심의 소는 제1 재심대상판결이 확정된 2008. 1. 23.로부터 5년의 기간이 도과한 2019. 3. 11.에 이르러서야 제기된

사실은 기록상 명백하다.

또한 민사소송법 제451조 제1항 제7호의 사유로서 그 제2항 후단에 의하여 증거흠결 이외의 이유로 유죄의 확정판결을 받을 수 없는 경우, 5년의 재심제기 기간은 그 사유가 발생한 날로부터 진행되는 것이지만(대법원 1990.0 2. 13. 선고 89재다카119 판결 등 참조), 이 사건에서 A, B의 위증 혐의에 대한 불기소처분이나 법원의 재정신청 기각결정만으로는 민사소송법 제451조 제2항 후단의 요건을 갖추었다고 볼 수 없음은 앞서 자세히 살핀 바와 같으므로, 제1 재심대상판결에 대한 재심기간의 기산점은 여전히 민사소송법 제456조 제3항에 따라 제1 재심대상판결이 확정된 2008. 1. 23.부터 진행한다고 보아야 한다.

다) 결국 이 사건 재심의 소 중 제1 재심대상판결에 대한 부분은 그 판결이 확정된 뒤 5년이 지난 것으로서 재심제기의 기간을 도과한 것이기도 하여 부적법함을 면할 수 없다.

다. 제2 재심대상판결에 대한 부분의 검토

1) 민사소송법 제451조 제2항 요건의 구비 여부

위에서 자세히 살핀 바와 같이 A, B의 위증 혐의에 대한 불기소처분이나 법원의 재정신청 기각결정만으로는 민사소송법 제451조 제2항 후단의 요건을 갖추었다고 볼 수 없으므로, 이 사건 재심의 소 중 제2 재심대상판결에 대한 부분 역시 민사소송법 제451조 제2항 후단의 요건을 갖추지 못한 것이어서 부적법하다.

2) 제소기간 도과 여부

가) 또한 이 사건에서 피고의 항소를 기각하는 제2 재심대상판

결이 2010. 3. 24. 선고되어 2010. 7. 19. 확정된 사실은 앞서 본 바와 같고, 이 사건 재심의 소는 제2 재심대상판결이 확정된 2010. 7. 19.로부터 5년의 기간이 도과한 2019. 3. 11.에 이르러서야 제기된 사실은 기록상 명백하다.

　　나아가 A, B의 위증 혐의에 대한 불기소처분이나 법원의 재정신청 기각결정만으로는 민사소송법 제458조 제2항 후단의 요건을 갖추었다고 볼 수 없음도 앞서 살핀 바와 같은 이상, 제2 재심대상판결에 대한 재심기간의 기산점은 여전히 민사소송법 제456조 제3항에 따라 제2 재심대상판결이 확정된 2010. 7. 19.부터 진행한다고 보아야 한다.

　　나) 따라서 이 사건 재심의 소 중 제2 재심대상판결에 대한 부분은 그 판결이 확정된 뒤 5년이 지나서 이미 재심제기의 기간을 도과한 것이므로 부적법하다.

라. 제3재심대상판결에 대한 부분의 검토

1) 민사소송법 제451조 제2항의 요건의 구비여부

　　마찬가지로 A, B의 위증 혐의에 대한 불기소처분이나 법원의 재정신청 기각결정만으로는 이 사건 재심의 소 중 제3 재심대상판결에 대한 부분이 민사소송법 제451조 제2항 후단의 요건을 갖추었다고 볼 수 없는 이상, 이 부분 재심의 소 역시 부적법하다.

2) 민사소송법 제451조 제1항 제7호의 해당여부

　　가) 민사소송법 제451조 제7호의 '증인의 거짓 진술이 판결의 증거로 된 때'라 함은 증인이 직접 그 재심의 대상이 된 소송사건을 심리하는 법정에서 거짓으로 진술하고 그 거짓 진술이 판결주문의

이유가 된 사실 인정의 자료가 된 경우를 가리키는 것이지, 그 증인이 재심대상이 된 소송사건 외의 다른 민·형사 관련사건에서 증인으로서 거짓 진술을 하고 그 진술을 기재한 조서가 재심대상 판결에서 서증으로 제출되어 이것이 채용된 경우는 위 제7호 소정의 재심사유에 포함될 수 없다(대법원 1997. 3. 28. 선고 97다3729 판결 등 참조).

나) 그런데 피고의 주장 자체에 의하더라도, A, B의 각 증언은 이 사건의 제1심 또는 제2 재심대상사건 법정에서의 거짓 진술을 하였다는 것이고, 재심의 대상이 된 제3 재심대상사건 법정에서의 거짓 진술하였다는 것은 아닌 만큼, 피고는 민사소송법 제451조 제1항 제7호를 제3 재심대상판결의 재심사유로 주장할 수 없는 것이다.

3. 결론

그렇다면, 피고의 제1~3 재심대상판결에 대한 이 사건 각 재심의 소는 부적법하므로, 이를을 모두 각하한다.

재판장	판사	이정석
	판사	방웅환
	판사	김상철

토지 목록

1. 김포기 고촌면 향산리 62-2 대 255㎡
2. 김포기 고촌면 향산리 62-5 대 36㎡

3. 김포기 고촌면 향산리 65-8 대 539㎡

4. 김포기 고촌면 향산리 65-12 전 284㎡

5. 김포기 고촌면 향산리 65-20 대 322㎡

6. 김포기 고촌면 향산리 67-1 대 1,815㎡. 끝.

건물 목록

1. 가. 김포기 고촌면 향산리 65-2 지상 목조 주택 34㎡

   나. 김포시 고촌면 향산리 65-2 외 1필지 지상 조적조 주택
   85.59㎡

2. 김포시 고촌면 향산리 65-8 지상 목조 주택 36㎡, 목조 주택
   17.52㎡

3. 가. 김포시 고촌면 향산리 67-1 지상 토담 주택 36.93㎡

   나. 김포시 고촌면 향산리 67-1 지상 목조 주택 44.63㎡ 목조 주택
   45.36㎡

   다. 김포시 고촌면 향산리 67-1 지상 목조 주택 14.76㎡

   라. 김포시 고촌면 향산리 67-1 지상 목조 주택 39.58㎡, 목조 주택
   18.75㎡. 끝.

대 법 원
제 1 부
판 결

사　　건　　2019다47370 소유권이전등기등

원고(재심피고), 피상고인

　　　　　　현대건설 주식회사

　　　　　　서울 종로구

　　　　　　대표이사 박O욱

　　　　　　소송대리인 법무법인(유한) 태평양

　　　　　　담당변호사 정강준 정한별, 양유미

피고(재심원고), 상고인

　　　　　　기의호

　　　　　　김포시 고촌면

　　　　　　소송대리인 법무법인 씨에스

　　　　　　담당변호사 안천식

원심판결　　서울고등법원 2019. 11. 15. 선고 2019재나111 판결

주 문

상고를 기각한다.

상고비용은 피고(재심원고)가 부담한다.

이 유

／확증편향／

이 사건 기록과 원심판결 및 상고이유를 모두 살펴보았으나, 상고인의 상고이유에 관한 주장은 상고심절차에 관한 특례법 제4조에 해당하여 이유 없음이 명백하므로, 위 법 제5조에 의하여 상고를 기각하기로 하여, 관여 대법관의 일치된 의견으로 주문과 같이 판결한다.

2019. 4. 9.

재판장	대법관	권순일
	대법관	이기택
주 심	대법관	박정화
	대법관	김선수

확증편향

초판1쇄 2021년 03월 19일

저자 안천식
펴낸곳 도서출판옹두리
디자인 위하영
교정
출판등록 2014년 9월 30일 제2014-000176
주소 서울특별시 반포대로30길 47, 201호, 202호
전화 02-553-3250
팩스 02-553-3567
이메일 anch9981@hanmail.net

값 15,000원

ISBN 979-11-954036-6-0